Direito à terra no Brasil

A gestação do conflito
1795-1824

Direito à terra no Brasil

A gestação do conflito
1795-1824

Márcia Maria Menendes Motta

2ª EDIÇÃO

Copyright © 2012 Márcia Maria Menendes Motta

Grafia atualizada segundo o Acordo Ortográfico da Língua Portuguesa de 1990, que entrou em vigor no Brasil em 2009.

Publishers: Joana Monteleone/Haroldo Ceravolo Sereza/Roberto Cosso
Edição: Joana Monteleone
Editor assistente: Vitor Rodrigo Donofrio Arruda
Projeto gráfico: Christopher Franquelin
Diagramação: Pedro Henrique de Oliveira/João Paulo Putini
Capa: Pedro Henrique de Oliveira
Revisão: Daniela Fernandes Alarcon/Rogério Chaves
Assistente de Produção: Juliana Pellegrini
Imagem da capa: *Agrupamento dos índios Bororos do acampamento Pau seco, entre os riachos Paraguai e Jaurú*. Aimé-Adrien Taunay, 1827.

CIP-BRASIL. CATALOGAÇÃO-NA-FONTE
SINDICATO NACIONAL DOS EDITORES DE LIVROS, RJ

M875d
2.ed

Motta, Márcia
DIREITO À TERRA NO BRASIL: A GESTAÇÃO DO CONFLITO: 1795-1824
Márcia Maria Menendes Motta.
São Paulo: Alameda, 2012.
2.ed.
290p.

Inclui bibliografia
ISBN 978-85-7939-133-0

1. Posse da terra – Brasil – História. 2. Direito agrário – Brasil – História. 3. Sesmarias – Brasil – História. I. Título.

12-2864.

CDD: 333.3181
CDU: 332.2.021.8(81)

035196

ALAMEDA CASA EDITORIAL
Rua Conselheiro Ramalho, 694 – Bela Vista
CEP 01325-000 – São Paulo, SP
Tel. (11) 3012-2400
www.alamedaeditorial.com.br

Para Duda, que me ensinou a ser "menina".

SUMÁRIO

Abreviaturas	9
Prefácio	11
Introdução	15
Parte 1 **Memorialistas e jurisconsultos:** **agricultura e direito à terra em Portugal**	25
As sesmarias: origem e consolidação de um costume	27
O direito em disputa: posse e propriedade em fins do século XVIII	55
Parte 2 **Sesmarias e poder no período mariano**	79
O alvará de 1795: exemplo emblemático do período mariano	81
O governador Francisco Mauricio de Sousa Coutinho e o sistema de sesmarias	103
Parte 3 **Sesmarias: Império e conflito**	127
A lei de sesmarias e a ocupação colonial: sobre as leis	129
As concessões no período mariano: mapeamento e indicações regionais	153
A Coroa intervém: as concessões emblemáticas	177

Parte 4 **Sesmarias e a trajetória da Independência do Brasil**	199
Direito e visão sobre sesmarias nos anos vinte	201
A concessão de sesmarias na territorialização da Coroa (1808/1824)	231
Considerações finais	261
Bibliografia	269
Fontes	281

ABREVIATURAS

ANTT – Arquivo Nacional da Torre do Tombo

AHU – Arquivo Histórico Ultramarino

BN – Li – Biblioteca Nacional – Lisboa

BN – RJ – Biblioteca Nacional – Rio De Janeiro

IHGB – Instituto Histórico e Geográfico Brasileiro

ACL – Academia Real de Ciências de Lisboa

AMO – Arquivo do Ministério das Obras Públicas

AN – Arquivo Nacional – Brasil

PREFÁCIO

Quase não se passa um dia sem que o noticiário brasileiro registre problemas envolvendo o uso da terra entre nós: são os abris vermelhos, os maios vermelhos, numa invocação ambígua que remete ao sangue e ao socialismo, evidenciando o caráter visceralmente conservador da nossa mídia e, via de regra, deixando para segundo plano o X da questão. E isso num país imenso, cortado por rios há até bem pouco tempo incontestavelmente caudalosos, sem registros, também até há pouco, de catástrofes climáticas que de fato merecessem essa designação – terremotos, tufões, *tsunamis* e todo o séquito de flagelos que não poupam outras partes do planeta. Tiradentes achava, conforme os *Autos da Devassa da Inconfidência Mineira*, que o país era "florente" e poderia ser grande em todos os sentidos, não fossem os portugueses a carregar tudo quanto era riqueza para o lado de lá do Atlântico, chupando, como esponjas perversas, o que por aqui se produzia.

No processo doloroso de fazer emergir uma nação onde antes tinha havido sujeição política, dependência econômica, mão de obra cativa e vastidões incomensuráveis de terra, os brasileiros se acostumaram a culpar os portugueses. Que Tiradentes e outros como ele o fizessem é compreensível: estavam no seu papel e no seu tempo, que era de revolucionários e, logo depois, de nacionalismos, com as antigas estruturas ruindo, como viu Alexis de Tocqueville, por toda a parte; as possessões lusas na América ganhando um vulto impossível de equiparar com a sombra raquítica do paizinho europeu, havia muito encalacrado num beco aparentemente sem saída. Que se continuasse, sem descanso, acionando o mesmo argumento – está-se a menos de quinze anos de comemorar dois séculos de independência – merece, entretanto, reflexão mais demorada. O atraso? Culpa de Portugal, beirada da Europa sempre prestes a despencar no abismo. A escravidão? Culpa de Portugal, que a reinventou, piorada, na época dos descobrimentos. Tivesse a França Antártica permanecido na Baía de Guanabara, no tempo de Villegagnon; tivessem as Províncias Unidas dos Países Baixos – como então se chamava a Holanda de hoje – fincado o pé em Pernambuco mesmo após a partida de Maurício de Nassau, ou tivesse, quem sabe, a Grã-Bretanha, em retaliação, ocupado a costa brasileira caso Dom João não houvesse trocado Lisboa pelo Rio e tudo, com certeza, seria diferente.

Como nada disso aconteceu, constituindo, no máximo, matéria para romances ou elocubrações contra-factuais, cabe examinar as evidências históricas e tentar avançar um pouco no entendimento do nosso infortúnio. Para tanto, *Direito à terra no Brasil: a gestação do conflito*, de Márcia Maria Menendes Motta, fornece munição das melhores. Com sua tese de doutorado, publicada em 1998, a autora já tinha se consagrado estudiosa do problema fundiário no Brasil. *Nas fronteiras do poder* tratava das questões relativas aos conflitos sociais e políticos associados à posse e à propriedade da terra na antiga província do Rio de Janeiro, mais especificamente em Paraíba do Sul, e revelava uma pesquisadora meticulosa que, ao mesmo tempo, não se esquivava dos debates espinhosos próprios ao assunto. Ali, a temporalidade era a do século XIX, quando o império patinava entre o problema da terra e o da mão de obra, esquartejado entre os preceitos liberais e os conservadores – que, como se sabe, nem sempre seguiam o ideário original, europeu, alterando a ordem dos fatores e, ao arrepio da aritmética, baralhando os produtos. O recorte era mais preciso, a abordagem mais vertical.

Nove anos depois, obstinada, como todo historiador digno do nome, em desbravar o passado para melhor entender – e suportar – o presente, Márcia Motta traz a público uma investigação sobre a genealogia, ou uma das genealogias possíveis, do terrível problema fundiário que flagela o país. A temporalidade é longa, cinco séculos, mas entrecortada por conjunturas muito específicas, que funcionam como incisões inscritas sobre um mesmo tecido, no qual vão deixando marcas: do tempo do rei Dom Fernando, em 1375, ao tempo dos deputados às Cortes portuguesas e da independência, entre 1820 e 1824, a lei de sesmarias e a regulamentação da terra se perpetuaram apesar de releituras, adendos, alterações, ressignificações. Por meio de recortes, a autora nos introduz os agentes dessas clivagens, homens que sugeriam alterações na lei – como Domingos Vandelli, Mello Freire, Francisco Mauricio de Sousa Coutinho, José Bonifácio de Andrada e Silva – e homens que a manipulavam, acumulando a posse de propriedades para depois batalhar sua legalização, como Inácio Correia Pamplona e Garcia Paes Leme.

O nervo do problema reside no largo espectro de concepções e definições que, ao longo dos séculos, procuraram dar conta do fenômeno sesmarial. A rigor, e antes de tudo, as sesmarias foram, de início, concebidas como porções de terra doadas pela Coroa com o intuito de incrementar a agricultura, chicoteada, em Portugal como em todo o Ocidente, pela crise do século XIV. Tinham de ser cultivadas, caso contrário as autoridades competentes podiam redistribuí-las para quem as utilizasse devidamente. O reino era pequeno, o território bem conhecido e palmilhado, os limites geográficos bem definidos: na conquista americana, imensa, incógnita e com as fronteiras fluidas ou abertas, tudo mudava de figura. Logo as sesmarias, ou melhor, a posse delas, concentrou-se nas mãos de poucos, desvirtuando-se o sentido antigo da lei. Contudo, para complicar as coisas e porque as dimensões das terras doadas variavam no tempo e, sobretudo, no espaço, houve pequenos proprietários que, da mesma forma, possuíram sesmarias, enfrentando-se com os graúdos, mas também, como eles, perseguindo o reconhecimento de suas posses, enviando para o Conselho Ultramarino, em Lisboa, papéis acumulados por gerações de lavradores.

As sesmarias, portanto, tiveram significação distinta de um lado e de outro do Atlântico, no reino e nas conquistas, na metrópole e na colônia americana. Em Portugal, importaram muito menos que no Brasil, onde, após terem sido um dos vetores do processo de colonização, mantiveram-se na gênese do fenômeno da injustiça fundiária. Mesmo assim, a independência chegou para piorar o panorama, o ideário liberal consagrando a propriedade privada absoluta e varrendo para longe a obrigatoriedade dos cultivos, que, aliás, pouco se aplicou nas terras luso-americanas: sua lógica era outra, remetendo às tradições comunais da Idade Média. Por isso, nada há de paradoxal no fato de, em Portugal, o costume valorizar a ocupação tradicional das terras e a lei proclamar a obrigatoriedade do cultivo, ao passo que, no Brasil, o costume – ou seja, a tradição da posse – favorecer sobretudo os poderosos, reforçando ainda mais a sua preeminência. Por isso, também, quando, com a independência, o direito procurou domesticar o costume, a consolidação da propriedade fundiária plena teve por objetivo afastar as ameaças potenciais representadas pelos lavradores empobrecidos.

Transitando com desenvoltura entre os preceitos da história social de Edward P. Thompson, os estudos sociológicos e antropológicos sobre a terra e uma tradição de historiografia agrária bem enraizada nas universidades cariocas e fluminenses, Márcia Motta escreveu um livro esclarecedor, útil, atual e, de quebra, baseado em copiosa pesquisa documental. Um livro que desconstrói afirmações bem estabelecidas na historiografia brasileira e, com elegância, avança no entendimento de um dos problemas centrais do nosso passado, obrigando a pensar. Não adianta seguir imputando inventários de desgraças à colonização portuguesa, e, aqui, Márcia é mais que convincente ao mostrar como desvirtuamos e reinventamos uma lei que, em Portugal, desempenhou papel bem mais digno e, ainda por cima, foi um avanço no seu tempo. Com boa régua e bom compasso, traçamos uma geometria infernal, por nossa conta e risco.

Uma outra mania nacional é a queixa de que o brasileiro – como se ele fosse uma entidade outra, diversa de nós mesmos – não tem memória. Além da história meticulosa dos usos, costumes e práticas de utilização da terra, a pesquisa de Márcia Motta remete às construções feitas sobre essas utilizações, lembrando-nos que somos responsáveis pela nossa história. Oferece-nos, por tudo isso, um trabalho de historiador, na melhor acepção da palavra.

São Paulo, abril de 2007

Laura de Mello e Souza
Universidade de São Paulo

INTRODUÇÃO

Resultado de uma conjuntura extremamente complexa, as sesmarias foram instituídas em Portugal, em 1375 para fazer face à crise do século XIV em seus múltiplos desdobramentos. Em meados daquele século, a crise econômica então presente foi agravada pela peste negra. A doença e os surtos endêmicos posteriores abateram profundamente a sociedade portuguesa, tanto nas áreas urbanas quanto nas rurais. A fuga dos trabalhadores para os centros urbanos, em busca de melhores condições de vida, reverteu-se num agravamento ainda maior da crise, pois a carência de mão de obra no campo reduzia ainda mais a produção agrícola. Em todas as regiões de Portugal, do norte ao sul do pequeno país, o despovoamento era a regra. Assim, na intenção primeira de estimular a agricultura, obrigando o cultivo em terras abandonadas, foi promulgada a lei de 1375 – para muitos, uma lei agrária.[1]

A lei de sesmarias visava coagir o proprietário de terras a cultivá-las, sob pena de expropriação. Ela intentava estimular a produção de cereais e inibir a fuga de trabalhadores rurais, a partir de uma série de procedimentos ali expressos.

A lei inaugurava o princípio da expropriação da terra, caso não fosse ela aproveitada. Não se referia às terras virgens e em áreas despovoadas. Antes disso, ela visava, sobretudo, repor em cultivo as terras antes trabalhadas. Ao salvaguardar – em princípio – o direito à terra dos antigos proprietários, instituíram-se procedimentos para que eles fossem avisados da intenção de expropriação, garantido assim seu direito pretérito, mas impondo o cultivo de terras abandonadas. Para José Serrão, a lei de sesmarias, "associada às múltiplas disposições de caráter local que se prolongaram até, pelo menos,

---

1 Segundo as Ordenações Filipinas, "sesmarias são propriamente as datas de terras, casais ou pardieiros que foram ou são de alguns senhorios e que já em outro tempo foram lavradas e aproveitadas e agora não o são". Livro Quarto das Ordenações Filipinas, p. 822.

os finais do século XV, tinha o seu aspecto revolucionário, o seu ar de 'reforma agrária' *avant la lettre*".[2]

Em trabalho considerado um marco na historiografia portuguesa, Virgínia Rau afirmou que "[...] mais como medida de colonização interna do que como lei agrária as sesmarias sobreviveram, bem que, até certo ponto, fossem assaz propícias ao desenvolvimento da agricultura".[3] Mas, ainda assim, fica a pergunta: como verificar sua eficácia no tempo, posto que ela permaneceu em vigor durante um longo período? Sabe-se ainda muito pouco sobre ela, "até que ponto foi cumprida para uma reestruturação da propriedade e para uma debelação da crise".[4]

Naquele estudo, Virgínia Rau destacou que a primitiva lembrança da aquisição de direitos sobre a terra mediante o cultivo não seria esquecida e teria sido transmitida por séculos.[5] Além disso, destacou que a ideia de tirar a terra aos proprietários que a não cultivassem era muito antiga em Portugal. Na verdade, tal noção remontava aos tempos do império romano e do Código Justiniano, no qual, segundo Gama Barros,[6] estava presente a determinação.

Antes mesmo de ser um instrumento de colonização no ultramar, as sesmarias foram utilizadas em Portugal para promover a colonização, inclusive em zonas fronteiriças. Assim, por exemplo, na aldeia de Medelim, no termo da vila de Monsanto, as guerras com Castela provocaram o decréscimo da população local em meados do século XV. Para estimular o retorno ou a ida de trabalhadores rurais à região, D. Afonso V, em 1450, doou terras de sesmarias.[7]

A despeito das dúvidas de Virgínia Rau acerca do caráter do direito legado pela sesmaria, há fortes indícios de que desde cedo o que se transmitia – em grande parte das doações – era um domínio perpétuo e aliená-

---

2 Joel Serrão. *Dicionário de história de Portugal*. Porto: Livraria Figueirinhas, s/d, p. 544.

3 Virgínia Rau. *Sesmarias medievais portuguesas*. Lisboa: Editorial Presença, 1982, p. 143.

4 Joel Serrão, *op. cit.*

5 Segundo Rau, "o vestígio mais remoto que se conserva de uma terra ter sido tirada ao seu dono por este não a cultivar, é o que foi registrado pelo autor da *Memória para a História da Agricultura em Portugal* e atribuído ao reinado de D. Afonso I". Rau, *op. cit.*, p. 69.

6 *Apud* Rau, *ibidem.*

7 *Ibidem*, p. 113.

vel, ainda que sujeito a algumas restrições. Assim, já em tempos remotos a sesmaria transformava-se numa propriedade, subordinada às condições conjunturais, cujo denominador comum teria sido a questão do cultivo.

A obrigatoriedade do cultivo implicava também em representações, pedidos e queixas formulados pelos conselhos em relação ao descumprimento da exigência. No Algarve, por exemplo, em 1392, "o concelho de Tavira insurgiu-se contra aqueles que tendo recebido sesmarias as não lavravam e exigiam certa prestação daqueles que o queriam fazer".[8] Em alguns lugares da província do Alentejo também surgiram protestos. Em outras regiões, havia críticas em relação aos procedimentos dos sesmeiros (aqui, refere-se ao que doam a terra), sem que fossem ouvidos os donos de bens ali localizados. Ainda segundo Rau, em meados do século XV, "já existiam agravos do povo contra a forma por que se davam sesmarias, e contra o fato de não serem dadas também às terras da Coroa ou das igrejas quando não aproveitadas".[9]

No entanto, a despeito das queixas, há evidências de que as sesmarias eram bem aceitas pela população em geral. "Tudo quanto sabemos sobre as sesmarias, e o próprio silêncio de numerosas vilas e cidades onde elas vigoravam, é assaz lucidativo." E continua Rau: "A não ser em Aveito, que desconhecia e repudiava a sua prática, e Trancoso que contra ela protestou com rara perspicácia, as outras terras do reino quase não reagiram". Apoiando-se no texto de Gama Barros, conclui a autora:

> Para alguns concelhos em particular, as sesmarias mereciam aplauso, pois requeriam ao rei que estendesse o seu uso ao território deles, ou solicitavam autorização para as mandarem pôr em prática. [...] Se, porém não as aplaudiam, também não era, em relação às sesmarias, contra a lei em si mesma que, em capítulos gerais ou especiais, os concelhos se manifestavam mais vezes, mas sim contra os executores e os abusos vários que à sombra dela se praticavam.[10]

---

8   *Ibidem*, p. 126.

9   *Ibidem*, p. 134.

10 *Ibidem*, p. 141.

Em suma, enquanto uma lei surgida para responder à crise alimentar de um território devastado por guerra e pestes, as sesmarias tornaram-se uma práxis e uma lei. Em seu nome, agentes sociais diversos procuram defender que a propriedade da terra deveria estar condicionada ao cultivo, sendo o cumprimento da exigência a via para a legitimidade da propriedade territorial.

Em que medida a lei de sesmarias atingiu os seus objetivos? Por que ela foi objeto de tantas críticas, produzidas em fins do século XVIII e XIX e, ainda assim, manteve-se como uma legislação reguladora do acesso à terra até sua extinção, em 1822, no Brasil, e em 1867, quando da promulgação do Código Civil, em Portugal? As indagações não são fáceis de serem obtidas.

O silêncio da historiografia portuguesa em face à lei dificulta uma resposta. Após o trabalho de Virgínia Rau, não há qualquer outro dedicado ao tema para Portugal. Silêncio incômodo para um historiador. Segundo Monteiro, em trabalho recente, conhece-se relativamente pouco sobre o âmbito concreto de aplicação da lei de sesmarias. E continua: "embora constantes de muitos forais, [...], os sesmeiros foram uma figura escassamente presente, ao que se sabe, na história portuguesa da época moderna".[11] Mas "em compensação, a figura jurídica das sesmarias, retomada da legislação medieval portuguesa teve, no mesmo período, uma relevante tradução no espaço colonial, designadamente, no Brasil".[12]

É importante lembrar, porém, que as primeiras concessões de sesmarias fora do território português foram na Ilha da Madeira. Ainda que não se saiba ao certo a primordial doação naquela ilha, ela esteve relacionada à chegada de João Gonçalves ao Funchal,

> onde começou a traçar a vila e dar as terras de sesmarias, como tinha por regimento do Infante D. Henrique, Senhor da dita Ilha da Madeira, e, conforme o dito regimento, deu por cin-

---

11 Nuno Luiz Madureira (coord.). *História do trabalho e das ocupações,* vol. 3. A agricultura: dicionário das ocupações. (org. por Conceição Andrade e Nuno Gonçalo Monteiro). Oeiras: Celta Editora, 2002, p. 339.

12 *Ibidem.*

co anos as terras que não eram lavradas, dentro dos quais se obrigavam a aproveitá-las, sob pena, de não conseguindo neste tempo, lhas tirar e dá-las a quem as aproveitasse.[13]

Além da experiência daquela ilha, foram concedidas sesmarias nos Açores e também em Moçambique. No entanto, como veremos, quando do período mariano, os únicos pedidos de confirmação de sesmarias para o território africano referem-se a Moçambique.[14] Há que se considerar que os territórios africanos eram os "reservatórios de mão de obra para a América".[15] Aos portugueses interessava, sobretudo, o reconhecimento da soberania do rei português na consagração de seus interesses comerciais. Salvo engano, não havia uma política mais consistente de ocupação de terras que implicasse a operacionalização de uma legislação agrária voltada para potenciais lavradores interessados em incrementar a produção agrícola das distintas regiões africanas.

As sesmarias não eram, portanto, um instituto jurídico utilizado em todas as possessões portuguesas, tampouco eram concedidas em Portugal no século XVIII. Elas continuam, porém, a ser objeto de intenso debate, principalmente quando relacionadas à questão da agricultura lusa, suas mazelas e suas implicações no Brasil.

Este livro foi gestado quando do meu estágio pós-doutoral em Lisboa. Em 2003 e ao longo de sete meses, fui recolhendo informações sobre sesmarias brasileiras, as discussões dos juristas portugueses e os textos produzidos pelos memorialistas lusos a respeito da crise da agricultura em Portugal, sua relação com a colônia e com a distribuição de terras. No levantamento de uma massa documental de razoável proporção foi se delineando o conjunto

---

13 Antonio Vasconcelos de Saldanha. *As capitanias do Brasil.* Antecedentes, desenvolvimento e extinção de um fenômeno atlântico. Lisboa: Comissão Nacional para as Comemorações dos Descobrimentos Portugueses, 2001, p. 287.

14 Infelizmente, não nos é possível discutir aqui potencial diferenças na concessão de sesmarias nas várias colônias portuguesas. Isso implicaria também analisar outras formas de ocupação e de legalização de terras, como os prazos em Angola.

15 Joaquim Romero Magalhães. "Os Territórios Africanos". In: Francisco Bethencourt; Kirti Chaudhuri (dir.). *História da Expansão Portuguesa*. Vol. III. O Brasil na balança do império (1697-1808). Lisboa: Círculo de Leitores, p. 60.

de questões que deu origem a presente obra. Trata-se de analisar as propostas sobre o sistema de sesmarias em áreas coloniais – particularmente o Brasil – em relação às discussões em Portugal sobre o direito de propriedade e a crise da agricultura.

O livro que ora apresento ao leitor tem como marco inicial o ano de 1795, quando a rainha D. Maria I promulga o alvará de 3 de maio, com o objetivo de legislar a respeito de irregularidade e desordens no regimento de sesmarias no Brasil. Em 1822 o sistema é definitivamente suspenso e, ao mesmo tempo é alvo de discussão nas Cortes liberais em Portugal. O corte final é a Carta Constitucional de 1824, que consagra – no nascente império brasileiro – a propriedade da terra em toda a sua plenitude.

Objetiva-se, portanto, compreender como o sistema sesmarial se inseriu na tentativa da Coroa de regular sua relação com a colônia, ao mesmo tempo em que ela – a sesmaria – é entendida em Portugal como um importante instrumento de apropriação da terra que produziu diversas concepções e ilações a respeito. Ao longo daqueles anos, os problemas vividos na metrópole que culminaram com a transferência da Corte e, em 1822, com a independência do Brasil, produziram inúmeros estudos sobre a relação desejada entre Portugal e Brasil que, malgrado distintas visões, provocaram reflexões sobre o direito à terra, tanto em Portugal, quanto em sua então principal colônia.

Para responder algumas perguntas suscitadas pelas fontes, fui em busca de um norte, antes delineado para o estudo da legislação agrária do oitocentos. Aventurei-me mais uma vez no complexo terreno do Direito e nas concepções de justiça que consagram uma determinada visão sobre a história da ocupação do lugar. Influenciada por Thompson, procurei desnaturalizar a propriedade privada, compreendendo o sistema de sesmarias e o seu mais importante fundamento: a obrigatoriedade do cultivo. O texto que ora ofereço ao leitor é o resultado dessa trajetória.

Na primeira parte, discuto as concepções de direitos à terra presentes nas reflexões dos memorialistas e dos jurisconsultos em fins do século XVIII em Portugal para compreender como as sesmarias revelavam uma determinada leitura sobre a propriedade territorial. Para tanto, analiso em particular as reflexões de Domingos Vandelli e as do maior intérprete do espírito pombalino: Pascoal José de Mello e Freire.

Na segunda parte, acompanho o alvará de 1795, que procurou ordenar as concessões de sesmarias no Brasil. Ao reconstruir suas inúmeras disposições, mostro como os conflitos de terras eram uma preocupação da Coroa e como o alvará expressava uma tentativa de esquadrinhar o processo de concessão de terras na principal colônia de Portugal. Em seguida, apoio-me nas ilações de Francisco Maurício de Souza Coutinho, irmão de D. Rodrigo e governador do Pará, para desnudar os limites da atuação proposta pelo alvará, suspenso no ano seguinte em razão dos intensos conflitos de terra.

Na terceira parte, persigo as legislações referentes ao sistema de sesmarias para compreender a historicidade, não somente dos esforços, como também os constrangimentos e limites da Coroa nas questões que envolviam as querelas sobre terras. Reconstruo as concessões de sesmarias do período mariano para destacar as diferenças regionais e as dinâmicas de ocupação. Ainda nesta parte, analiso as razões pelas quais sesmeiros e potenciais sesmeiros procuravam atender às exigências da administração, ao mesmo tempo em que operaram com a lei a partir de seus interesses. Além disso, recupero a intervenção da Coroa em duas situações emblemáticas: a que envolveu Ignácio Correia Pamplona, em Minas Gerais, e as disputas pelas terras de Garcia Paes Leme, na capitania do Rio de Janeiro.

Na última parte deste texto, refaço as discussões sobre sesmarias nos anos vinte do século XIX, tanto em Portugal como no Brasil, para demonstrar o processo de deslegitimação do sistema como fundamento da propriedade territorial. Para tanto, destaco as reflexões de Francisco Manoel Trigoso de Aragão Morato, no período da convocação das Cortes, bem como as propostas encaminhadas pelo deputado baiano Domingos Borges de Carvalho. Acompanho ainda as intervenções da Corte instalada no Brasil, a partir de 1808, e as expectativas suscitadas pela independência do país. Nesse sentido, analiso as críticas feitas pelo português Antonio José Gonçalves Chaves ao sistema de sesmarias e a distribuição de terras no país. Discuto, por fim, as "falas" dos constituintes em 1823 e a consagração, em 1824, da propriedade da terra em toda a sua plenitude.

Para fazer jus à tarefa que deu origem a este livro, ocupei mansa e pacificamente o terreno cronológico de outrem, tornando-me aos poucos uma historiadora do século XVIII. Procurei, assim, redimensionar as discussões em torno da própria ideia de conflito, reconstruindo não somente os embates, mas, sobretudo, os princípios que nortearam a criação do sistema de sesmarias, as várias leituras feitas sobre ele e a busca do "título legítimo". Para tanto, recuperei a historiografia sobre o sistema, alinhavando minha pesquisa para a feitura de novas perguntas às fontes já amplamente utilizadas.

Nesta minha viagem a um terreno antes movediço, contei com o apoio de muitos amigos, cujas amizades foram também gestadas nesta trajetória. Não posso deixar de agradecer aqui a Rogério Ribas e Ismenia Martins que abriram as portas de Portugal para uma novata em história moderna. Naquela linda cidade contei com o apoio memorável de Jamile de Oliveira, que dividiu comigo as angústias de uma brasileira. Tive a sorte ainda de poder discutir minhas primeiras impressões de viagens sobre sesmarias com Nuno Monteiro, Manoel Hespanha, José Vicente Serrão e José Luis Cardoso. Sou muito grata aos Josés por me ajudarem a compreender a história agrária portuguesa. Ainda em Portugal, contei ainda com o apoio do historiador francês Didier Lahou que gentilmente me cedeu os CDs relativos ao projeto Resgate para a Capitania do Pará e do professor Farinha que me recebeu na Universidade de Lisboa. Do outro lado do Atlântico, tive o auxílio inestimável de Elione Guimarães, Henrique Lacerda e Marina Machado, que me ajudaram nas fontes sobre Minas Gerais e Rio de Janeiro, e Graciela Bonassa Garcia, que correu em meu socorro quando necessitei de algumas informações sobre o Rio Grande do Sul. Os quatro sempre estiveram engajados no Núcleo de Referência Agrária e compartilham comigo a angústia sobre as "questões de terras" no Brasil.

Agradeço a generosidade de Francivaldo Alves Nunes, que me enviou graciosamente cópias dos Anais do Arquivo do Pará.

Não posso esquecer o apoio dado pela CAPES para a realização do estágio pós-doutoral e também ao CNPq, que obviamente suspendeu minha bolsa de produtividade quando de minha estadia, mas a devolveu por inteiro após meu retorno! Sem o apoio da CAPES e do CNPq, seria impossível para mim tornar-me uma cientista, preocupada em deslindar a história dos conflitos de terra do país.

Manifesto aqui também minha gratidão aos amigos da Companhia das Índias – Núcleo de História Ibérica e Colonial na Época Moderna. Eles foram os primeiros a ouvirem esta história. As primeiras versões de partes deste livro foram apresentadas nas discussões do grupo e nos Congressos Internacionais, organizados por Georgina Santos, Guilherme Pereira das Neves e Rodrigo Bentes. Ao agregar-me, tornei-me "por título legítimo" uma historiadora da Companhia, beneficiando-me ainda do convívio com os outros componentes do grupo: Ronaldo Vainfas, Luis Carlos, Ronald Raminelli, Daniela Calainho, Célia Tavares, Luciano Raposo, Rogério Ribas, Sheila de Castro Faria, Iris Kantor e Laura de Mello e Souza. A esta última, agradeço as palavras generosas constantes na apresentação deste livro. Este não é o meu primeiro trabalho, e espero que não seja o último. Mas em nome dele, conquistei novos amigos e me apossei do fértil território da história moderna.

Agradeço especialmente a Ronaldo Vainfas. Ele leu a primeira versão deste texto, quando compartilhávamos a coordenação do Programa de Pós Graduação em História da UFF. Sua leitura atenta foi determinante em vários pontos deste trabalho e sua empolgação me fortaleceu quando pensava desistir. Sua generosidade manifestou-se em vários momentos do percurso desta história. De nossa parceria, ganhei um amigo!

Por falar em companhia, reitero a felicidade de compartilhar minha vida com Leandro Mendonça e com nossos filhos: Leandro Dittz, José Renato e Maria Eduarda. Lembro ainda de meu amigo Allan Rocha, em nome de nossas cumplicidades.

Este livro, gestado em Portugal, nasceu aos poucos após o meu retorno ao país. Ao longo dos últimos três anos, ele foi escrito nos feriados e recessos escolares, nos finais de semana e nos períodos do Natal. Ele é o resultado de um empenho em pesquisa sob condições pouco confortáveis. Nesse sentido, ele é um emblema das dificuldades dos pesquisadores das universidades federais do Brasil, submetidos às exigências dos cursos de graduação e de pósgraduação e às imposições dos órgãos de fomento. Ele também é o resultado da certeza de que a liberdade de pesquisa é uma conquista do historiador e ela – a liberdade – implica às vezes correr contracorrente de um sistema que tende tão somente a quantificar a produção, sem se dar conta de que a gestação de um livro é tarefa prazerosa, mas também dolorida.

Márcia Maria Menendes Motta
Março de 2007

Parte 1
Memorialistas e jurisconsultos: agricultura e direito à terra em Portugal
Fins do século XVIII

As sesmarias:
origem e consolidação de um costume

O direito em disputa:
posse e propriedade em fins do século XVIII

AS SESMARIAS:
ORIGEM E CONSOLIDAÇÃO DE UM COSTUME

Os memorialistas e a decadência da agricultura portuguesa: aproximações

Para muitos historiadores, a ideia de decadência e a necessidade de reformas foram sentimentos compartilhados pela inteligência portuguesa de fins do século XVII e em todo século XVIII. A percepção acerca de uma degradação moral e política de Portugal era o resultado da opção pelo ganho mercantil, pela adoção de modas estrangeiras, por uma atitude cortesã, pela urbanidade, o que teria afastado os portugueses do saudável cultivo da terra "[...] da austeridade na compostura, no trajar e de suas virtudes militares".[1] De qualquer forma, a noção de decadência era o resultado – não previsível – de um amplo processo de dependência de uma economia de base colonial, estruturada em razão da exploração das colônias, tornando complementar as atividades econômicas de Portugal propriamente dito.

A "excessiva dependência do vector colonial" provocava, segundo Serrão, tendências distorcidas nas estruturas econômicas da metrópole.[2] É certo que em razão da exploração do ouro das Minas Gerais, a economia portuguesa conheceu um período de relativa prosperidade, sendo o setor mercantil o principal beneficiário dos recursos gerados pela mineração. Em meados do século XVIII, porém, a queda da produção do minério revelava

---

1   Ana Cristina Nogueira da Silva e Antonio Manoel Hespanha. "A identidade portuguesa". In: José Mattoso (dir.). *História de Portugal*, Tomo 4: O Antigo Regime (coord. de Antonio Manoel Hespanha). Lisboa: Estampa, 1998, p. 29. Segundo os autores, "o tema da decadência dos Portugueses em relação a uma idade de ouro, marcada pela austeridade rústica e pelo exército bélico, imputável tanto a uma contaminação pelos climas e usos emolientes do Sul como à entrega à mercancia, é um tema ocorrente já na segunda metade do século XVI e relacionado com tópicos decadentistas presentes na literatura clássica". *Ibidem*, p. 32, nota 37.

2   José Vicente Serrão. "O quadro econômico". In: José Mattoso, *op. cit.*, p. 68.

o que o período de riqueza tendeu a ocultar, a dependência portuguesa em relação a suas colônias, imprimindo a necessidade de uma "reconversão parcial",[3] cujo exemplo maior foram as reformas pombalinas.

Em fins do século XVIII, numa conjuntura econômica de relativa prosperidade, assistiu-se à formação de uma geração de memorialistas, autores de inúmeros artigos, contendo propostas para a solução de alguns dos problemas então considerados mais urgentes. Expressão de um processo de "autonomização da economia como disciplina científica",[4] os textos então produzidos (em grande parte oriundos das atividades da Real Academia das Ciências de Lisboa, criada em 1779) eram a expressão escrita da "reconversão parcial"[5] de que nos fala Serrão, uma vez que muitos memorialistas buscavam analisar a situação estrutural da agricultura de Portugal, "cujo atraso ou 'decadência'era tido como fundamento da precariedade do desenvolvimento dos outros sectores de actividade econômica mais vulneráveis às pressões da conjuntura".[6]

Ao analisar o pensamento dos memorialistas em fins do século XVIII, Cardoso afirmou que um dos temas mais importantes por eles debatidos refere-se às questões do desenvolvimento e reforma da agricultura no país.

> Tema de difícil e delicada abordagem, na medida em que seu tratamento implicava a discussão da própria estrutura social e política do antigo regime, tendo em atenção a natureza do sistema de propriedade e dos modos de dinamização produtiva, marcadamente submetidos às exigências das ordens sociais privilegiadas (clero e aristocracia fundiária).[7]

Esteves Pereira também assinalou que a fisiocracia portuguesa dedicou-se a realizar o levantamento das carências estruturais, conduzindo

---

3   *Ibidem*, p. 69.

4   José Luis Cardoso. *O pensamento econômico em Portugal nos finais do século XVIII. 1780-1808*. Lisboa: Estampa, 1989, p. 25.

5   Serrão, *op. cit.*, p 68.

6   Cardoso, *op. cit.*, p. 38.

7   *Ibidem*, 103.

a uma profunda reflexão acerca do setor primário. Para ele, no entanto, muito das propostas dos fisiocratas foram "de tipo muito altruísta e ainda, nalguns casos, timidamente projectista para responder as situações de déficit estrutural".[8]

É por linhas transversas que encontraremos algumas evidências de críticas mais diretas às questões referentes ao que hoje denominamos legislação agrária. Em fins do século XVIII, as percepções sobre as desigualdades sociais eram inseridas no bojo de críticas morais contra alguns dos pilares do Antigo Regime. As críticas, portanto, eram direcionadas à decadência da agricultura portuguesa e tinham a intenção manifesta de buscar suas razões e as formas de superá-la. Conforme Cardoso, os memorialistas tendiam a enfocar a natureza da estrutura tributária, "um pesado sistema de tributos e direitos de reminiscência feudal, coerentemente inseridos na lógica do regime económico e jurídico senhorial".[9]

Os reclamos contra a propagada decadência agrícola visavam propor soluções. Discussões a respeito das causas físicas e potencialidades do solo, a ideia de criação de escolas agrícolas para superação dos entraves "inerentes aos trabalhadores e proprietários rurais"[10] eram algumas das medidas preconizadas pelos memorialistas do período.

Havia os que defendiam o retorno à produção de um determinado produto, já não mais cultivado no país. Era o caso, por exemplo, de um autor que defendia o estímulo para a produção de cânhamo, anteriormente bastante cultivado em Portugal, quando dos descobrimentos, pois fornecia matéria-prima para a preparação de cabos e velas para as embarcações portuguesas. Em *Memória sobre os interesses vantajosos que resultam à nação portuguesa pelo estabelecimento da esquecida agricultura do cânamo*,[11] Antonio José de Figueiredo Sarmento afirmava que sequer era preciso fazer uma apologia

---

8   José Esteves de Pereira. "Genealogia de correntes de pensamento do Antigo Regime ao liberalismo: Perspectivas de síntese". In: Fernando Marques Costa *et al* (org.). *Do Antigo Regime ao liberalismo*. Lisboa: Vega, s/d, p. 52.

9   *Ibidem*, p. 104.

10 *Ibidem*, p. 109.

11 Arquivo Histórico do Ministério das Obras Públicas, Ministério do Reino MR36, "Cultura do Linho", Antonio José de Figueiredo Sarmento, s/d.

do produto, "principalmente num país que possuía Navegação, Marinha e Colônias Ultramarinas, como a Portuguesa".[12]

Aos discursos a favor da revitalização de um ou outro produto somava-se a defesa da transformação da terra em propriedade individual, o que podia significar responsabilizar os pobres pela situação da agricultura, já que eram eles os beneficiários de uma dinâmica agrícola pautada na existência de campos abertos. Um autor anônimo, por exemplo, escrevera:

> O desprezo ou falta de conhecimento dos verdadeiros princípios agronômicos, tem conservado os terrenos abertos, e baldios incultos, que há em todo o Reino com a denominação de pastos e logradouros públicos, a natural inveja que o povo ignorante concebe, logo que alguém pertende apropriar-se, qualquer porção daquele comum terreno para o reduzir à cultura, é sempre pretextada com aparência de justiça na falta de matos e pastos, e tem por isso imposto ao Ministério e produzido um incalculável número de pleitos, dissensões e ódios, que distraindo úteis trabalhos, acabam sempre por arruinar e perder alguns proprietários.[13]

Ainda que defendesse a privatização das terras comuns, o autor anônimo reconhecia a existência de conflitos em relação à apropriação daquelas terras. Além disso, era sensível à necessidade de modificação das leis, pois, segundo ele,

> só quando o sistema de legislação se unir de interesse com o da cultura, e formar um todo acorde, é que ela pode prosperar, sendo infalível axioma que a prosperidade da agricultura em geral é só obra dos cuidados dos particulares, mas o resultado da constituição: que é o governo quem unicamente possui o poder de a regenerar.[14]

---

12 *Ibidem.*

13 ACL, Manuscrito 1438, Memória sobre a agricultura para a academia real das sciencias. Anônimo, 1807, p. 16-17.

14 *Ibidem*, p. 29.

As palavras do autor anônimo não eram destituídas de sentido. Se, por um lado, os projetos defendidos pelos memorialistas a favor da privatização ou repartição de terras de longa data abandonadas ou escassamente utilizadas em comum, representavam, essencialmente, "uma primeira tentativa de criação de condições para o surgimento de uma estrutura capitalista, paralela e não conflituoso com a estrutura baseada nas relações de tipo senhorial";[15] por outro, eles não podiam fugir à evidência de conflitos agrários, o que implicava tomar uma posição – contrária ou não – à legislação vigente.

A questão dos terrenos baldios havia aparecido, no entanto, de forma ainda mais clara num texto anterior, na memória de Bernardo de Carvalho e Lemos, escrita em 1796.[16] Seu texto é uma ampla defesa do direito de propriedade, enquanto um processo que impediria a violência da usurpação. A propriedade teria então como princípio evitar o abuso de poder, "trazendo a sua origem da mesma constituição humana que sem este estabelecimento mais breve se aniquilaria".[17]

Ao defender a propriedade privada, Bernardo Lemos advogaria em favor dos senhores e os problemas causados pela utilização de terrenos em pastos comuns.

> O que é senhor do Prédio uma parte do ano e outra parte dela passa a um terceiro possuidor não fica senhor completamente da propriedade e segundo este princípio não pode deixar de causar muito embaraço aos progressos da agricultura, por ficar oposto a sua originária instituição, e por esta causa, não se interessa em fazer aqueles reparos, que se fazem precisos pelas danificações.[18]

---

15 Cardoso, *op. cit.*, p. 118.

16 Bernardo de Carvalho Lemos. Quaes sejão os danos e a utilidade do uso que se segue em muitos territórios do Reyno de todas as terras abertas serem pastos comuns de todo o gado, em alguns mezes do anno, e que infuencia tem este costume sobre a Agricultura, dos varios gêneros de productos, ou para bem, ou para mal, 1796. Academia Real de Ciências de Lisboa, Série Azul, MS 07.

17 *Ibidem*, p. 210.

18 *Ibidem*, p. 211.

Assim, na ótica defendida pelo autor, não interessava aos proprietários reparar e consertar os danos causados pelas enchentes, pela destruição feita pelo gado, pois eles de fato não eram possuidores plenos de sua propriedade, submetidos que estavam a um costume que impedia o progresso, não somente de uma dada propriedade, mas de toda a agricultura do país.

Na defesa da instituição de uma propriedade plena, Bernardo Lemos utilizaria o exemplo da ocupação das imensas terras incultas da América Meridional, "[...] pela abundância de frutos que produzem, não se atreve[ria] pessoa alguma a fazê-lo, sem primeiro procurar a certeza da propriedade, para não ficar exposto a que outro qualquer se vá emparar daquela porção".

E continua:

> [...] para o evitar, recorre primeiramente a quem o pode fazer Senhor da propriedade, por aquele poder que lhe faculta. Chefe da Nação, que tem toda a força cativa para estabelecer e fazer observar os Reis que vigorizam, e conservam todas as partes de uma grande sociedade, que compõem o corpo político de uma Nação, seguro pois, pelo Governo do estabelecimento, e certeza de não ser inquieto na porção da terra que lhe é destinada, e que dela pode dispor livremente como sua.[19]

Ao desconhecer a realidade colonial e as complexas formas de ocupação ali estabelecidas, Bernardo Lemos utilizava-se de uma visão da América para expressar sua certeza sobre a relação siamesa entre liberdade e propriedade para a consolidação do progresso da agricultura de seu país. Para ele, ainda, caso os colonos da América tivessem que ceder parte de suas terras para terrenos comuns, eles com certeza abandonariam seu projeto de ocupação.

Ao defender a destruição de um costume – o uso dos pastos comuns – o autor seria enfático ao afirmar que aquele era oposto à instituição originária do direito de propriedade e se mostrava irritado com as ilações de alguns

---

19 *Ibidem*, p. 211V.

jurisconsultos a respeito da questão.[20] Sem explicar a quem se dirigia sua crítica, afirmava:

> Olhando talvez com a mesma indiferença sobre a importância da cultura das terras alguns jurisconsultos que escreveram, e na sua obra que nos deixaram chegaram a asseverar, que o benefício que se fazia a uma terra, ainda que na boa fé, e achando-se que de passar a Terceiro Possuidor, só se deveria remunerar a despesa que se tivesse feito, em utilidade da mesma fazenda, e não segundo o aumento de valor, e rendimento que se lhe tiver dado, e havendo algumas plantações de vinhas, o que a tinha feito ficava hecopletado (?), pelo tempo que se utilizou do seu fruto, e assim passam a decidir muitas vezes por uma jurisprudência arbitrária [...].[21]

Assim, Bernardo Lemos acusava alguns jurisconsultos de reconhecer o costume dos pastos comuns e ficava profundamente desgostoso, já que o reconhecimento deste costume implicava um limite à propriedade, posto que ao se utilizar daquelas terras, os senhores só receberiam a indenização das benfeitorias ali realizadas. Subentende-se, portanto, que as posições contrárias à utilização dos terrenos comuns e a necessidade manifesta de escrever sobre eles anunciavam o embate de percepções sobre o direito à terra e seus limites.

Muitos memorialistas preferiam enfatizar que as leis agrárias do reino possuíam uma eficácia manifesta. Outro autor anônimo, que escrevera em 1782, fez uma defesa contundente da lei de sesmarias de D. Fernando e afirmou que não poderia ser encontrada em toda a legislação portuguesa "[...] um só documento que desestimule, e abata os lavradores, sendo tanto os que os enobrecem, e distinguem".[22] Este último autor se propusera a escrever uma história da agricultura. No entanto,

---

20 Discutirei mais adiante as considerações dos advogados sobre propriedade e costumes.

21 Bernardo de Carvalho Lemos, *op. cit.*, p. 215.

22 Memória de Litteratura portugueza, publicadas pela Academia Real das Sciencias de Lisboa, Lisboa, Na Officina da Mesma Academia, tomo II, p. 14.

[...] a falta dos testemunhos precisos é causa deste e de outros alguns defeitos essenciais que leva esta Memória. Fora necessário para evitá-los, poder examinar os principais Arquivos do Reino, principalmente o da Torre do Tombo. Fora necessário ter a vista os Forais todos, ao menos das terras principais.[23]

Em outras palavras, o autor estava ciente que para escrever uma história da agricultura portuguesa seria preciso revisitar os forais em sua relação com a apropriação territorial, examinar os arquivos, reconstruir – diríamos nós – as múltiplas origens da propriedade lusa.

Dois outros autores são exemplares para delinearmos as percepções contemporâneas sobre os problemas da agricultura portuguesa: o primeiro, outro autor anônimo; o segundo, Domingos Vandelli. Vejamos em primeiro lugar as ilações de nosso desconhecido.

Os problemas que envolviam a questão da justiça em sua relação com as demandas foram um ponto fulcral de um autor anônimo que escreveu um extenso artigo intitulado: "Memória Econômica Política em que primo se faz ver que o fomento da Agricultura em geral deve occupar as primeiras vistas do Ministério".[24]

O autor busca explicitar, em primeiro lugar, as várias causas da decadência da agricultura, a começar pela reiterada noção do "mal método e ig-

---

23 *Ibidem*, p. 43.

24 *Memórias Econômico Política em que primo se faz ver que o fomento da Agricultura em geral deve occupar as primeiras vistas do Ministério*, Autor anônimo, s/d. ANTT. Ministério do Reino, Memórias sobre diversos assuntos, maço 356. Há outras memórias na coleção que em geral fazem referência à decadência da agricultura, mas sem se referir explicitamente aos problemas da apropriação territorial ou da legislação agrária. Entre outros, Luiz Antonio de Medeiros Velho. *Plano dos vantajosos interesses que resulta à Nação Portuguesa pelo estabelecimento da esquecida agricultura do canamo. Antes de 1797*; João Nepumuceno Pereira da Fonseca (Juiz de Fora). *Addicionamento à Informação dos Celeiros Públicos desta Comarca d' Ourique sobre outras Providencia para a promoção d' Agricultura e População da Província d' Além-Tejo*, 1782; *Projecto sobre o estado actual das terras dos Salgados na Leziria de Villa Franca, segundo o Methodo já indicado na sua Memória, que offereceo o Almoxarife de Azinhaga, o qual novamente o reforma, sem embargo dever a pouca aceitação que teve*, 1803; *Prospecto Histórico da Agricultura da Província do Minho, e especialmente do termo de Guimaraens*, 1805, ANTT, Ministério do Reino, Memórias sobre diversos assuntos, maço 356.

norância que há do verdadeiro modo de cultivar as terras".[25] Tal como seus contemporâneos, reitera a noção de que "os lavradores, sem outras luzes mais, que de uma cega rotina, lançam as sementes em seus prédios, sem respeitarem mais que a grosseira e tradição de seus maiores".[26]

No entanto, ao arrolar as outras causas, o autor revelava uma percepção mais acurada sobre os problemas que envolviam a agricultura portuguesa. Eram onze no total as causas por ele anunciadas. Em quase todas, a ausência era a marca da decadência: falta de braços, falta de água para a fertilização dos prédios, falta de boas estradas para importação e exportação dos frutos de uns para outros lugares, falta da população para cultivar as terras. Sobre os outros motivos, destaca-se não a falta, mas a presença de problemas a serem superados: o excesso de privilegiados, a existência de muitos vadios a mendigar, o "mecanismo que se imputa a arte da lavoura", as prisões sem medida que se fazem, com as cadeias cheias de inocentes, vítimas desgraçadas. E ainda a causa diretamente relacionada à produção de vinho. Entre tantas, uma se destaca pela importância que ela assume no texto do autor. Refiro-me à nona causa:

> das imensas e demoradas demandas, estes conhecimentos ordinários que por formalidade requer a Lei, réplicas, tréplicas, dilações de vinte dias, reformas das mesmas, cartas de inquirição para forma, como termo suspensivo sendo mais de cinquenta dias, e outras escrupulosidades, que a tom do conhecimento da verdade se encontram na ordem do processo [...] são os motivos porque muitos lavradores querendo reivindicar seus prédios, ou propor outras ações, largam o uso da Lavoura pelo do Foro, perdendo muitos dias nas desnecessárias demoras para averiguação da verdade, gastando nas estalagens, e

---

25 *Memórias Econômico Política em que primo se faz ver que o fomento da Agricultura em geral deve occupar as primeiras vistas do Ministério.* Autor anônimo, s/d, ANTT, Ministério do Reino, Memórias sobre diversos assuntos, maço 356. O texto é provavelmente de fins do século XVIII, pois ao se referir "as qualidade do Ministro da Agricultura, o autor afirma" [...] que se lhe regule logo o seu adiantamento pelo triênios que tem de servir, bem a maneira que se pratica com os Desembargadores do Rio e Bahia, que vão fazer os primeiros três anos Correição ordinária, e os segundos Primeiro Banco".

26 *Ibidem.*

com as despesas das demandas aquele dinheiro que lhe podia
servir para amanho de suas fazendas.

E continua:

> [...] que dizer eu da demora de meses, que digo? De anos de
> anos que os Juizes têm os outros para sentenciar; quantas ve-
> zes os pobres lavradores litigantes vem das suas aldeias às ci-
> dades e vilas para tirarem os processos do poder do Escrivão,
> Letrado e Juiz, e inutilmente [...].[27]

Sem se referir a uma ou outra legislação específica, o inominado assumia explicitamente que uma das principais causas do decaimento da agricultura em Portugal era a injustiça que se cometia em relação aos lavradores em suas demandas e litígios. Os entraves e as várias artimanhas jurídicas
visavam impedir que aquele pudesse assegurar o seu direito à terra. Assim,
mesmo que considerasse – tal como outros memorialistas – a questão da
ignorância dos lavradores, ele trazia para a luz do dia os problemas concernentes à justiça em sua relação com a apropriação territorial.

Para fazer face às tantas causas do declínio, nosso autor arrolaria também as providências necessárias para os progressos da agricultura. Era preciso que se aproveitassem todos os braços trabalhadores. Para tanto, era
mister que as câmaras, "segundo o seu regimento, estabeleçam preço dos
jornais em atenção à qualidade dos serviços".[28] Era urgente também que
o ministro da Agricultura tivesse jurisdição privativa com conhecimento sumaríssimo sobre a questão das águas e fertilidades dos prédios. Era
forçoso ainda que fossem cuidados os grandes caminhos, que se chamam
estradas públicas e nas vicinais. Defendia a abolição "de um golpe em
parte o número de privilegiados, e em parte a extensão dos privilégios".[29]
Para evitar os vadios, deveriam ser tomadas providências para impedir a
prática da mendigagem daqueles que não fosse cegos, totalmente aleija-

---

27 *Ibidem.*

28 *Ibidem.*

29 *Ibidem.*

dos ou decrépitos. Os que se inseriam nessas categorias deveriam poder mendigar apenas em suas comarcas. Dos vadios que expatriam, era imperativo que não lhe fossem concedidos passaportes, sem que se averiguasse o seu destino. Defendia ainda a abolição das prisões nos delitos que não merecessem pena capital e, neste caso, só quando houvesse "prova plena e capaz de sentença condenatória".[30]

Para solucionar os problemas relativos às demandas, o autor era contundente: "[...] é fazer todas as causas sumárias só com contrariedade, pois assim como nas causas que tem esse privilégio, ou pela razão da pessoa, ou causa, se averigue a verdade nos termos sumários".[31] A decisão de defender um processo sumário em demandas por terras e defesas de direitos vinha acompanhada por uma apurada noção acerca dos procedimentos jurídicos. Entende-se assim porque ele defendia também que "as Sentenças que se extraírem dos processos devem ser sem os fastidiosos preâmbulos e galimatias de palavras tabeliônicas, e só por uma que exprima o facto".[32] E continuava:

> e nas mesmas sentenças devem ir logo logo palavras de requisitória, no caso de que seja necessária, para se evitar tirar depois a mesma requisitória, que uma formalidade desnecessária, que só serve para engrossar os Escrivãos e depauperar as partes.[33]

Em suma, o autor anônimo, ao mesmo tempo se aproximava e se distanciava de seus contemporâneos. Se, por um lado, insistia também na ignorância dos lavradores, o que o tornava uma voz a mais de um determinado olhar sobre aqueles sujeitos sociais, por outro, alargava a percepção das causas da decadência ao fazer uma referência explícita à questão das

---

30 *Ibidem.*

31 *Ibidem.*

32 *Ibidem.*

33 *Ibidem.* E ainda: "Os agravos jamais devem ser de petição, sendo impostos para Ministros Subalternos, posto que estejam dentro das cinco léguas, pois a larga experiência mostra que quase todos esses Agravos são para demorar os processo, pois os agravantes tendo a pequena despesa do mandado compulsório, fazem subir os autos, ainda que sejam de Execução".

demandas, das artimanhas e dos procedimentos da justiça. Reconhecia ainda que a demora na solução dos conflitos era mais um elemento – e não menos importante – para explicar o declínio da agricultura portuguesa e o empobrecimento das partes envolvidas no litígio.

***

Vejamos com mais detalhes os argumentos e ilações de Domingos Vandelli; um caso exemplar, nas palavras de José Luis Cardoso. Autor de *"Aritmética Política, Economia e Finanças"*, comendador da Ordem de Cristo e doutor em filosofia pela Universidade de Pádua, Domingos Vandelli foi deputado da Real Junta do Comércio, Agricultura, Fabrico e Navegação. Foi convidado pelo ministro Marquês de Pombal para a regência da cadeira de filosofia em Coimbra e, segundo se sabe, gozou em Portugal de grande poder de influência.[34]

Sua vinda para Portugal esteve associada à fundação do Colégio dos Nobres – criado em 1761 – e responsável pela educação dos filhos da nobreza. A instituição se inseria "no quadro do projecto político, prosseguido pelo pombalismo, de total afirmação da soberania régia e do poder do Estado face a todos os poderes periféricos, incluindo evidentemente a nobreza".[35] Em razão do relativo fracasso do colégio, Vandelli foi transferido para Coimbra, em 1772, participando da reforma da Universidade, parte dos planos pombalinos de aperfeiçoamento do ensino. Ao longo de quase 20 anos, de 1772 a 1791, nosso autor atuou naquela Universidade e foi ali que consolidou seu prestígio.

Sua importância é ainda lembrada por sua visceral relação com o projeto de criação da Academia Real de Ciências, em 1779, instituição que desempenhou um "papel motor e coordenador na investigação e na discus-

---

34 Innocencio Francisco da Silva. *Diccionario bibliographico portuguez*, Lisboa, Imprensa Universitária, MDCLLLX, tomo II, p. 200.

35 José Vicente Serrão. "Introdução". In: Domingos Vandelli. *Aritmética política, economia e finanças*. Colecção de Obras Clássicas do Pensamento Econômico Português, n. 8, Lisboa, Banco de Portugal, 1994. p. XIV.

são sobre os grandes temas nacionais".[36] A obra de Vandelli pode assim ser identificada como a expressão maior do pensamento da Academia de Ciências, posto que o autor conseguiu "exemplarmente condensar o essencial do teor da mensagem veiculada pela literatura memorialista e projectista".[37]

Não nos cabe aqui recuperar toda a obra de Vandelli e suas contribuições a respeito dos temas que afligiam à nação portuguesa: finanças e tributos, a relação entre o comércio de Portugal com suas colônias, os problemas das fábricas ou sua trajetória como naturalista.[38] Para o objetivo deste trabalho, importa-nos discutir mais detalhadamente sua visão acerca da agricultura portuguesa e da questão agrária propriamente dita.

Em *Memórias sobre o a agricultura deste reino e suas conquistas*, de 1789,[39] Vandelli buscou indicar o estado, as causas da decadência e os meios para fazer florescer a agricultura em Portugal e em suas colônias. Além de reclamar dos terrenos incultos e das técnicas agrícolas empregadas pelos lavradores em Portugal, nosso autor assegurava também a existência de grandes extensões de terrenos incultos nas Ilhas dos Açores e da Madeira, nas ilhas de S. Tomé, Ano Bom e do Príncipe e também em Angola. Sobre o Brasil, noticiou a prática da queimada nos bosques e produção "nas vizinhanças da costa do mar" e "nas bordas dos rios no interior do país" e destacou ainda a utilização do trabalho escravo no Brasil como impeditiva para a presença de lavradores brancos, sendo a principal causa "por que no Brasil nunca poderá ter grande aumento a agricultura".[40]

Para compreender as razões do empobrecimento da agricultura portuguesa, Vandelli declarara:

---

36 *Ibidem*, p. XVI.

37 Cardoso, *op. cit.*, p. 57.

38 Para uma análise da trajetória do naturalista Vandelli, vide Ronald Raminelli. "Ilustração e patronagem: estratégias de ascensão social no império português". In: *Anais de história de Além- Mar*. Vol. VI, 2005, p. 297-325.

39 Domingos Vandelli. "Memórias sobre a agricultura deste reino e suas conquistas". In: Vandelli, *op. cit.*, p. 135-142.

40 *Ibidem*, p. 139.

> a decadência total da agricultura teve princípio com as conquistas, e se conservou neste deplorável estado pelos exorbitantes privilégios, pelos tributos sobre os gêneros de primeira necessidade, e com a proibição de sacar os produtos da agricultura.[41]

E continuava:

> então não se cuidou mais em cultivar, e povoar os terrenos incultos; mas pelo contrário grande parte dos cultivados se despovoaram, e ficaram sem cultura; não se cuidou mais dos públicos caminhos, nem na navegação interior, e ficaram quase em uma total inobservância as sábias leis agrárias.[42]

Havia, para Vandelli, causas físicas e morais que explicariam o decaimento. Entre as causas físicas, duas delas estavam relacionadas aos caminhos e rios "quase impraticáveis", sendo estes últimos objetos de inundações "por falta de motas ou encamentos". Havia que se destacar também a "desunião das habitações e das aldeias", bem como a "pouca quantidade de gente e de gado". Mas, entre as causas físicas, duas outras merecem nossa atenção: a percepção de que havia uma questão ligada à concentração fundiária, a "distribuição do terreno em grandes herdades" e a "falta de meios para cultivar os terrenos". Entre as causas morais, ressalta-se não somente a "falta de instrução ou educação nos lavradores", como também "o desprezo em que se tem os lavradores", o fato ainda de que os ministros não só não os protegiam, como em muitas vezes os oprimiam. Entre as causas morais, há ainda a resignação dos lavradores, contentando-se com "um vil sustento", e que, em razão da miséria, muitas vezes sequer se casam.[43]

---

41 *Ibidem*, p. 140.

42 *Ibidem*.

43 *Ibidem*, p. 141.

Em relação às áreas coloniais, as causas morais para a decadência da agricultura se resumiam a duas questões: "a falta de povoação é a causa principal do pouco aumento da agricultura e também as minas de ouro".[44]

Diante de tantas causas, físicas e morais, qual era então a proposta de Vandelli? Em primeiro lugar, ele destacava a existência de "excelentes leis agrárias, mas raríssimas são as que se executam",[45] propondo então que elas deveriam servir de base para um Código Rural. No entanto, ele também reconhecia que não bastava a promulgação de um código, era preciso que "à imitação dos antigos romanos haja censores agrários, ou pessoas inteligentes que a façam observar".[46]

Vandelli advogava a construção de bons caminhos e a revitalização de rios navegáveis, como aspectos importantes para a revitalização da agricultura, posto que os lavradores – dizia – "em geral, conhecem os seus interesses". Terminava assim o seu artigo pautando soluções para sanar as causas físicas da decadência da agricultura. Para reafirmar estas últimas palavras, o autor recuperava um trecho do testamento político de D. Luis Cunha para legitimar o seu argumento.

> Mas pouco importa aos lavradores recolherem muitos frutos, se os não puderem negociar de uma província para outras pelas dificuldades de os poderem conduzir, sendo em Portugal tão poucos os rios navegáveis [...] As conduções não se façam somente por bestas de carga; mas por grandes carros; de sorte, que facilitando-se aos lavradores a venda dos frutos, que cultivam, e aos fabricantes as dos gêneros, que trabalham [...].[47]

A escolha das palavras autorizadas daquele autor tinha um claro sentido. D. Luis Cunha havia sido desembargador da Relação do Porto, em 1685,

---

44 *Ibidem.*

45 *Ibidem*, p. 142.

46 *Ibidem.* No capítulo 3, recuperarei as ilações de Francisco Mauricio de Sousa Coutinho sobre o projeto de lei de sesmarias. Ele também estará atento à necessidade de incorporação de outros campos do conhecimento para a concretização de um código ou lei agrária.

47 *Ibidem*, p. 142.

e também da Casa de Suplicação, três anos depois. Foi ainda importante diplomata português, atuando em Londres nas negociações relativas à sucessão espanhola, e representou ainda os interesses portugueses no Congresso de Utrecht, quando se discutiu a questão dos limites na América. Segundo seus estudiosos, sua obra traduz "o pensamento português de renovação cultural, emergente do espírito científico moderno".[48] Ele foi ainda o responsável pela nomeação de Sebastião José de Carvalho e Mello para uma das secretarias do reino.[49]

Ao citar D. Luis Cunha, Vandelli referendava o seu próprio discurso em defesa da recuperação da agricultura de Portugal.[50] Afinal, D. Luis Cunha havia escrito que

> a quinta obrigação do pai de famílias [ou seja, o príncipe] é de visitar as suas terras para ver se elas estão bem cultivadas, ou se delas se tem usurpado alguma porção [...] Achará, não sem espanto, muitas terras usurpadas ao comum, outras incultas, muitíssimo caminhos impraticáveis, de que resulta faltar o que elas podiam produzir [...].[51]

Em outras palavras, ao reafirmar seu argumento a partir de alguém do porte de D. Luis Cunha, Vandelli construía uma linha com o passado, consagrando uma legitimidade ainda maior a suas propostas. Por isso, ele termina o seu texto recuperando mais um dos ilustres: Alexandre de Gusmão, que escrevera, em 1748, "que se aumente a agricultura, fazendo-se as estradas, e contando-se as ribeiras para navegar, e regar".[52]

---

48 Luis da Cunha. *Testamento político*. Introdução. São Paulo: Alfa-Ômega, 1976.

49 *Ibidem*.

50 Para uma reflexão do papel de D. Luis Cunha nos quadros do Iluminismo Português, vide Charles Boxer. *O Império marítimo português*. São Paulo: Companhia das Letras, 2002.

51 Cunha, *op. cit.*, p. 41.

52 *Apud* Cunha, *op. cit.*, p. 142.

Em outro texto, *Memória sobre a preferência que em Portugal se deve dar à agricultura sobre as fábricas,*[53] Vandelli expôs mais detalhadamente sua visão sobre a agricultura de seu país. Desta feita, esforçou-se por comparar a situação então vivida em Portugal com as da Inglaterra e Holanda para demonstrar a tese de que as questões relativas à agricultura e à indústria não eram independentes, como pensara Colbert, "porque sem se cuidar na agricultura, não podiam florescer as fábricas, senão precariamente".[54] Ele tinha clareza de que eram necessárias profundas transformações na agricultura, mas elas não podiam ser dissociadas de um plano de fomento à indústria.

Havia, por parte de Vandelli, a crença na importância da agricultura para a recuperação de seu país.[55] Para tanto, defendia, em primeiro lugar, "que a fortuna do Estado, e a da Humanidade, exceptuando os selvagens, que vivem da caça, e da pesca, está nas mãos dos cultivadores". Em segundo, que a produção da terra era a única e verdadeira riqueza. Em terceiro, "que o consumo, é o único agente, que dá valor à produção, que a anima, e a entende, e multiplica". E ainda, "que em proporção do valor dos frutos a terra será melhor trabalhada, e em consequência as colheitas mais abundantes".[56]

Nesse artigo, nosso autor reafirmava as soluções mais prementes para as chamadas causas físicas da decadência da agricultura. Mas, como sabemos, ele advogava a existência de causas morais e elas se referiam – de uma forma ou de outra – à questão da lei, do corpus jurídico concernente ao direito à terra; uma lei agrária. Compreende-se, portanto, que a despeito da

---

53 Domingos Vandelli. "Memória sobre a preferência que em Portugal se deve dar à agricultura sobre as fábricas". In: Vandelli, *op. cit.*, p. 143-152. Não entro aqui nas discussões sobre as pequenas diferenças entre este texto e o outro (também publicado neste livro), oriundo de uma versão manuscrita sob a guarda do Arquivo Histórico do Ministério das Obras Públicas e intitulada "Memória sobre a preferência que se deve à agricultura e quais fábricas agora convém". Para os objetivos deste texto, as ilações do primeiro texto já são esclarecedoras e não diversas do texto manuscrito. Vandelli, *op. cit.*, p. 153-162.

54 *Idem.*

55 José Vicente Serrão considera impossível estabelecer uma filiação de Vandelli nas correntes de pensamento então em voga. Segundo o autor, Vandelli era eclético e oscilava entre "a defesa da racionalidade econômica privada e a defesa da utilidade pública regulada pelos interesses do Estado, entre a afirmação de princípios liberais [...] e o apelo de medidas proteccionistas". José Vicente Serrão. "Introdução". In: Serrão, *op. cit.*, p. XXXV.

56 Vandelli, *op. cit.*, p. 148.

polêmica que envolve a filiação teórica de Vandelli (para uns seria ele um representante da fisiocracia em Portugal[57]), ele possuía uma aguda visão da realidade agrária do país e tinha ciência do atraso português em relação aos outros Estados. O sistema de Colbert era, de qualquer forma, citado por Vandelli, pois o autor afirmou logo no início desse texto que "no ultimo reinado seguiu-se o sistema de Colbert, subministrando somas consideráveis aos fabricantes, não deixando, porém no mesmo tempo perder de vista a agricultura".[58] Ele reiterava assim que a agricultura não podia ser descuidada em nome de um impulso fabril no país. Além disso, parecia estar ciente de que, para a superação do atraso e mesmo para romper com o estado de decadência da agricultura portuguesa, era preciso que fosse instituído o fundamento da propriedade.

Esta última afirmação adquire sentido quando procuramos compreender o texto do autor, intitulado "Plano de uma Lei Agrária", no qual Vandelli fez uma ampla exposição acerca da questão agrária no país. O texto havia sido elaborado logo após sua nomeação para a Junta do Comércio, em 1788, e respondia a uma solicitação do presidente da Junta a respeito da lei de sesmarias.[59]

A Junta do Comércio foi criada em 30 de setembro de 1755, em substituição à Mesa do Bem Comum e dos Comerciantes, iniciada em 1720. Tinha como objetivo aumentar o comércio, combater o contrabando, "desempenhando um papel diretor de importância capital na esfera econômica da sociedade portuguesa".[60]

Vandelli informa que só se propôs a escrever um plano de lei agrária porque estava a executar uma ordem recebida do presidente da Junta do Comércio. Antes dele, Manuel de Faria, conde de Ericeira,[61] D. Luis da Cunha, Alexandre de Gusmão "e muitos outros políticos nacionais" já

---

57 *Ibidem*, p. 145

58 *Ibidem*, p. 142.

59 Domingos Vandelli, *op. cit.*, p. 110, nota a.

60 Francisco Falcon. *A época pombalina*. São Paulo: Editora Ática, 1982, p. 450.

61 É possível que Vandelli tenha feito referência ao 4º conde de Ericeira, D. Francisco Xavier de Meneses, "responsável pela sustentação de uma série de academias, onde o prazer da fruição dos textos literários barrocos se mesclava com a apreciação de curiosidades pro-

tinham proposto os "meios mais eficazes para promover a agricultura".[62] Nesse sentido, ele se colocava em pé de igualdade com as personagens mencionadas e tinha clara noção da importância de sua tarefa.

Tal como em outros de seus textos e de outros autores do período, Vandelli argumentava acerca da necessidade de facilitar o transporte dos produtos da agricultura, reclamava acerca dos pesados tributos pagos pelos lavradores e discutia sobre as leis referentes à caça, à pesca e outros. Ele conhecia os encargos cobrados aos lavradores e a maneira pela quais os mais ricos apropriavam-se das terras dos mais pobres, após os empréstimos de sementes ou dinheiro. Por conta disso, defendia o estabelecimento de caixas públicas, celeiros ou "montes de piedades",[63] práticas encontradas na Prússia, Alemanha, Itália e em Granada. Ainda segundo Vandelli, já existia um celeiro na cidade de Évora, "que bem poderia ter o nome de monte de piedade, se não fosse excessivo o lucro de 4 alqueires por moio, que levam os lavradores".[64]

Da mesma forma que outros autores de seu tempo, afirmava igualmente que "nação alguma nos seus códigos, ou nos seus arquivos tem tantas sábias leis agrárias, providências e representações dos povos para fazer florescer a agricultura, que este reino".[65] Mas também considerava que a "inobservância delas fez que tenha chegado a agricultura a este infeliz estado".[66] Vandelli era enfático a respeito da lei, pois – dizia ele – "não é bastante ter boas leis; mas é necessário fazê-las observar".[67]

O direito de propriedade é um dos pontos nodais do argumento do autor. Ele reconhecia o direito à posse pacífica, legitimando a permanência do lavrador no lugar ocupado. No entanto, ele informava que se aquelas terras possuídas não tiverem títulos e se a "Coroa, ou algum particular tiver

---

duzidas pela ciência". http://www.instituto-camoes.pt/CVC/ciencia/e46.html, retirado em 8 de agosto de 2006.

62 Vandelli, *op. cit.*, p. 109.

63 *Ibidem*, p. 116.

64 *Ibidem*. "Moio é uma antiga unidade de medida de capacidade para secos, equivalente a 15 fangas, ou seja, 21,762 hectolitros". *Dicionário Aurélio*.

65 *Ibidem*, p. 112.

66 *Ibidem*.

67 *Ibidem*.

direito de domínio, no caso, que não paguem coisa alguma, se lhes deve impor aquelas contribuições, que têm as outras".[68] Isso não implica afirmar que Vandelli defendesse a utilização de pastos comuns, ao contrário. Em defesa de uma noção de propriedade plena e individual, ele considerava justo que "cada uma goze uma inteira, e ilimitada propriedade das suas terras". Afirmava ainda:

> que cada um do seu pasto deve fazer uso, que quiser, como se costuma em França, e em outros países, donde as herdades estão abertas, e somente um pequeno sinal de erva, ou feno nas extremidades das mesmas, é suficiente, por que nenhum se atreva a introduzir o seu gado nas terras alheias, porque seria severamente castigado.[69]

Ao se referir à compra de terras, ele declarava que havia incerteza nas compras e era preciso seguir o exemplo francês e principalmente o da República de Veneza,

> donde há um lugar público, no qual o vendedor ajustado com o comprador denuncia esta venda, exibindo os títulos e as hipotecas se existirem e se em um tempo determinado pela lei não aparecem mais credores, ou outros, que tenham direitos sobre os ditos bens, se conclui o contrato; e em tempo algum o comprador é inquietado, ou espoliado das terras compradas.[70]

Em outras palavras, Vandelli reclamava exatamente da inexistência em Portugal de um "mercado de terras", com normas e regulamentos claros, o que permitira a institucionalização da propriedade da terra sob uma ótica marcadamente liberal. Não à toa, Vandelli fez referência explícita à questão da demarcação e cadastro de terra, o que expressa uma percepção acurada acerca dos conflitos agrários do período e a incapacidade da justiça de dar

---

68 *Ibidem*, p. 117.

69 *Ibidem*.

70 *Ibidem*, p. 118.

uma resposta aos embates. Era preciso assegurar o direito de propriedade, inibir as demandas e "segurar os compradores na posse pacífica dos seus bens comprados".

Havia, portanto, uma proposta de estabelecer um seguro título de propriedade, construir mecanismo legais para impedir que demandas jurídicas colocassem em xeque títulos de propriedades consagrados via mecanismo de compra e venda. Por isso ainda, ele defendia que para dirimir querelas[71] e obviar demandas, era recomendada a escolha – em cada câmara – de dois louvados juramentados, nomeados pelas câmaras para não só assistir, como aprovar as compras.

Consagrar um título de propriedade, estabelecer uma forma de assegurar o mecanismo de compra e venda de terras, implica demarcar propriedades, estabelecer limites físicos para que a terra a ser vendida ou comprada possa ter uma existência física definida, não sujeita às dúvidas e interpretações discordantes sobre, por exemplo, onde ela de fato terminaria, qual seria o marco inicial da terra fronteiriça. Não à toa, Vandelli defendia que o tombo e as demarcações fossem feitos com os mapas topográficos, "não somente útil aos particulares para obviar demandas, mas também ao Ministro das Finanças para poder calcular os tributos".[72] Mais uma vez, os exemplos de outras nações legitimavam sua argumentação: o plano da imperatriz da Rússia, os planos das administrações provinciais da França, e das regiões italianas de Piemonte e de Milão.

A referência à Rússia parece demonstrar que o italiano Vandelli não somente tinha ciência das propostas nas regiões da península italiana e da França, esta última fonte recorrente de sua inspiração, como distinguia os projetos reformistas de Catarina da Rússia. À época que ela assumiu o poder, em 1762, Vandelli já era um homem de prestígio e havia recebido um

---

71 Ao se referir ao prejuízo ocasionado pelas demandas, conhecidamente morosas, afirmava que era obrigação da justiça evitá-las, que "raras vezes se executa, nem se simplifica o método do foro para obviar as demandas". O parágrafo termina com a afirmação de que é isso que esperam do novo código. Segundo Serrão, Vandelli estava se referindo à preparação do Novo Código de que resultariam incompletos, o *Projecto de Código de Direito Público* e o *Projecto de Código de Direito Criminal*, da autoria de Pascoal de Mello Freire. *Ibidem*, p. 119, nota d.

72 *Ibidem*, p. 121.

convite da corte russa para se estabelecer em S. Petersburgo em 1763 e exercer ali o cargo de professor de história natural.[73] Ele recusa o convite, aceitando um ano depois a convocação da corte portuguesa.

A despeito de sua recusa, Vandelli sem dúvida conhecia a Carta de Direitos, Liberdades e Prerrogativas dos Nobres Russos Dvorianstvo, de 1785 – portanto, três anos antes do convite que a Junta de Comércio lhe fez para realizar o plano agrário para Portugal. Aquela carta reconhecia que "os *dvoriane* possuíam ilimitadamente suas propriedades fundiárias e gozava, além disso, de garantias de direitos civis".[74] Interessante notar ainda que a carta representou um esforço de Catarina de consolidar uma aliança com a pequena fidalguia fundiária, principalmente após a rebelião dos camponeses de 1773-1775.[75] Nesse sentido, Vandelli apoiava-se no exemplo russo para demonstrar a necessidade de estabelecer critérios claros para a consolidação da propriedade fundiária plena, pois provavelmente tinha ciência das potenciais ameaças oriundas do descontentamento de lavradores empobrecidos.

Para ele, não bastava demarcar, era preciso construir um cadastro de terras, acrescentando os mapas da população, dos gados, dos rendimentos e do consumo, bem como dos tributos e valor das terras.[76] Além disso, numa breve linha, afirmava: "neste cadasto também se deveriam examinar os títulos dos morgados, e vínculos, os quais não existindo, se devem considerar livres".[77]

---

73 Segundo José Vicente Serrão, ele recusou o convite, aceitando um ano mais tarde, em 1764, o convite para se estabelecer em Portugal. José Vicente Serrão, *op. cit.*, p. XIII.

74 Richard Pipes. *Propriedade e liberdade*. Rio de Janeiro: Record, 2001, p. 229. Para um estudo mais detalhado sobre a questão agrária russa no século XVIII, vide Michael Confine. *Domaines et seigneurs en a Russie*. Vers la fin du XVIII siècle. Paris: Institut D'Études Slaves de L'Université de Paris, 1963. Agradeço a Daniel Aarão Reis a preciosa indicação.

75 *Ibidem*.

76 Como veremos adiante, é flagrante a semelhança entre a proposta de Vandelli e aquela apresentada por Francisco Mauricio de Sousa Coutinho, quando de sua crítica ao sistema de sesmarias no Brasil.

77 *Ibidem*, p. 121.

Vandelli tocava num ponto delicado, ao acrescentar em sua proposta de constituição de um cadastro a apresentação de títulos de morgados e vínculos. A sociedade portuguesa do Antigo Regime estava assentada na existência de uma série de mecanismos que referendavam múltiplas interpretações sobre o direito à terra e diversas formas de apropriação territorial. Vandelli não as questionava diretamente, mas exigia que fossem fundadas em títulos, que fossem legais. Não à toa o morgado era o exemplo destacado pelo autor.

O morgado era uma instituição tipicamente ibérica e só desapareceu quando das reformas legislativas do liberalismo do século XIX.[78] Em Portugal não se exigiu – até a legislação pombalina – provas de nobreza para a instituição de morgadios. Isso implica afirmar que ele teria sido uma prática dos grupos dominantes agrários que poderia ter se estendido para outros grupos de lavradores. A instituição pressupunha a transmissão do patrimônio para o filho primogênito, para evitar a divisibilidade da terra. No entanto, ainda segundo Nuno Monteiro, até a legislação pombalina de 1769-1770, "existia uma grande diversidade de regras de sucessão, nestas se podendo incluir os morgados para secundogénitos, os de eleição, ou os de livre nomeação". O que importa destacar é que "os morgados de primogenitura e masculinidade foram sempre os mais comuns".[79] As disposições legais que referendavam a primogenitura envolveram a emigração de gerações de filhos não primogênitos.[80]

É interessante notar que no contrapelo das críticas europeias sobre os constrangimentos à propriedade plena e mesmo da própria legislação pombalina que não apreciava a instituição por entendê-la como "uma

---

78 Nuno Monteiro. "Morgado". In: Nuno Luís Madureira. *História do trabalho e das ocupações*. Vol. III. Conceição Martins & Nuno Monteiro (orgs.). *A agricultura: dicionário*. Oeiras: Celta, 2002, p. 76.

79 *Ibidem*, p. 77. Vide também "Os vínculos da propriedade e a propriedade vinculada". In: Miriam Halpern Pereira (dir.). *A crise do Antigo Regime e as cortes constituintes de 1821-1822*. Vol. 5. In: Benedicta Maria Duque Vieira. *A justiça civil na transição para o Estado liberal*. Lisboa: Edições João Sá da Costa, 1992, p. 40-62.

80 Para uma análise sobre o fenômeno da emigração portuguesa no século XVIII, vide: A. J. R. Russel-Wood. "A emigração: fluxos e destinos". In: Francisco Bethencourt & Kirti Chaudhuri. *História da expansão portuguesa*. Vol. III. Lisboa: Círculo de Leitores, 1998, p. 158-168.

rigorosa amortização de bens, contrárias ao uso honesto do domínio, [...] contrário à multiplicação da família [...] contrária à justiça [...] contrária à utilidade pública,[81] Vandelli preferiu não assumir uma crítica direta à instituição, repreendendo-a em seu ponto mais frágil: a questão da legalidade dos títulos.

Entende-se também porque Vandelli não fazia uma crítica direta às inúmeras formas de vínculos, muitos originários de um morgadio. Afinal, a fundação de uma casa ou morgadio era

> associada à perpetuação do apelido de uma linhagem e às respectivas armas, fincando os ulteriores sucessores dos bens vinculados para o efeito com a administração dos mesmos na sua totalidade, mas com obrigações pias várias e de fornece-rem alimentos ou dote (para o matrimônio ou para o ingresso nas carreiras eclesiásticas) aos colaterais.[82]

Em suma, Vandelli fazia uma opção claramente política; repreendia duramente a existência dos pastos comuns, defendia a consagração de uma propriedade plena e individual, mas não censurava diretamente os morgadios e os vínculos correspondentes. Operava assim com um discurso marcado por um elo com o passado, legitimando de alguma forma a manutenção de uma dinâmica de apropriação territorial que se assemelhava "a uma

---

81 Nuno Monteiro, *op. cit.*, p. 79. Ainda segundo Monteiro, a legislação pombalina uniformizará as regras de sucessão dos morgadios e "na possibilidade de supressão dos vínculos de pequeno rendimento, e na exigência de 'qualificada nobreza' e de patamares mínimos de renda, variáveis de um província para outra". Em trabalho clássico, Falcon também afirmou que quando da lei de 3 de agosto de 1770, que regulamentou a instituição do morgadio, "considerou-se a instituição contrária ao uso honesto do domínio que o proprietário tem por direito natural; contrária à justiça e à igualdade com que estes bens deveriam ser repartidos entre os filhos; contrária à multiplicação das famílias; contrárias à mobilidade dos bens, isto é, ao seu giro comercial; contrária à utilidade pública, porque provava o erário das sisas sucessivas [...]". Francisco Falcon, *op. cit.*, p. 406.

82 *Ibidem*, p. 78.

manta bizarra feita de diversos e dispersos bocados de terra obtidos por meio de vários títulos legais".[83]

Se o fio condutor da análise de Vandelli pauta-se na questão da propriedade, é preciso compreender, por fim, que relação ele estabeleceu entre propriedade e sesmarias. Em outras palavras, o que ele propôs para a legislação de sesmarias, já que havia sido convidado exatamente para produzir um texto sobre a questão?

Em primeiro lugar, ele vai lembrar a obrigatoriedade do cultivo, seguindo a própria lei de D. Fernando. Em segundo, vai reiterar sua visão sobre as leis do reino, pois "há muito tempo que esta lei não se executa".[84] Na intenção de atrelar propriedade à obrigatoriedade do cultivo, Vandelli encontra mais uma brecha para questionar indiretamente a instituição do morgadio. Apoiando-se na proposta de lei agrária de Castela, afirma o autor que uma vez incultas e no espírito da lei de D. Fernando, "elas deveriam ser desanexadas dos ditos morgados, e de que os administradores possam delas dispor, como de bens livres.[85]

Por parte de Vandelli, existia uma proposta de encorajar e atualizar a lei de sesmarias, estimulando a ocupação de terrenos incultos e reiterando a obrigatoriedade do cultivo. Assim sendo, propunha que os que viessem abrir terras incultas deveriam ficar isentos por 20 anos de algum tipo de pagamento. Além disso, defendia que toda a terra sem cultura capaz de produzir alguma espécie deveria pagar anualmente "um tributo proporcionado ao produto, que poderia dar se fosse cultivada".[86] Em outras palavras, ele não somente impunha a obrigação, como instituía um imposto cobrado àqueles que optassem por manter as terras sem cultura.

Havia ainda a tentativa de transferir parte das terras que serviam de pastos comuns, originárias de baldios, terras dos concelhos ou câmaras, para aqueles interessados em cultivá-las, vendendo-as ou aforando-as. Ha-

---

83 Carl Hanson. *Economia e sociedade no portugal barroco:* 1668-1703. Lisboa: Publicações Dom Quixote, 1986.

84 Vandelli, *op. cit.*, p. 123.

85 *Ibidem*, p. 124. Segundo Vicente Serrão, em nota b desse texto, Vandelli "prestava atenção à actuação do círculo ilustrado e agrarista espanhol". *Ibidem*, p. 113, nota b.

86 *Ibidem*, p. 124.

via também a defesa de que "descoutassem algumas coutadas e se fizessem delas vários arrendamentos".[87]

As coutadas eram "um mecanismo de apropriação de recursos vitais à vida das comunidades rurais (matos, lenhas, pastos de bosques etc.)" e se tornaram "um instrumento de poder sobre o território".[88] Ainda segundo Cristina de Melo, ao longo do Antigo Regime, a figura jurídica da coutada transformou-se numa fórmula de domínio senhorial muito pesada, posto que, além de manter os ônus sobre a produção devidos ao senhor da terra, "também interditava a utilização de recursos silvestres que serviam de complemento à actividade agrícola e pecuária das comunidades rurais que viviam dentro das coutadas".[89]

Constrangido de uma forma ou de outra em minar as bases rurais de sustentação do Antigo Regime, assentes em dinâmicas de apropriação territorial seculares, Vandelli não as criticava diretamente, mas as questionava por vias transversas: a necessidade de cultivar as terras para romper com a trajetória da decadência da agricultura portuguesa.

As sesmarias eram, para o autor, uma porta de entrada possível para a consagração de uma determinada visão de propriedade, submetida à obrigatoriedade do cultivo, estabelecendo prazos – em dois ou três anos –, para que as terras não cultivadas fossem "novamente consideradas devolutas ao senhorio que a repartiu".[90] Ela era – tal com o as outras do reino – muito boa, ainda que não aplicada.

No entanto, Vandelli pouco conhecia sobre o sistema de sesmarias propriamente dito. Ao fazer referência explícita às terras do Brasil, parecia ignorar a realidade agrária da colônia, ao asseverar acerca da questão das terras dos índios e as determinações do Diretório.[91] Sobre as concessões

---

87 *Ibidem.*

88 Cristina Joanaz de Melo. "Couteiro". In: Nuno Luís Madureira. *História do trabalho e das ocupações* (org. Conceição Martins e Nuno Monteiro). *A agricultura: dicionário.* Oeiras: Celta, 2002, p. 305.

89 *Ibidem*, p. 306.

90 Vandelli, *op. cit.*, p. 125.

91 "As povoações, que de novo se formassem no Brasil, ou nas outras conquistas, deveriam ser dos naturais, e primeiros habitantes do país. E no Brasil pôr em exacta observância o

de, sesmarias afirmou tão somente: "as terras que no Brasil se têm dado de sesmaria com a aprovação de Sua majestade, se no termo de 4 anos não forem cultivadas, se deveriam tirar; e dá-las a quem as aproveitasse".[92] Entende-se assim porque Vandelli finaliza sua análise sobre foro e arrendamento na crença de que a lei – tal como havia sido proposta – atendia a sua percepção sobre propriedade, pois ela implicava um mecanismo de controle pautado na necessidade do cultivo pelo proprietário ou por outrem, pouco importa.

Domingos Vandelli havia feito uma apreciação cuidadosa do problema agrário de Portugal e, tal como outros memorialistas, insistiu na questão dos tributos e na necessidade da observância das leis e na obrigatoriedade do cultivo. Tanto neste como em outros de seus textos, ele realizou um "programa de acção que tem por base uma dimensão descritiva e empírica e que culmina numa opção de estratégia para o desenvolvimento económico português".[93] Suas preciosas análises sobre os problemas das demandas que envolviam a questão da administração da justiça e da necessidade de demarcação e realização de um cadastro de terra para Portugal mostram-nos que nosso autor estava atento ao que se passava no campo português, cujos embates e litígios se tornavam recorrentes, fazendo com que a percepção contemporânea fosse de que – malgrado as boas leis do reino – elas não eram acionadas para pôr fim aos conflitos de interpretações sobre o direito à terra.

O plano de uma lei agrária revela-nos ainda os dilemas de Vandelli, figura emblemática de um homem ilustrado. Ele tinha certeza de que era preciso constituir um cadastro de terras, demarcar as propriedades e estabelecer os critérios para a compra e a venda de terras. Mas para levar adiante o projeto, ele não podia ferir as bases sociais e econômicas do Antigo Regime, pois isso envolvia impugnar as malhas da ocupação territorial, as diversas e confusas formas de apropriação. Assim sendo, não foi à toa que

---

Directório, que ordenou o senhor D. José I, abolindo porém o tributo, que pagavam os índios da sexta parte dos frutos, que cultivavam, e de todos os gêneros, que adquiriam, que não fosse comestíveis, e de todos os gêneros, que adquiriam, que não fossem comestíveis; não faltando meios com que premiar, e sustentar os ditos directores." *Ibidem*, p. 126.

92 *Ibidem.*

93 José Luiz Cardoso. "Um caso exemplar: Domingos Vandelli". In: Cardoso, *op. cit.*, p. 61.

ele elegeu a lei de sesmarias como a melhor das leis, pois ela reconstruía um elo com o passado, não questionava formas múltiplas e confusas de apropriação territorial e podia ser consagrada como um fundamento da propriedade portuguesa, no bojo de uma sociedade marcada pela percepção real ou imaginária da decadência agrícola e da necessidade de revitalização da produção, do cultivo.

O DIREITO EM DISPUTA:
POSSE E PROPRIEDADE EM FINS DO SÉCULO XVIII

Em fins do século XVIII, o campesinato português agia de forma diversa e múltipla, que se consubstanciava em questionamentos aos direitos expressos em alguns forais, ao abuso dos senhorios, sobre a falta de clareza daqueles documentos régios. A existência de uma diversificada legislação em sua relação com formas de apropriação também variadas, "aquisições longínquas, seculares posses, forais concedidos pelo monarca, aforamento de donatários (uns autorizados, outros arbitrariamente estabelecidos)", traziam para a cena principal da luta uma série de agentes sociais, que – de uma forma ou de outra – questionavam antigos privilégios, criticavam os senhorios. Havia, na verdade, uma intensa dissociação entre a propriedade e a exploração da terra. Os contratos de tipo genérico "correspondiam aos forais, ou cartas de foral, documentos que normatizavam, do ponto de vista jurídico, as relações entre o senhorio ou donatário e o conjunto das populações das terras que senhoriavam".[1] Para Serrão, o sistema contratual implicava uma relação precária com a terra, "inibindo os produtores, em maior ou menor grau, conforme o tipo de contrato, de fazerem investimentos duradouros, e até mesmo de aumentarem a produção".[2]

Na contracorrente do movimento social que se apoiava no regime de posse comum e na utilização dos pastos,[3] os memorialistas provavelmente viam na ação de camponeses a expressão manifesta da decadência agrícola. Inseridos num contexto onde se afirmavam "os princípios bási-

---

1   José Serrão. "O quadro econômico". In: José Mattoso (dir.). *História de Portugal*. Vol. 4: O Antigo Regime (coord. António Manuel Hespanha). Lisboa, 1998, p. 79.

2   *Ibidem*, p. 80.

3   Como é sabido, as ações em defesa das terras de uso comum são partes da trajetória de resistência – múltipla e complexa – do campesinato do século XVIII. Um mesmo denominador é encontrado em vários movimentos camponeses. Para uma análise sobre o costume e o direito à terra, vide E. P. Thompson. *Costumes em Comum*. São Paulo: Companhia das Letras, 1998.

cos do despotismo legal, segundo ao qual compete ao soberano o exercício de uma autoridade protetora e tutelar,[4] os memorialistas podiam se aperceber da existência recorrente dos conflitos agrários; estavam mesmo atentos à necessidade de modificação da legislação concernente ao direito à terra, mas o restabelecimento da harmonia, da reorganização da sociedade eram tarefas do soberano, que ao transpor os princípios naturais em leis positivas, construiria um sistema de legislação e de governo que atuaria em "conformidade com as regras que dizem respeito à acção económica dos homens".[5]

Talvez fosse difícil para os memorialistas perceber que as ações dos camponeses eram também pautadas numa concepção de direito, expressa em muitos forais – como as referentes aos terrenos de uso comum – como também igualmente marcadas pelo princípio de defesa de uma autoridade protetora e tutelar, sendo as ações direcionadas aos despotismos municipais e contestações na justiça.[6]

A Coroa visava reordenar o seu território e operava no sentido de delimitar o poder senhorial, impondo limites e consagrando regras para a permanência do morgadio, por exemplo. Ao mesmo tempo, procurava dar respostas aos conflitos de terra então presentes, como no alvará de 14 de junho de 1784, cujo objetivo era atualizar os limites das propriedades e explorações e confirmar os títulos de posse.[7] Além disso, as ações prudentes da administração, ora reconhecendo o direito de uso comum, ora salvaguardando os interesses dos senhores, eram partes de uma conjuntura onde cabia ao rei produzir e reproduzir a harmonia entre os vassalos, componentes de uma mesma sociedade, pautada no direito.[8] Mas as múl-

---

4   José Luis Cardoso. *Pensar a economia em Portugal: Digressões históricas.* Lisboa: Difel, 1997, p. 124.

5   *Ibidem*, p. 134.

6   José Tengarrinha. *Movimentos populares agrários em Portugal.* Vol. I: 1751-1807. Lisboa: Publicações Europa-América, 1994, p. 110.

7   *Ibidem.*

8   "Muito mais do que a actual, a sociedade moderna era [...] fundada no direito. No sentido de que o direito e a justiça (e não a oportunidade, a competência técnica, o projecto político) constituíam a legitimação fundamental do Poder e a norma exclusiva do 'bom governo'". Manoel Antonio Hespanha. "A resistência aos poderes". In: José Mattoso,

tiplas interpretações sobre o direito à terra traziam a nu o que era preciso ocultar: direitos em confronto produziam injustiças.

Não é difícil entender como e por que a justiça transformava-se em palco de reprodução de injustiças, pois as interpretações defendidas pelos lavradores eram quase sempre contrárias ao seu senhor. Se tal percepção nem sempre estava tão clara para os memorialistas, ela vinha à luz nos argumentos dos advogados. Os principais jurisconsultos eram atentos ao que acontecia. Mello Freire – para muitos o maior intérprete do espírito pombalino – não deixou de assinalar:

> Os grandes do reino, os senhores donatários de terras com jurisdição muitas vezes são fáceis em ampliar os seus direitos, e terríveis os seus vassalos e súbditos, e concorrendo com este espírito a prepotência deles e de seus obsequiosos ministros por eles nomeados [...].[9]

A sociedade do Antigo Regime "pese, embora, a ênfase sobre a harmonia e organicidade nas representações que de si produzia – conhecia uma profunda e endêmica conflutialidade".[10] Os motins eram provocados, segundo Hespanha, pela crise de abastecimento e pela questão dos impostos, e não tinham lideranças, a despeito de sua enorme violência. Ainda para o autor, "os grupos resistentes dispunham, na sociedade do Antigo Regime, de um instrumento particularmente eficaz – o direito".[11] Meio de veicular os conflitos sociais, "o direito facultava outra eficaz es-

---

(dir.). *História de Portugal.* Vol. 4: O Antigo Regime (coord. de António Manuel Hespanha). Lisboa, 1998, p. 394.

9   Manoel d' Almeida e Sousa de Lobão. *Notas de uso pratico e criticas, addições, illustrações, e remissões. Sobre todos os Títulos e todos os &&* do Livro 2° *das Instituições do Direito Civil Lusitano do Doutor Pascoal José de Mello Freire.* Parte III. Lisboa: Imprensa Régia, 1818, p. 39. Foi professor da Faculdade de Leis da Universidade de Coimbra e autor de *Historia Iuris Civilis Lusitani,* publicado, em 1778, e de *Instituitiones Iuris Civilis Lusitani,* pulicadas entre 1780 e 1793. Para uma análise, vide Nuno J. Espionosa Gomes da Silva. *História do direito português: Fontes de direito.* 3ª ed. revista e ampliada. Lisboa: Fundação Calouste Gulbenkian, 2000.

10   António Manoel Hespanha. "A resistência aos poderes". In: José Mattoso, *op. cit.,* p. 393.

11   *Ibidem,* p. 394.

tratégia de resistência – a da chicana burocrática".[12] Para o autor, havia ainda formas mais sutis de resistência: o silêncio, a mentira e a fuga. Seria a primeira entendida como "a recusa tática de participação nos mecanismo oficiais de poder".[13] E ainda: esta espécie de 'resistência passiva' era, nomeadamente, a estratégia típica dos 'rústicos', ou seja, dos meios camponeses, ainda imersos numa cultura comunitarista e oral".[14] Ao se apoiar na literatura e no teatro da época, Hespanha ressalta o papel do camponês desconfiado, que se faz de tolo.

As ilações de Hespanha não são, porém, suficientes para indicar percepções de direito e de justiça dos homens do campo e vão em direção oposta ao que afirma Tengarrinha em seu trabalho sobre os movimentos populares em fins do Antigo Regime. É preciso, em primeiro lugar, historicizar melhor o papel do direito no Antigo Regime e evitar comparações entre os séculos XVI, XVII e XVIII. No que se refere a este último, é difícil crer que as ações dos camponeses ainda estivessem pautadas – se é que um dia estiveram somente pautadas aí – no silêncio, na mentira e na fuga.

Assim sendo, se conseguirmos aliar a percepção dos memorialistas acerca da questão das leis às evidências das contestações camponesas em múltiplas e complexas ações, será possível entender que, a despeito do Antigo Regime ser pautado no direito, havia uma crescente desconfiança na possibilidade de a Coroa definir os pleitos, trazendo para o campo central da luta a harmonia que desejava imprimir. Sem romper com a visão de seu próprio tempo, os jurisconsultos – em particular Mello Freire – buscava refletir sobre a legislação agrária, tentando encontrar uma espécie de base para a solução dos conflitos.

A segunda metade do século XVIII constituiu um momento de inflexão do direito português, sendo para alguns o início de uma verdadeira história do direito, principalmente após a promulgação da Lei da Boa Razão, de 18 de agosto de 1769. Segundo Paulo Merêa, as Ordenações já continham limites à utilização do direito romano, só o devendo aplicar na "falta do direito nacional (salva ainda a preferência do direito canônico em

---

12 *Ibidem*, p. 395.

13 *Ibidem*.

14 *Ibidem*.

certas matérias)".[15] Da mesma forma, Braga da Cruz também considerou que "apesar dos abusos que os tribunais frequentemente cometiam, aplicando por vezes o direito romano com menosprezo do direito nacional, pode-se dizer que, ao menos em princípio, a prioridade dada pelas Ordenações às leis pátrias, costumes do Reino e estilos da Corte nunca foi posta em causa".[16] Assim, de uma forma ou de outra a Lei da Boa Razão foi uma continuidade na ruptura (ou se desejarem, uma ruptura na continuidade), posto que a partir de 1769, tornava-se expressa em lei à obrigatoriedade de utilização do direito pátrio, em detrimento do romano.

Inserida nas transformações inauguradas pela reformas pombalinas, a Lei de Boa Razão fez parte das transformações implementadas pelo Marquês de Pombal, que causaram profundo impacto em Portugal e em suas colônias. Expressando o ideário de um tempo, "fortemente marcado pelo racionalismo moderno", a lei buscava "colher no direito natural a justificação de uma ratio scripta que fosse a imagem da recta ratio",[17] como a expressão de uma interpretação e de uma restauração do "verdadeiro sentido do ordenamento jurídico do passado, respeitando assim, uma tradição que não via o direito como uma construção inteiramente humana".[18] Ela é ainda a manifestação da vontade suprema, em termos como o seguinte: 'Faço saber', ' Considerando Eu', ' Quero', 'Mando', 'He Minha Vontade', 'Ordem' etc.".[19]

> Faço saber aos que esta minha Carta da Lei virem, que por quanto depois de muitos anos tem sido um dos mais importantes objectos de atenção, e do cuidado de todas as Nações

---

15 Paulo Merêa. "Direito romano, direito comum e boa razão". In: *Boletim da Faculdade de Direito*, vol. XVI (1939-1940). Coimbra: Editora de Coimbra, 1940, p. 541.

16 Gulherme Braga da Cruz. "O direito subsidiário na história do direito português". In: *Revista Portuguesa de História*. Tomo XIV. Coimbra: Faculdade de Letras da Universidade de Coimbra, 1974, p. 253.

17 Joaquim Veríssimo Serrão. *História de Portugal*. Vol. VI: O despotismo iluminado (1750-1807). 5ª ed. Lisboa: Editorial Verbo, s/d., p. 87.

18 Carlos Marques de Almeida. *Reflexão epistemológica sobre a Lei de 18 de agosto de 1769 (Lei da Boa Razão)*. Dissertação de mestrado em Ciências Jurídicas-Históricas. Lisboa, Faculdade de Direito da Universidade de Coimbra, 1991, p. 19.

19 *Ibidem.*

polidas da Europa, o de precaverem com sábias providência, as interpretações abusivas que ofendem a majestade das Leis, desautorizam a reputação dos Magistrados, e tem perplexa a justiça dos litigantes, de sorte que no direito, e domínio dos bens dos Vassalos não possa haver aquela provável certeza, que só pode conservar entre eles o público sossego.[20]

E continua:

Considerando Eu a obrigação que tenho de procurar aos Povos, que a Divina Onipotência pôs debaixo da Minha Proteção, toda a possível segurança nas suas propriedades estabelecendo com ela a união, e paz entre as famílias; de modo que umas não inquietem as outras com as injustas demandas, a que muitas vezes são animadas por frívolos pretextos tirados das extravagantes subtilezas, com que aqueles, que as aconselham, e promovem, querem temeriadamente entender as Leis mais claras, e menos susceptíveis de inteligências, que ordinariamente são opostas ao espírito delas, e que nelas se acha literalmente significado por palavras exclusivas de tão sediciosas, e prejudiciais cavilações.[21]

Para Carlos Marques de Almeida, a partir daquela lei, fortaleceu-se o processo de despersonalização e objetivação do poder, enfraquecendo, por sua vez, a tradicional identificação do príncipe com o Estado e a Administração".[22] Além disso, a lei pôs a nu que todas as atividades do soberano "fundavam-se, não numa prerrogativa pessoal, mas na representação do Estado de que o Príncipe era o *primeiro servidor*".[23]

Os embates acerca da Lei da Boa Razão e as múltiplas interpretações sobre ela mostram-nos sua importância na própria construção do direito e

---

20 *Apud* José Homem Corrêa Telles. "Commentario critico à Lei da Boa Razão". In: *Auxiliar Jurídico*: Apêndice às Ordenações Filipinas, vol. II. Lisboa: Fundação Calouste Gulbenkian, 1985, p. 445.

21 *Ibidem.*

22 Almeida, *op. cit.*, p. 38.

23 *Ibidem.*

da história do direito em Portugal.[24] Sua aplicação constitui-se ainda hoje um "dos problemas mais complexos envolvendo dificuldades concretas de investigação nos arquivos judiciários".[25]

De qualquer forma, é difícil imaginar que a lei não tenha provocado um impacto no direito português e em particular no direito agrário (*avant la lettre*) daquele país. No entanto, nem sua aplicação nem o seu impacto podem ser vistos como um processo linear de adequação de uma lei que, uma vez promulgada, viria a solucionar – de uma vez por todas – as múltiplas interpretações presentes nos tribunais. Como arena de luta, ela vai ao mesmo tempo ser objeto de interpretações dos jurisconsultos e magistrados nos tribunais e estaria refém da constituição de uma nova geração de advogados, que a legitimariam nos embates da justiça.[26]

O maior intérprete do espírito pombalino, Pascoal José de Mello e Freire, produziu um compêndio de história do direito português – a *História Iuris Civilis Lusitani*, publicada em 1778, e as *Institutiones Iuris Civilis Lusitani*, entre 1780 e 1793, sobre o direito português e em quatro volumes.[27] Ele pertenceu ao Conselho da rainha D. Maria I, foi desembargador

---

24 Para uma análise das interpretações sobre a lei, vide Arno Wehling, Maria José Wehling. "Cultura jurídica e julgados no Tribunal da Relação do Rio de Janeiro: A invocação da Boa Razão e da doutrina. Uma amostragem". In: Maria Beatriz Nizza da Silva. *Cultura Portuguesa da Terra de Santa Cruz*. Lisboa: Estampa, 1995, p. 235-247.

25 *Ibidem*, p. 238. Segundo Arno Welling, Correia Telles, ao computar os Assentos da Casa de Suplicação entre a edição da Lei da Boa Razão e 1880, encontrou 58 assentos, número que considerou pouco relevante, concluindo então pela pouca observância da lei. Welling, ao contrário, mostra que se considerarmos que no reinado de D. João V (1705-1750) "foram editados 63 assentos e que no de D. José, até a promulgação da Lei da Boa Razão, mais 26, não nos parece justificada a opinião de Correia Telles, para quem os 58 assentos de fins do século XVIII revelariam pouca aplicação da nova legislação".

26 Braga da Cruz lembra que a execução da lei só pode ser entendida em relação com a formação de novas gerações de juristas. "E foi por isso o que se procurou fazer com a reforma dos estudos jurídicos levada a cabo em 1772 e integrada no quadro mais vasto da Reforma pombalina da Universidade de Coimbra." Braga da Cruz, *op. cit.*, p. 300. São fixados ainda "o novo tratamento dado pela *Lei da Boa Razão* ao problema do direito subsidiário e com as novas regras de hermenêutica que também ficou, dentro da mesma linha de orientação ideológica, e que os *Estatutos da Universidade*, três anos mais tarde, completaram e desenvolveram". *Ibidem*, p. 304.

27 Nuno Espinosa da Silva. *História do direito português:* fontes do direito, *op. cit.*, p. 402.

da Casa de Suplicação, doutor e lente jubilado da faculdade de Leis da Universidade de Coimbra e também deputado da Mesa da Comissão Geral sobre o Exame e Censura dos livros e sócio efetivo da Academia Real das Ciências de Lisboa.[28]

Entre tantas outras tarefas, Mello Freire pertenceu ainda ao Conselho Geral do Santo Ofício, órgão máximo da Inquisição Portuguesa. Presidido pelo inquisidor geral (indicado pelo rei desde a criação do tribunal, entre 1536-1540), era composto de inquisidores e deputados. No tempo de Pombal, a Inquisição ficou muito decadente e subserviente ao Estado, mas ainda era prestigioso ter cargos no Santo Ofício.[29]

O jurisconsulto foi parte ainda da Casa do Infantado, instituição que havia sido criada na segunda metade do XVII para administrar parte do patrimônio da família dos reis de Portugal. A casa tornou-se uma das maiores instituições senhoriais, estendendo-se por vasto território e arrecadando enormes rendimentos, a maior parte de origem agrícola. Ela foi criada para dotar o Infante D. Pedro, tornando-se "instituição patrimonial dos segundos filhos dos monarcas com prerrogativas idênticas às da Casa de Bragança".[30] Foi extinta no reinado de D. Pedro IV, em 1834, e seus bens integrados à Fazenda Nacional, exceto alguns palácios.

Nosso autor foi também deputado da junta da Bula da Cruzada, que remonta à Idade Média e que concedia graças e privilégios aos que lutassem contra os mouros. No caso português, por exemplo, uma das Bulas de Cruzada foi concedida na dinastia de Borgonha, reinado de Sancho I, séc XII, repassando ao rei rendimentos eclesiásticos como incentivo às guerras contra mouros. Outras foram ainda concedidas, inclusive na dinastia de Avis. A Junta da Bula da Cruzada – da qual Mello Freire fazia parte – era, como tantos outros, um organismo incumbido de administrar a coleta desses rendimentos, a despeito do término das cruzadas há séculos.[31]

---

28 Silva, *Diccionario Bibliographico portoguez, op. cit.,* Tomo VI, p. 350.

29 Agradeço a Ronaldo Vainfas estas informações sobre as instituições portuguesas. Para uma análise sobre o Conselho Geral, vide Francisco Bethencourt. *História das inquisições.* Lisboa: Círculo de Leitores, 1994, p. 33-71.

30 Joel Serrão. *Pequeno dicionário de história de Portugal.* Porto: Figueirinhas, 1993, p. 353-354.

31 *Ibidem,* p. 207-208.

Mello Freire morreu em 1798, mas sua influência no campo jurídico português manteve-se inalterada, pois suas obras foram adotadas para "servirem de compêndio nas lições da cadeira de Direito Pátrio" do curso de direito da Universidade de Coimbra.[32] Há os que afirmam ainda que seus trabalhos se tornariam a "pedra angular da organização jurídica e político social em que actualmente vivemos".[33] Ele teria sido não somente o "criador do direito pátrio como ciência e como técnica, mas também um autêntico reformador das instituições".[34] Malgrado exagero, é certo que Mello Freire teve uma atuação singular na consolidação do direito português, sendo importante lembrar, inclusive, que ele foi autor dos projetos de Código Civil e Criminal, solicitados por D. Maria I.

Mello Freire expressou, ao mesmo tempo, a marca e os limites do Antigo Regime. Acreditava no poder do ordenamento jurídico para a consagração e harmonia da sociedade, da qual era parte atuante. Reconhecia na pessoa do rei a humanidade para amar seus vassalos e administrar a justiça, sem distinção. Ao rei, cabia salvaguardar os privilégios, sem o prejuízo dos povos e em respeito à propriedade. Temia, sobremaneira, a liberdade, tal como era desejada pelos "mais radicais". Ao responder às censuras que lhe haviam sido feitas por ocasião do projeto de Direito Público, respondeu:

> Na matéria que se tem escrito em França tanto livros, que andando pelas mãos dos mesmos camponeses, imprimiram no coração de todos um fingido amor da pátria, isto é, da liberdade, e um ódio mortal ao despotismo, isto é, a monarquia; de que se tem seguido tantos estragos do poder Real naquele reino, que nunca jamais se poderá recobrar, ou ao menos não sem grandes males.[35]

---

32 *Ibidem*, p. 351.

33 Vitor Antonio Faveiro. *Pascoal de Mello Freire e a formação do direito público nacional.* Coimbra: Ansião, 1968, p. 16-17.

34 *Ibidem*, p. 18.

35 *Apud* Faveiro, *op. cit.,* nota 5, p. 40.

E ainda:

> A história nos ensina, e agora o experimenta a França, quão funestíssima foi em todos os tempos a liberdade de pensar e escrever, assim a respeito das matérias da religião, como do Estado" [...] E para tanto da primeira necessidade, que no Estado haja certos ministros e censores, que contenham nos seus justos limites uma ou outra liberdade, e que sejam de tal caráter, que se não embarcarem com as vozes dos libertinos, que os tratam ou por ignorantes, ou por bárbaros.[36]

Assim, Mello Freire se reconhecia como um homem capaz de lidar com a perigosa liberdade, produzindo obras que viessem consagrar um direito pátrio, a serviço do rei e de toda a sociedade. Embora nivelasse os homens em sua natureza, pois admitia que todos faziam parte de uma mesma associação, não lhe era possível conceber a legitimidade da intervenção do poder de todos os indivíduos. Ele era, em suma, a expressão de um jurisconsulto cioso de suas tarefas para a consagração do *status quo*. Era ainda um iluminado, nos quadros do que se convencionou chamar de despotismo esclarecido. Temia a França, a Revolução e tudo que ela significava. Temia a liberdade revelada por seu mais radical intérprete, Rousseau. Pois este último afirmara:

> O primeiro que, cercando um terreno, se lembrou de dizer: 'Isto é meu e encontrou pessoas bastante simples para o acreditar, foi o verdadeiro fundador da sociedade civil. Quantos crimes, guerras, assassinatos, misérias e horrores não teriam sido poupados ao gênero humano aquele que, arrancando as estacas ou tapando o fosso, tivesse gritado a seus semelhantes: 'Não escutem esse impostor! Vocês estarão perdidos se esquecerem que os frutos são de todos e que a terra não é de ninguém![37]

---

36 *Ibidem*, p. 41.

37 Jean-Jacques Rousseau. *A origem da desigualdade entre os homens.* Coleção Grandes Obras do Pensamento Universal. São Paulo: Escala, s/d, p. 57.

Ao assumir a tarefa de refletir sobre o tema do direito civil e, portanto, sobre o fundamento da propriedade, Mello Freire produziu três volumes de "Notas de Uso Prático e Críticas", organizados por Lobão na primeira segunda do século XIX.[38]

Manoel de Almeida e Souza, conhecido pela alcunha de Lobão, por morar numa localidade de mesmo nome, em uma aldeia próxima de Viseu, formou-se em direito em 1766, preferindo o exercício da advocacia à carreira da magistratura. Escreveu diversas obras sobre jurisprudência, direito romano e canônico.[39] Foi, no entanto, mais reconhecido pela elaboração das "Notas de Uso Prático", na qual procurou expôr as ideias de Mello Freire.

De intricada leitura, os textos de jurisconsulto são marcados por inúmeras citações em latim e de referência a vários magistrados de sua época. Difícil é ainda sabermos onde se deu a intromissão – no discurso – da visão de Lobão, mas, de qualquer forma, este último procurou recuperar, na maior parte dos três volumes, as percepções de Mello Freire.

Para nos aproximarmos do tema de nosso particular interesse, destacam-se, no primeiro volume, as reflexões sobre Sesmarias (sobre o que falaremos mais à frente) e sobre o Costume, e, no terceiro volume, suas ilações sobre as diferenças entre posse e domínio. Vamos começar por aí, já que as interpretações de Freire nos ajudam a refletir sobre a questão do direito à terra em Portugal de fins do século XVIII.[40]

As inúmeras passagens dos textos de Freire e suas inferências nos mostram como era difícil definir princípios claros que consagrassem a diferen-

---

38 Manoel d'Almeida e Sousa de Lobão. *Notas de uso pratico e criticas: adições, illustrações e remissões: Sobre todos os titulos, e todos os do livro primeiro das instituições do direito civil lusitano do Doutor Paschoal José de Mello Freire*. Parte I. Lisboa: Imprensa Régia, 1816. *Idem. Notas de uso pratico, e criticas: adições, illustrações e remissões, Sobre todos os titulos e todos os & do livro segundo das instituições do direito civil lusitano do Doutor Paschoal José de Mello Freire*. Parte II. Lisboa: Imprensa Régia, 1818; *Notas de uso pratico, e criticas: adições, illustrações e remissões: Sobre todos os títulos, e todos os & do livro terceiro das instituições do direito civil lusitano do Doutor Paschoal Josée de Mello Freire*. Parte III. Lisboa: Imprensa Régia, 1825.

39 Silva, *Diccionário bibliographico portuguez, op. cit.,* tomo V, p. 351.

40 Mello Freire teve uma enorme influência nos estudos dos jurisconsultos do Brasil do século XIX, mas, até o momento, desconhecemos uma reflexão sobre a importância de seu pensamento para a história do direito brasileiro.

ciação entre posse e propriedade. O reino de Portugal havia promulgado várias leis sobre o tema e ainda havia – como já dissemos – formas múltiplas de apropriação da terra. Talvez não tenha sido gratuita a decisão de Mello Freire de simplificar a própria definição de posse, fugindo – como afirmara Lobão – da "variedade de opinião sobre a analogia da palavra posse".[41] De qualquer forma, ele considerava que, uma vez que a posse tivesse sido adquirida legitimamente, se presumiria que ela sempre se mantivesse "ainda que só civilmente no ânimo, em quanto se não mostra interrompida por outra pessoa".[42] Nesse sentido, talvez não tenha sido fortuito o fato dele ter desconsiderado – ainda conforme Lobão – que, no reino português, não somente o domínio era transmitido ao herdeiro, mas também a posse, como todos os seus efeitos, segundo o Alvará de 9 de novembro de 1754 e o Assento de 16 de fevereiro de 1786.[43]

Mas adiante, ao se referir à posse transferida por lei, Lobão afirmou:

> Mello aqui nos lembrou o Alvará de 9 de novembro de 1754, [...] e lembrou também a posse legal transferida à Cabeça do Casal pela Ordenação L. 4. T 95. Quando escreveu Mello, suponho que ainda não havia o Assento de 16 de fevereiro de 1786, que explicou o dito Alvará, pois Mello não cita este Assento, nem succou sua substância. Tractando Mello de uma nova Legislação oposta aos Princípios do Direito Romano, não devia ser tão conciso.[44]

Em outras palavras, era possível que nosso autor desconhecesse o assento de 1786, mas, ao simplificar uma questão demasiadamente complexa, ele operava com as interpretações mais superficiais sobre o tema, com a intenção tão somente de fazer jus à Lei da Boa Razão.

Em relação à perda da posse, a confusão não era menor, pois era "tal a variedade de leis, e interpretações, que nada de certo se pode firmar, que

---

41   Manoel d'Almeida e Sousa de Lobrão, *op. cit.*, parte III, p. 85.

42   *Ibidem*, p. 88.

43   *Ibidem*, p. 93.

44   *Ibidem*, p. 104.

seja aplicável na prática".[45] Entre tantas as possibilidades de perder a posse havia aquelas originárias da posse *ex defecto rei*, como pelo interdito da coisa e ainda *in consequentian actionis exercito in judicio*.[46]

O empenho de Mello Freire para produzir uma interpretação mais modesta sobre posse, fundada nos princípios da Boa Razão, esbarravam ainda em uma ampla tradição acerca da posse imemorial, provavelmente uma das marcas das contestações pela terra. Havia o reconhecimento – tanto na legislação antiga, quanto na moderna, nos lembra Lobão – dos efeitos da prescrição imemorial. Ela era apenas reprovada em casos expressos nas leis.

> 1º quando se trata de prescrever contra a real Fazenda os Direitos das Alfândegas, das Sisas, das Terças, das Rendas dos Concelhos dos Veeiros e Minas; 2º ela era também reprovada quando "os donatários e senhorios de terras pretendem usurpar a Jurisdição Real ou ampliar as Doações; 3º para prescrição dos atravessadores e 4º para em nome dela se exigir foros das terras livres dadas de sesmaria, ou excessivos dos gerais das terras.[47]

Isso significava afirmar que o direito à posse não poderia se sobrepor ao direito do rei sobre suas terras, mas também é importante notar que ela não poderia impor o pagamento de renda em terras dadas em sesmarias.

Assim, em consonância aos princípios definidos nas várias legislações antigas, a posse imemorial adquiria o status de domínio, pois se presumia que ela havia sido adquirida por "títulos originais que o tempo o tem consumido". Ela pressupunha ainda "a graça em tudo o é concessível" e "a boa fé".[48]

Ora, seu reconhecimento trazia para o centro da questão a forma como ela deveria ser provada. Os embates não poderiam ser pequenos e o espírito da Lei da Boa Razão mostrava os seus limites. Sua essência era de não haver lembrança de seu princípio na memória dos viventes e pressupunha

---

45 *Ibidem*, p. 93.

46 *Ibidem*.

47 *Ibidem*, p. 183.

48 *Ibidem*, p. 184.

a presença de testemunhas com mais de 56 anos que pudessem depor em favor da manutenção da posse, pautada "desde o tempo de sua lembrança e pelo ouvirem a seus antepassados, pessoas de crédito e que nunca viram nem ouviram o contrário".[49]

No entanto, enquanto mais uma das inúmeras arenas de luta expressas na lei, a posse imemorial não se destruía quando da apresentação de documentos apresentados pelo adversário, mas podia ser reprovada por testemunhas que tivessem visto o contrário "ou que ouvissem a seu antepassados atos contrários". No confronto das testemunhas se atestava tão somente a "existência memória do princípio".[50]

Práticas e direitos antigos que muitas vezes se pautavam na noção de uma posse imemorial eram acionados nos crescentes processos de contestação contra o não menos crescente processo de individualismo agrário. Resistências e protestos tornavam-se a marca dos camponeses que procuravam se defender contra a vedação dos maninhos e aforamento de terras, antes utilizadas em comum.

Em seu estudo sobre a vida rural num sistema senhorial, Margarida Neto destaca a diversidade inerente ao Antigo Regime em relação às mudanças decorrentes das transformações no campo no século XVIII. Assim, o aumento da população, a introdução de novas técnicas e intensificação e procura de novas áreas cultivadas produziram experiências múltiplas de contestações. Ademais, o conceito de propriedade do Antigo Regime implicava o "exercício de direitos de propriedade sobre o mesmo bem por parte de diversas pessoas ou entidades".[51] No caso de Coimbra – objeto central de seu trabalho –, "os senhorios tinham estendido as suas redes de domínio por vastos espaços, absorvendo proprietários alodiais [...]".[52]

Ao analisar os processos judiciais relativos à região de Coimbra, Neto destacou o caráter conflituoso do Antigo Regime. Querelas motivadas por

---

49 *Ibidem*, p. 185-186.

50 *Ibidem*, p. 186. E ainda: "A imemorial não se destrói, ainda que apareçam títulos em contrário quando as suas datas remontam além dos 100 anos". *Ibidem*, p. 185.

51 Margarida Neto. *Terra e conflito:* Região de Coimbra (1700-1834). Viseu: Palimage Editores, 1997, p. 10.

52 *Ibidem*.

disputas de espaços produtores de lenhas, estrumes e pastagens tornara-se particularmente intensas a partir do fim do século XVII. Contestações antissenhoriais no domínio territorial de Santa Cruz tornaram-se expressivas, desde o início do século XIII até 1834.

Inúmeras contestações em outros concelhos se desenvolviam contra o aforamento de baldios concelhios. Os agricultores reclamavam dessa prática, pois "os baldios eram indispensáveis para pastagens dos seus gados de lavoura e para conseguir os estrumes, sem os quais as terras pouco produziam".[53] Os embates podem ser entendidos como uma luta pela manutenção de um costume (costume que, como vimos, era criticado pelos memorialistas) cada vez mais ameaçado pelos esforços de elaboração de princípios racionais de individualização do universo agrário, que se deparavam, no entanto, com uma série de leis pátrias, antigas e imemoriais, que legitimavam as ações dos lavradores. Assim, "a complexidade do tecido da sociedade rural do Antigo Regime, gerando solidariedades e hostilidades de múltiplos sentidos, é inconciliável, pois, com uma visão esquemática e linear do comportamento social e político das populações dos campos que, por vezes, tem sido produzida entre nós".[54]

Construir um ordenamento jurídico que atendesse ao espírito da Lei da Boa Razão não podia implicar fazer tábula rasa de uma série de leis, alvarás que – malgrado intenções futuras – legitimavam, de uma forma ou de outra, a ação dos lavradores, muitos deles empobrecidos por disputas jurídicas custosas. Além disso, nos embates sobre o direito, os camponeses acionavam o passado (inventado ou não, pouco importa) para legitimar – naquele presente – o seu direito à terra. Os memorialistas insistiam em se referir à noção das boas leis do reino, mas é possível que os camponeses também tivessem alguns princípios legais a serem relembrados para consagrar aquilo que consideravam ser seu.

Talvez assim possamos entender também a proposta de Mello Freire para definir o costume. Considerado "o mais antigo de todos os Direitos positivos", precedido por "toda a lei escrita", o costume "é tanto mais doce e mais agradável aos Povos, a que se entregam livremente e voluntariamen-

---

53 Tengarrinha, *op. cit.,* vol. I, p. 158. Tengarrinha analisa vários protestos com este teor.

54 *Ibidem*, p. 191.

te, em lugar de que eles recebem a lei escrita de uma autoridade superior que não os consulta".[55]

Para Mello Freire, o costume seria ainda um "Direito formado por muitos actos semelhantes aprovados ou tolerados pelo Soberano [...] ele obriga como Lei mesma, não por palavras, mas por factos.[56] É preciso ainda que tais fatos pelos quais os costumes se estabelecem sejam justos e racionais, que não sejam contrários ao direito natural e ao direito público, "em uma palavra, que eles tenham podido ser autorizados por uma lei justa".[57]

Ideia consolidada a partir do final do século XVII, o direito natural está depositado nos direitos presentes na natureza. Na Idade Média, ela é produto da inteligência criadora de Deus, logo, o direito natural é revelado pelos textos sagrados. No princípio da Idade Moderna, a natureza passa a ser vista como a ordem racional do universo, entendendo-se por direito natural "o conjunto das leis sobre a conduta humana, que, ao lado das leis do universo, estão inscritas naquela ordem universal, contribuindo mesmo para compô-la e que podem ser conhecidas por intermédio da razão".[58] No entanto, enquanto fundamento inaugural, o direito calcado na natureza não poderia ter vigência real, pois ela só obriga a consciência, pois – por esta linha de raciocínio – cada um só tem o direito de fazer o que deseja. Para Hobbes, estaria aqui o fundamento legítimo do soberano, pois o direito positivo, fundado no direito natural, tem a intenção manifesta de regular princípios já presentes no estado da natureza. Compreende-se assim como era importante refletir sobre o costume.

Hobbesbiano ou não, o certo é que Mello Freire precisava enfrentar a questão dos costumes, os que – para ele – foram considerados aprovados ou ao menos tolerados pelo soberano. Nas ilações de Mello Freire e de Lobão estão presentes os argumentos de Dunod, "que uma lei ao princípio justa nas vistas do Legislador pode vir a ser injusta e onerosa pelas variações dos

---

55   Manoel d'Almneida e Sousa de Lobão, *op. cit.*, parte I, p. 20.

56   *Ibidem*.

57   Nota do texto: "Até aqui é conforme com a Lei de 18 de agosto de 1769, parágrafo 14". *Ibidem*, p. 21.

58   Norberto Bobbio. *Locke e o direito natural*. 2ª ed. Brasília: Editora da Universidade de Brasília, 1997, p. 31-32.

tempos, dos costumes etc".[59] Em outras palavras, o autor, apoiado em Dunod, buscava circunscrever o costume, pois, tal como Hobbes, defendia que
os soberanos "têm o direito de interpretar as leis naturais, determinando o
seu significado".[60] Afinal:

> As leis da natureza proíbem o furto, o homicídio, o adultério e
> todas as várias espécies de crimes. No entanto, é preciso deter-
> minar, por meio da lei civil, e não da lei natural, o que se deve
> entender por furto, homicídio, adultério, crime. Com efeito,
> nem toda subtração de algo possuído por outrem é furto, mas
> somente aquilo que é de sua propriedade. Portanto, determi-
> nar o que é nosso e o que pertence a outrem é algo que depen-
> de justamente da lei civil.[61]

Compreende-se assim por que a noção de que a Lei da Boa Razão teria
aclarado as confusões acerca do costume está presente no texto de Mello
Freire e nos adendos de Lobão. A Lei "só reprova o costume oposto diame-
tralmente a uma lei clara", não reprovando uma observância interpretativa
da lei na parte em que for duvidosa". O costume é então admitido na ausência de uma lei clara e não se opõe "aos costumes particulares de Povos, e
corporações, que não havendo Lei oposta, se não vale como Lei, tem força
de Lei".[62] Em outras palavras, Mello Freire não podia desconsiderar que o
costume era ao mesmo tempo uma práxis e uma lei.[63]

A complexidade do universo agrário, a formas múltiplas de apropriação da terra, leis e alvarás que reconheciam a posse não poderiam
ser reduzidos tão somente em nome de uma lei "maior", definidora de
interpretações racionais. Havia decisões régias que legitimavam a posse,
consagrando-a como forma legítima de ocupação territorial. O alvará de

---

59 Manoel d'Almeida e Sousa de Lobão, *op. cit.*

60 Bobbio, *op. cit.*, p. 43.

61 Thomas Hobbes *apud* Bobbio, *op. cit.*, p. 43.

62 Manoel d'Almeida e Sousa de Lobão, *op. cit.*, p. 22.

63 E. P. Thompson. "Costume, lei e direito comum". *Costumes em comum*. São Paulo: Companhia das Letras, 1998, p. 86.

9 de julho de 1767, por exemplo, determinava que "ninguém pode ser tirado da posse em que se acha, sem ser ouvido".[64] Além disso, o alvará de 9 de Novembro de 1754, reiterado pelo Assento de 16 de fevereiro de 1786 reconheciam a transmissão de um patrimônio originado por posse "com todos os efeitos da natural".[65]

A defesa de um costume de posse comum que se perdia no processo de individualização da propriedade agrária era o resultado de uma luta posteriormente perdida pelos camponeses do mundo moderno, malgrado as formas diferentes de contestação ocorridas em várias partes. O reconhecimento do costume cujos pilares eram identificados, em 1642, por Coke – uso comum e posse imemorial – e por Carter, em 1696, em quatro pilares – "antiguidade, constância, certeza e razão"[66] – eram recorrentes em vários países, na intenção de definir e posteriormente aprisionar o costume nas leis nacionais.

Apoiados na noção de que o costume se relacionava à posse imemorial, ele era, muitas vezes "crenças não escritas, normas sociológicas e usos asseverados na prática, mas jamais registrados por qualquer regulamento".[67] Não à toa, era possível "reconhecer os direitos costumeiros dos pobres e, ao mesmo tempo, criar obstáculos a seu exercício".[68] Nesse sentido, ele pode ser "visto como um lugar de conflito de classes, na interface da prática agrária com o poder político".[69]

O que então ocorria em Portugal dos setecentos era – apesar das diferenças – análogo ao que havia ocorrido no campo inglês, décadas antes. A propriedade fundiária se subordinava cada vez mais aos contratos, ao assumir as qualidades e funções do capital, e, ao mesmo tempo, e em seu nome,

---

64 Alvará de 9 de julho de 1767. *Auxiliar Jurídico:* apêndice às Ordenações Filipinas. Vol. II. Lisboa: Fundação Calouste Gulbenkian, 1985, p. 578.

65 Alvará de 9 de novembro de 1754 e Assento de 16 de fevereiro de 1786. *Posse Civil.* A que tinhão os defuntos em sua vida, passa com todos os effeitos da natural nos bens livres aos herdeiros escriptos ou legitimos. Posse de herança, prazos e vinculos passa ao successor ou herdeiro a fallecimento do ante possuidor por disposição da lei com todos os efeitos de natural. *Auxiliar Jurídico.*

66 Thompson, *op. cit.*

67 *Ibidem*, p. 88.

68 *Ibidem*, p. 89.

69 *Ibidem*, p. 95.

consagrava-se a propriedade individual, minando os direitos comuns e de uso das camadas mais baixas da população.[70]

A economia política, segundo Thompson, ajudou e favoreceu a lei, instituindo uma visão legitimadora e legalizadora da ideia de que para a consagração da propriedade perfeita é necessário um dono. Na Inglaterra, na década de 1780, "tanto a lei quanto a economia "consideravam as propriedades coexistentes na mesma terra com extrema impaciência".[71] Em suma,

> a noção de propriedade rural absoluta, que triunfou na Inglaterra no final do século XVIII, continha um aspecto legal e um aspecto político. A propriedade rural requeria um dono da terra, desenvolver a terra requeria trabalho, e, portanto, submeter a terra também requeria submeter o pobre trabalhador.[72]

No entanto, exatamente porque a lei, ou melhor, as leis expressam sempre jogos de disputa, Mello Freire não pôde ferir seus próprios princípios, desconhecendo, a historicidade dos costumes e sua legitimidade perante o direito. Assim, entende-se porque o jurisconsulto não pôde produzir algo novo, que viesse permitir o término da querela. Para destruir a legitimidade da ocupação dos terrenos comuns, era preciso mais que um novo código; era necessário, antes de tudo, deslegitimar aquele costume, para que a sociedade pudesse enfim naturalizar a noção de que a propriedade territorial é um bem inviolável, e sem limites.

Compreende-se ainda porque Mello Freire preocupou-se em expor a contradição existente entre a Ordenação Filipina, Livro 4 (que versa sobre sesmarias) e a Lei de 23 de julho de 1766. Em primeiro lugar, destacou o conflito de interpretações presentes na Ordenação Filipina e na Lei de 26 de julho de 1766, em seu parágrafo segundo. Segundo o autor, a primeira permitiria a manutenção dos sesmeiros nas terras, mediante uma única escritura, a própria carta de sesmaria. A segunda exigiria uma série de procedimentos, ou seja, a Provisão do Desembargo do Paço, a partir

---

70   *Ibidem*, p. 132.

71   *Ibidem*, p. 135.

72   *Ibidem*, p. 136.

de informações oriundas da "Câmara, Nobreza, e Povo, Lansos em hasta etc.".[73] Ainda para este autor, estaria neste ponto o maior obstáculo para o aumento da lavoura no reino,

> ou as Câmaras não requerem Sesmeiro, que a Ord. L.4. T43 reservou à nomeação do Soberano; nem se propõe os exemplos das suplicas das Câmaras de Pinhal, e Torre de Moncorvo, que refere Fr. Joaquim no Elucidário debaixo da palavra Sesmaria; e esta razão, porque faltando sesmeiros nas terras, e revogada hoje a Ord. L. I. T. 66 && 17, pela dita L de 1766, é preciso o recurso na forma dela ao Desembargo do Paço; recurso que a muitos desanima; já por que nenhum passa sem contradições [...].[74]

Em outras palavras, Mello Freire reconhecia as mudanças provocadas pela lei de 1766, que imprimiu uma série de exigências burocráticas para que o preponente viesse a deter em suas mãos um documento de sesmarias. As determinações de 1766 eram uma proposta de intervenção do Estado num controle efetivo sobre a concessão de terras, num esforço para assegurar o princípio que regia a lei: a obrigatoriedade do cultivo. Daí a determinação de que fossem ouvidos a Câmara, a Nobreza, o Povo. No entanto, Mello Freire estava atento aos resultados jurídicos desse esforço de controle. Os embates entre sesmeiros ou pretendentes e seus contrários deveriam ser decididos naquela instituição, tornando cada vez mais onerosa a reivindicação por terras.

Todavia, as demandas e pleitos de que nos falava um dos autores anônimos analisado páginas atrás eram ancoradas em confrontos e interpretações que longe de solucionar os conflitos, eternizavam-nos, concretizando uma noção de injustiça presente inclusive na análise de alguns memorialistas. Mas eles não perfilhavam a legitimidade dos costumes, assente em leis pretéritas, tampouco a ideia de que eram legítimas as reivindicações dos camponeses.

---

73 Manoel d'Almeida e Sousa de Lobão, *op. cit.*, parte I, p. 239.

74 *Ibidem.*

Os memorialistas, assim como os juristas, ansiavam por um ordenamento jurídico claro que liberasse a terra – e não os trabalhadores – de seus entraves jurídicos. Os reclamos mais contundentes do memorialista Bernardo Lemos e do autor anônimo eram a expressão radical possível da mentalidade dos que advogavam a defesa da recuperação da agricultura portuguesa, a partir de pressupostos racionais e individualizantes em relação ao direito à terra. Não desejavam mais os pleitos e demandas, as disputas e rancores. Não porque tais pleitos traziam para a luz do dia os costumes dos homens do campo, muitas vezes reivindicando as antigas leis e tradições, e sim porque as disputas eram a face mais visível do declínio da agricultura lusa, cuja destruição procuravam evitar. Vandelli almejava, portanto, pelo Código Civil de Mello Freire. Um de nossos autores anônimos aspirava por princípios claros para a definição de direito à terra. Assim sendo, a manifestação pública dos conflitos sociais era parte de um projeto para "dar soluções socialmente reconhecidas como imparciais," consagrando um efeito simbólico do acto jurídico como aplicação prática, livre e racional de uma norma universal e cientificamente fundamentada".[75]

Compreende-se assim porque Vandelli, como outros memorialistas, reatualizava a lei de sesmarias e porque ela reaparecia nas ilações de Mello Freire.

Numa de suas obras, intitulada "Antologia de Textos sobre Finanças e Economia", Mello Freire havia dedicado algumas páginas para refletir sobre as leis agrárias. Para ele, "os portugueses sempre se dedicaram com fervor à agricultura, principal nervo da República, pois ainda existem leis do início do reino, que muitos a promovem, e concedem numerosos privilégios aos agricultores".[76] Entre elas, "mereciam particular lembrança as celebérrimas leis agrárias a que as Ordenações dão o título especial *Das Sesmarias*".[77] Seriam elas "campos entregues por autoridade pública a alguém que deles cuide, e distribuidores, repartidores, ou sesmeiros àqueles que são incumbidos de cuidar desses campos".[78] Significa

---

75 Pierre Bordieu. "A força do direito". In: *O poder simbólico*. Lisboa: Difel, s/d, p. 228.

76 Pascoal de Mello Freire. *Antologia de textos sobre finanças e economia*. Lisboa, 1966, p. 20.

77 *Idem*, p. 22.

78 *Ibidem*, p. 23.

dizer que, a despeito de seu intento em consagrar novos princípios, ele reconhecia na lei de sesmarias um papel importante na consolidação das leis agrárias de Portugal.

Ela era uma lei antiga, referendada nos códigos do reino, e atendia os interesses de produzir um ordenamento jurídico num país marcado pela crise da agricultura. Ela podia se consagrar como título de propriedade, impondo a obrigação do cultivo como forma de responder às necessidades de uma população empobrecida. As sesmarias podiam ser operadas neste novo sentido, como expressão mais acabada da riqueza da legislação portuguesa e da preocupação pretérita pelo destino do país.

Contudo, em fins do século XVIII, a Coroa portuguesa tinha problemas não menos graves a enfrentar nos seus esforços de estabelecer princípios jurídicos claros para a questão da apropriação da terra. No território do ultramar, na América portuguesa, havia se instituído exatamente um sistema jurídico fundamentado na lei de sesmarias de D. Fernando, e expressava a face mais visível da dificuldade em se definir posse e propriedade em áreas ainda objeto de expansão. O desconhecimento sobre a forma como ela era operada nas colônias e seus múltiplos significados eram visíveis nas análises dos memorialistas, como Bernardo de Lemos e Vandelli. O imaginário social havia, porém consagrado a noção de que nas terras livres coloniais era possível a instituição da propriedade privada, sem os problemas oriundos de práticas e costumes antigos, considerados causadores dos males da agricultura em Portugal.

Nas colônias do ultramar, portanto, as concessões régias das sesmarias não implicavam nenhum condicionante quanto à utilização da terra que dissesse respeito a outros direitos sobre um mesmo bem. A terra era doada pela Coroa para que fosse cultivada, sendo esta a única exigência recorrente para a sua concessão. As sesmarias poderiam vir a expressar, na metrópole, a lei ideal para consagração dos princípios da propriedade privada da terra. Os homens que a defenderam em fins do século XVIII, e com tamanho vigor, eram a expressão de um Antigo Regime marcado por um iluminismo de extrema riqueza. Na contracorrente de uma visão de propriedade absoluta e plena, eles negavam os costumes dos pobres, mas ao mesmo tempo impunham limites aos proprietários de terras. Ultrapassavam assim suas próprias balizas, reinventando a lei de sesmarias, nos quadros da crise da agricultura de Portugal.

Havia, no entanto, os que, no exercício do poder, tinham uma visão menos generosa do sistema sesmarial e sua implicações nas colônias. No processo de concessão, no cotidiano dos encaminhamentos burocráticos, eles atentaram para os limites do sistema e suas implicações futuras. É o que veremos a seguir, a partir das reflexões de D. Rodrigo de Sousa Coutinho e seu irmão, Francisco Mauricio de Sousa Coutinho.

Parte 2
Sesmarias e poder
no período mariano

O alvará de 1795:
exemplo emblemático do período mariano

O governador Francisco Mauricio de Sousa Coutinho
e o sistema de sesmarias

O ALVARÁ DE 1795:
EXEMPLO EMBLEMÁTICO DO PERÍODO MARIANO

O período conhecido como mariano corresponde ao reinado de D. Maria I, de 1777 a 1816, ainda que a rainha tenha de fato assumido a direção até 1792 – quando, prisioneira de sua própria loucura, foi substituída por seu filho. O período é ainda conhecido pelo nome de viradeira, por corresponder à alteração da política do governo pombalino, libertando as centenas de vítimas daquele regime e personificando, assim, um exemplo de contestação às decisões do reinado de D. José, pai de Maria I.

Estudos recentes, no entanto, têm relativizado a própria noção de viradeira, na medida em que ela teria se limitado a reabilitar os membros da nobreza, perseguidos por Pombal, resumindo-se a "actos de reparação individual, quase sempre solicitados para desagravar a memória ou o bom nome de parentes e amigos".[1] Além disso, contra o centralismo pombalino, o governo de D. Maria I teria se caracterizado por realizar um "trabalho de conjunto, na solução de problemas de ordem geral ou de requerimentos particulares que há muito aguardavam justo despacho".[2]

No tocante às leis e à administração da justiça, o reinado mariano foi marcado pela tentativa de reorganização do sistema de leis em vigor, examinar as leis extravagantes e constituir um novo código, o que não implicava extinguir as antigas ordenações, e sim produzir uma nova ordenação das leis, reformulando-as. Assim, ao longo do período, foram promulgadas várias medidas para a administração da justiça, como a Lei de 19 de julho de 1790, que visava uma nova ordenação das comarcas.

Em suma, a despeito da consagração do mito da viradeira, o intervalo mariano expressou uma continuidade em relação ao pombalismo, na medida em que as ações da rainha consagraram, na prática, os princípios já

---

1 Joaquim Verissimo Serrão. *História de Portugal*. Vol. VI: O despotismo iluminado (1750-1807). 3ª ed. Lisboa: Editorial Verbo, s/d, p. 295-296.

2 *Ibidem*, p. 339.

anteriormente defendidos. Nesse sentido, a criação da Academia Real de Ciências, a manutenção e mesmo consagração de reformistas pombalinos, como José Seabra da Silva, demonstram que é preciso diferenciar, como nos alerta José Subtil, o movimento de reformas de seu ator político, o que significa afirmar a permanência dos princípios pombalinos sem Pombal.[3]

Na sequência daqueles princípios, o reinado de D. Maria I procurou reformar o direito à luz da Lei da Boa Razão, que, como vimos, representou a tentativa de produção de um novo código, e na qual a atuação de Mello Freire foi prova incontestável da consagração de preceitos pombalinos, que se consubstanciou na instauração de um novo olhar sobre o papel do Estado, para além da pessoa do rei.

Esse novo olhar sobre o papel do Estado advém de novas tomadas de posição em relação à colônia, traduzindo também a persistência em relação às modificações iniciadas por Pombal. Assim, a nomeação de D. Rodrigo de Sousa Coutinho para o cargo de ministro e secretário de Estado da Marinha e Domínio Ultramarinos, em 1796 (onde permaneceu até 1801) foi talvez a expressão maior da permanência pombalina.[4]

Mas para entendermos a trajetória de D. Rodrigo (e seu irmão, Francisco) nos quadros da política para o Ultramar, é preciso – antes de tudo – refletir sobre os significados do alvará de 1795, que versava exatamente sobre a regulamentação das doações de sesmarias. A partir de um investigação detalhada acerca dos vinte e nove artigos daquele despacho, é possível delinear as intenções da Coroa, empenhada em normatizar o acesso às terras coloniais

Em primeiro lugar, é digna de nota a pouca atenção dada à historiografia acerca do alvará de 1795. A razão mais plausível é o fato de ele ter sido revogado um ano depois. Entre tantas leis e alvarás tornados sem efeito após a sua promulgação, não é de espantar o pouco interesse conferido a

---

3   José Subtil. "No crepúsculo do corporativismo: Do reinado de D. José às invasões francesas (1750-1807). In: José Mattoso. *História de Portugal*. Vol. 4: Antigo Regime (coordenação de António Manuel Hespanha). Lisboa: Estampa, 1998, p. 415.

4   Segundo o marquês de Funchal, "Dom Rodrigo foi educado debaixo das vistas de Pombal que o destinava a ministro do Príncipe D. José". *Apud* José Luiz Cardoso. *O pensamento económico em Portugal*. Lisboa: Estampa, 1989, p. 127.

este, entre muitos que seguiram a mesma trajetória, rumo ao esquecimento. No entanto, um olhar mais atento sobre o alvará de 1795 lança questões importantes para entendermos as propostas e os limites do Antigo Regime em relação à ocupação territorial de sua principal colônia.

Em segundo lugar, o alvará foi, sem dúvida, a mais importante de toda uma série de decisões para regularizar o processo de concessão de sesmarias. Basta lembrar, por exemplo, que as resoluções de 11 de abril e 2 de agosto de 1753 determinavam que "as terras dadas de sesmarias em que houvesse colonos cultivando o solo e pagando foro aos sesmeiros deveriam ser dadas [em sesmaria] aos reais cultivadores".

O alvará, promulgado em 3 de maio de 1795, era o resultado de consulta ao Conselho Ultramarino a respeito das irregularidades e desordens em relação ao regimento de sesmarias no Brasil. Em seu extenso preâmbulo, que vale a pena transcrever, afirmava-se:

> Eu, a Rainha, faço saber aos que este Alvará virem, que sendo-me presentes em consulta do Conselho Ultramarino os abusos, irregularidades e desordens que tem grassado, e estão grassando, aliás vão passando em todo e Estado do Brasil, sobre o melindroso objecto de suas sesmarias, não tendo estas até agora regimento próprio, ou particular, que as regulei quanto as suas datas, antes pelo contrário tem sido até aqui concedidas por uma sesmaria, e abreviada relacam e aliás regularam extraídas das cartas dos antigos, e primeiros donatários a que os Senhores Reis meus [Aujustos] Predecessores fizeram mercê de algumas das suas respectivas Capitanias, de sorte que todas aquelas cartas nem ainda os regimentos, e forais, que então se fizeram e mandaram dar para a regência, e administração da minha real fazenda do dito estado não trataram, e nem podiam tratar naquele tempo plena, e decisivamente sobre esta matéria, e a mais importante, útil, e conveniente aos comuns interesses de todos os meus fiéis vassalos habitantes naqueles vastos domínios e resultam da falta da legislação e de providências por uma parte prejuízos, e gravíssimos danos aos direitos da minha Real Coroa, e por outra parte consequências não

menos danosas ofensivas do público benefício da igualdade com que se deve, e deviam ser em todo o tempo distribuídas as mesmas terras pelos seus moradores chegando ao estado tal esta irregularidade [de] distribuição que muitos destes moradores não lhes tem sido possível conseguir as expeditas sesmarias por mercê minha ou dos governadores, e capitães-generais do estado do Brasil a força de objeções e por estas por quem sem algum direito não deveria impugnar, outras pelo contrário a tem apreendido, e apreendem, e delas se apossam sem mercê, e sem licença legítima que devem ter para validar os títulos das suas possessões passando a tal excesso tão repreensíveis abusos a este respeito que até a maior parte das mesmas sesmarias ainda as que estão autorizadas com as competentes licenças cartas e confirmações jamais chegam a terem divisões e limites certos por demarcação judicial como são obrigados por muitas e repetidas ordens que se tem expedido a todos aqueles sesmeiros a este fim tão útil quanto prejudicial a falta da observância que eles tem tido no mesmo Estado do Brasil de cuja falta e de sua tolerância tem sido notoriamente resultado, no foro tantos, e tão odiosos litígios entre uma grande parte dos ditos meus vassalos o quanto mostra a experiência, e a justificam as mesmas queixas que tem sentido do meu Real Termo sobre este mesmo assunto não bastando para os recursos ordinários deles os meus tribunais Régios e ministros deputados nesta corte e no Brasil por as suas providências solicitadas talvez pelos queixosos na minha Real presença ao fim de evitarem por este meio as novas e de longas com que comumente se eterminam semelhantes litígios dominados muitas vezes pela malícia e má fé que dolosa e clandestina não desfrutam terras que ou não respeitam aos seus títulos ou se não os tem lhes custa largá-las a quem justamente pertence pela competência e legitimidade das suas cartas cujos danos sendo graves, motivam em consequências prejudiciais que deterioramos cabedais de uns, e fazem infalível a ruína de outros que não tem forças, e nem posses para manterem largos anos e com onerosas despesas uma demanda muitas vezes imposta e sustentada outras tantas vezes por ódio, opinião e capricho e querendo eu o socorrer a todos estes inconvenientes, e outros que me tem sido presentes fazendo por uma vez por termo aqueles mesmo abusos que são e tem sido até aqui origem das sobreditas queixas, e das confusões em que se acham em todo o Estado do Brasil as referidas sesmarias conformando-me a este fim com o parecer de meu Conselho Ultramarino sou servida determinar aos ditos respectivos o seguinte.[5]

As palavras do preâmbulo são esclarecedoras. A ocorrência de intermináveis conflitos, ódios e rancores entre sesmeiros, a inexistência de uma legislação que pudesse estabelecer limites claros para a concessão e demarcação de sesmarias eram algumas das intenções do alvará, revelando – por si só – os esforços da Coroa em regularizar as concessões de sesmarias. Mas o alvará nos diz mais. Ele expressa também a crença de que as soluções para os conflitos partiriam de uma decisão régia, de um Estado personificado pela rainha, capaz de encontrar princípios racionais para definir e delimitar as ações de outrem, no caso, os sesmeiros. A rainha ordena que sejam seguidas as normas estabelecidas pelo alvará para que seja produzida a harmonia desejada por todos. Ao expressar em suas palavras os princípios consagrados pela Lei da Boa Razão, está a noção de que é possível instituir uma nova racionalidade para a concessão, bastando apenas a elaboração de uma lei que detalhe os passos a serem seguidos pelos súditos. O alvará é assim um projeto detalhado de regularização da concessão e de reordenamento do território colonial, um projeto por demais ambicioso, revelando as intenções e limites daqueles tempos. Em nome daqueles princípios, são estabelecidos 29 artigos, merecedores de uma análise mais elucidativa de seus significados.

---

5   IHGB. Alvará de 3 de maio de 1795. Sesmarias do Rio de Janeiro: textos de concessão, confirmação e regulamentação das doações de sesmarias no Rio de Janeiro (Séc. XVIII) copiados nas Seções Histórica e Administrativa do Arquivo Nacional e no Arquivo de Prefeitura do antigo Distrito Federal. Em 16 cadernos manuscritos [Lata 765, pasta 3]. Agradeço a minha querida Carmem Alveal a doação deste documento.
Discutirei as leis anteriores ao alvará de 1795 no capítulo seguinte, para analisar a reatualização dos conflitos e dos esforços da Coroa em resolver as querelas.

No primeiro artigo, exige-se que todos, em cada uma das capitanias do Estado do Brasil, ponham-se na observância das reais soluções e ordens que a rainha e seus predecessores tivessem feito expedir a respeito das datas das terras de sesmarias: os termos, os limites delas, bem como suas medições e demarcações. É lembrado ainda que não devem ser observadas decisões opostas e contrárias ao que era agora determinado, já que o alvará serviria como regimento para processar e regularizar as datas, medições e demarcações.

No segundo artigo, é ordenado que os governadores e capitães-gerais processem e regularizem as datas, segundo o alvará da lei de 3 de março de 1770, "de sorte que antes de se concederem se apure e liquide o direito de Súplica de cada uma que pedir: o estado e natureza do terreno, ou terras que se estenderem e finalmente ajuste o que se opõem".

O artigo seguinte tem efeito retroativo, pois obriga a demarcação de todas as sesmarias no espaço de um ano. É proibido tomar posse e cultivar as terras sem que seja satisfeita aquela "impreterível obrigação", ficando a terra em comisso.

A exigência da demarcação é acompanhada pela determinação expressa no artigo quarto. A regularização determinava a colocação de marcos e a observância do encaminhamento burocrático. Era necessária a presença dos governadores e capitães-gerais para a redação da certidão legal, sendo ouvido posteriormente o Conselho Ultramarino. Está claramente manifesta a noção de que seria produzida uma certidão legal, "autêntica", após a realização das demarcações.

O quinto artigo reitera a obrigatoriedade da demarcação e enfoca um ponto decisivo para a realização do projeto de regularização: os sesmeiros que já estão de posse de suas terras devem aceitar a condição de as demarcarem, pois "estão sem dúvida obrigados a cumprir da sua parte aquele ajuste e rigorosa obrigação fazendo reduzir o direito certo e líquido os limites das suas terras". O artigo impõe ainda que governadores e capitães façam com que os sesmeiros cumpram as ordens, que se efetuem as demarcações de todas as sesmarias. É ordenado que governadores e capitães devolvam as Coroa às terras não demarcadas por omissão, ou repugnância dos seus possuidores que dolosa maliciosa, e em má fé tem até agora obstado ou ao menos não requerido as ditas demarcações e para que estas tenham efeito se lhes hão marcar o termo de dois anos para as requererem e cumprirem e não o fazendo ficando-lhe digo findo ele se verificará, e executará irreversivelmente a pena de compromisso que até agora se lhes tem tolerado.

O artigo subsequente procura ordenar o território em relação à numerosa população. A noção de igualdade na concessão de terras está ligada à não liberalização sem limites de terras mais próximas ao comércio e onde há maior número de moradores. Nesses lugares, a concessão deve seguir "uma inalterável igualdade" e se ordena que "os governadores e capitães generais do Estado do Brasil nos contornos de sua capitania e vilas" não sejam concedidas, a cada um de seus moradores, na distância de seis léguas ao redor delas, "mais que meia légua em quadra, afim de que hajam entre todos os ditos moradores a igualdade que merece".

Os argumentos a favor do de reordenamento do território também estão expressos nos artigos seguintes. Nos sétimo e oitavo artigos, além de estabelecer o limite máximo de concessão de uma légua de frente e outra de fundo, reforçam-se decisões anteriores a respeito da concessão de terra junto a estradas e rios navegáveis. Nesses casos, só é possível a concessão de meia légua de frente,

dando-se outra meia que até agora se lhes permitia no fundo das mesmas terras afim de que pelo meio desta providência resulte maior número de habitantes que povoem estes desertos, caminhos, e maior aumento da cultura e que tanto interesse o público, o maior número de sesmeiros que façam mais vantajosos os efeitos e fins da mesma cultura; e finalmente o maior e não menos útil benefício público de se por o conserto de suas estradas que são já e ficaram sendo ao futuro obrigados os sobreditos sesmeiros cada um nas suas respectivas testadas.

O controle sobre a extração de madeira, a tolerância em relação às irregularidades nos cortes são objeto dos artigos nono e décimo. Ordena-se assim

> que daqui em diante nos portos de mar e nos distritos de sua vizinhança e costas se reservem inteiramente aqueles matos donde pela sua qualidade e abundância, e melhor comodidade se possam cortar, e extrair as precisas madeiras para meu Real serviço ficando proibidas ao futuro todos estados e aqueles mesmos districtos cujos lugares ou matos se possam comodamente verificar os cortes das sobreditas madeiras proibindo que eles, e elas no todo ou em parte se possam mais dar de sesmaria.

No capítulo 11, as tentativas de limitar a extensão a ser concedida para cada sesmeiro revelam a dificuldade em destrinchar direitos e deveres, limites de atuação do poder real acerca da propriedade da terra. O artigo inicia afirmando que sendo por "uma parte justo que cada sesmeiro não tenha mais terra de sesmaria que aquela que pode cultivar por si e seus escravos" e que esta atenda ao limite máximo de três léguas; por outro lado, o mesmo artigo reconhece a existência de "sesmeiros que são tão poderosos lavradores que só uma sesmaria de três léguas é insignificante para adiantarem a aumentarem suas culturas". O prosseguimento da determinação é por demais confuso, estabelecendo – ao que parece – que cada nova concessão não pode exceder meia légua, sendo ainda proibido que cada sesmeiro possua "mais de uma data de terras ainda que seja por título de herança ou compra". Ordena-se, no entanto, que

> ficando em seu vigor minhas Reais ordens que tem regulado a extensão das datas de terras de sesmeiros possa cada um dos sesmeiros duas ou mais sesmarias um tanto que tenham possibilidades e número de escravos que inteiramente cultivem umas e outras terras ficando todos eles neste caso obrigados no termo de dois anos a requererem no Conselho Ultramarino a confirmação delas pedindo dispensadas ordens em contrário aquelas sesmarias se confirmarão tão somente no caso em que plena e legitimamente consta que estes sesmeiros tem possi-

bilidades e tanto número de escravos quantos são ou forem necessários para cultivarem todas aquelas terras ainda que respectivas e diferentes sesmarias.

As tentativas de regularizar a situação de terras de sesmeiros oriundas de título de herança, doação "ou outro qualquer que autorize a sua legítima posse" são objeto do artigo seguinte. É ordenado que os sesmeiros que "não tiverem possibilidade e escravatura para cultivarem uma e outra sesmaria sejam obrigados dentro de dois anos a vendê-las ou aliená-las, de sorte que possam as pessoas que as cultive aumentar em benefício do publico". A imposição é acompanhada por uma clara ameaça: os que não seguirem a determinação de cultivar suas terras serão privados delas; ordena-se que estas "revertam as mesmas terras à minha Real Coroa, afim de se darem a quem as trate e aumente em benefício do estado e dos seus moradores".

As diferentes formas de apropriação e as determinações a respeito são também objetos do artigo 13. A administração lusa está ciente de que muitas terras possuídas com o nome de sesmarias são o resultado do processo de transmissão de patrimônio, compras e vendas de terras. Assim, "de sorte que nenhum daqueles sesmeiros tem carta que constitui cada um daquelas terras com pura, e legítima sesmaria, cujos abusos são incompatíveis com os direitos da minha Real Coroa", ordena-se que

> aqueles sesmeiros que possuem terras com as sobreditas denominação de sesmarias sem outro algum título que o de diurtinidade das suas posses, compras, doações, sejam obrigados a apresentarem os títulos das mesmas terras ao seu governador, e capitão general no prefixo termo de dois anos, porque ouvidos sobre eles quanto ao direito e legitimidade o Ouvidor da comarca e Provedor da fazenda se lhes passem cartas de sesmaria assim e do mesmo modo que solenemente se observe nas datas das terras de cada uma das capitanias do Brasil para que se saiba a todos eles o número das sesmarias, a qualidade e quantidade de suas sesmarias.

Mais uma vez a ameaça de punição é manifesta, pois

> havendo porém algum, ou alguns destes sesmeiros, que não requeiram como devem e lhes mando os competentes títulos das suas cartas no sobredito termo, desde logo serão privados das terras que possuírem incorporando-se estas á minha Real Coroa. E para que nenhum deles aleguem ignorância: ordeno outrossim que os governadores, e capitães-generais nos distritos dos seus governos façam público por editais todo o que a este respeito determino.

Para fazer face à realização de um projeto de conferir cartas de sesmarias para os que não a possuíam, o artigo seguinte estabelece que

> hajam livros de registro para a sobreditas sesmarias: ordeno que em todas as juntas, e Provedorias da fazenda Real do Estado do Brasil hajam dois livros rubricados onde se mandem registrar as sesmarias de cada uma das ditas capitanias e seus distritos um para os registros das cartas concedidas pelos governadores, e capitães--generais, e outro para aquelas mercês, cartas confirmadas.

É reiterada, mais uma vez, que a omissão dos sesmeiros no cumprimento dos registros terá como consequência a cessão daquelas terras às pessoas "que mais prontamente cumpram as condições da carta desta ou daquela sesmaria".

No artigo 15, reafirma-se a obrigatoriedade do registro, ordenando-se também que todas as câmaras do Estado do Brasil tenham um livro gratuitamente publicado pelos ouvidores de suas respectivas comarcas, para que nele se

> escripturem, e registrem todas as cartas de sesmaria de seus distritos; porque devendo ser como determino ouvidas as câmaras quanto à concessão das sesmarias, que respeitam aos seus próprios distritos, devem estar sem dúvida inteirados e cientes se estão ou não vagas as terras que se pretendem digo que se pedem sem cuja certeza mal podem informar sobredireito, e justiça da súplica que se lhes propõem e o fim do seu informe.

As tentativas de impedir a ocorrência de novos litígios podem ser compreendidas à luz do que determina o artigo 16, que estabelece que os governadores e capitães devem somente conceder sesmarias à pessoas que apresentarem uma certidão em que conste que a terra pretendida se acha vaga e que, como tal, ainda não foi concedida,

> cujas certidões se verá extraída dos sobreditos livros das juntas, Provedorias, ou câmaras afim de que se não dupliquem as datas de uma mesma terra como tem muitas vezes acontecido obrigando-se aliás originando-se destas desordens demandas e odiosas questões muito prejudiciais ao sossego publico.

A ocorrência de conflitos é posta a nu no artigo seguinte:

> Ordeno e porque não é justo que felicitando eu a todos os meus fiéis vassalos do estado do Brasil permitindo-lhes que [...] os sesmeiros deixem [...] de cumprirem as obrigações das suas datas e menos que a sobra delas e dos seus títulos perturbem e inquietem aos seus confinantes [...] ordeno e mando que estas demarcações fiquem privativamente competindo aos ouvidores das comarcas a que dizem respeito a cada um destes sesmeiros por serem eles e o que presentemente substituem aos lugares de Provedores da fazenda depois de sua extinção em cada uma das comarcas do Brasil: como porém o trabalho e as obrigações pessoais das suas correições e outras iguais diligências lhes dificultaram cumprirem na parte os seus deveres [...] sou servida a ordenar que todas as câmaras do estado do Brasil proponham anualmente aos seus respectivos governadores, e capitães-generais 3 [pessoas] com carta de formatura que sejam moradores dentro das mesmas comarcas de boa e sã consciência para Juiz destas demarcações em primeira instância e entre eles nomearão também os ditos governadores e capitães generais anualmente o que lhe parecer idôneo para semelhante ministério [...].[6]

---

6 "Vencendo estes a quarta dos emolumentos que actualmente se pagam aos intendentes, dando apelação e agravando para o ouvidor da comarca e dele para a mesa da Coroa da

E continua:

> ordeno que naquelas capitanias e comarcas onde não houverem letrados com a sobredita qualidade se pratique e se observe a Real resolução de 17 de Junho de 1761 na qual está determinado que na falta dos procuradores da fazenda então privativos Juizes destas demarcações as fizessem as Justiças ordinárias para que assim e por este meio fiquem providenciadas umas e outras capitanias uns e outros sesmeiros.

Os artigos subsequentes procuram destrinchar ainda mais os processos de demarcação. Em primeiro lugar, há a afirmação de que elas sejam sumárias, assim como os eventuais embargos. Precisa-se também que no auto das demarcações sejam citados os confinantes, não admitindo nenhum deles que se manifeste sem apresentar "título confirmado de sua sesmaria ou ao menos certidão de se achar pendente no Conselho Ultramarino a confirmação da sua carta". Nos artigos posteriores se determina que só se poderá sustar a demarcação, uma vez iniciada, no caso a "não se por embargos privados em continente os que serão sumariamente decididos pela verdade sabida sem vigência de Juízo de cuja sentença poderão as partes interpor o competente recurso de apelação e sendo esta recebida no efeito devolutivo". Em outras palavras, o alvará reconhecia o direito de contestação e não podia impedir apelações, em caso de discordância quanto ao rumo das demarcações. Os confusos procedimentos de agravo são reconhecidos e, não à toa, é determinado, no artigo 22 que

> agravando as partes do Juiz da demarcação sobre qualquer despacho ou incidente dela será interposto o agravo em auto à parte", pois "[...] que de outro modo jamais terá fim as sobreditas demarcações como mostra e tem mostrado a experiência

---

relação a que tocar servindo os tabeliães do Público e Judicial e Notas por uma distribuição rigorosa e impreterível de escrivãs das sobreditas demarcações com os salários e caminhos que pelos seus regimentos vencem nas outras causas e diligências como já foi servida ordenar em resolução em 27 de novembro de 1761 em consulta que baixou o Conselho Ultramarino em requerimento feito oficiais da Câmara da Vila Nova da Rainha."

em outras mesmas casas idênticas que ou ficam indecisos, ou sustentem digo ou se tem fim a mesma demarcação este se consegue depois de muitos anos.

Nos artigos seguintes é reiterado o mesmo princípio,[7] e o sesmeiro é compelido a demarcar suas terras, sendo obrigado também a contribuir com a parte dos custos. A ameaça para os que se negarem à tarefa é mais uma vez consubstanciada na perda das terras,

A confusão de títulos e de extensões é mais uma vez lembrada no artigo. Da mesma forma, as disputas entre os confinantes são reconhecidas, sendo que "deviam cada um deles requerer carta de sesmaria [...] ocorrendo entre aqueles dois ou mais sesmeiros questões ou dúvidas judiciais sobre a justiça das suas posse ou de seu direito" é ordenado que se processe e regule as regras da legislação e providências ditados por este alvará. Assim como no artigo seguinte, pretende-se solucionar as dúvidas de confinantes com ou sem título legítimo. O sesmeiro titulado, ou seja, o que possui carta de sesmaria, não tem o direito de entrar nas terras do seu confinante intitulado, pois ele não pode se valer daquele direito.

Por fim, em seu último artigo, é reconhecida a pobreza de algumas câmaras para arcar com as despesas na execução de todas as providências exigidas pelo alvará. Em vista disso,

---

7   "23º) Ordeno que os sesmeiros que comparecerem no acto das demarcações com título, ou sem ele pois se achar pendente e ao efeito a sua confirmação ao Conselho Ultramarino que as obstarem ou impedirem como costumavam afim de ficar indeciso o direito das terras medidas e demarcadas: em um e outro caso lhes mandará o Juiz da demarcação dar vista para formar, ou formarem seus embargos em auto apartado dando-se logo a intenção aquela sentença ainda que embargada até que se mostre melhoramento que no todo, ou em parte revogue, ou confirme. 24º) Ordeno que na generalidade desta legislação não ficam sendo compreendidos os sesmeiros que tiverem e mostrarem demarcadas as suas sesmarias porque estes no concurso e o de outros confinantes poderão deduzir os seus direitos formando embargos às demarcações que se efetuarem em prejuízo dos seus sesmeiros, de cujos embargos deverá, e poderá tomar consentimento ordinário o Juiz da demarcação e sentenciá-los segundo a legitimidade dos seus títulos, direito e posse admitindo a estas partes os competentes recursos que poderão interpor e seguir segundo as leis e direito."

Ordeno finalmente que na distância de seis léguas compreendidas no contorno das cidades, e vilas sendo as câmaras falta de rendas para as suas despesas, e cada uma delas se lhes de concedam uma data de quatro léguas de terra em quadra para administrarem aos oficiais das mesmas câmaras, e de seu rendimento fazerem a despesas [...] e poderão os seus respectivos oficiais aforarem aquelas partes das mencionadas terras [...] com tanto que observem o que a ordenação do Reino e outros meus Alvarás e ordens dispõem a respeito destes aforamentos cujas mercês lhes faço sem prejuízo de terceiro e poderem requerer os oficiais de todas as referidas câmaras as suas cartas de sesmaria se os respectivos governadores e capitães generais os quais as poderão dar salvo os direitos da minha Real Coroa e utilidade pública, assim e do mesmo modo que em forma se concederem as mais sesmarias do estado do Brasil.

Como afirmei em outro trabalho, "fracassado em suas intenções e suspenso no ano seguinte, o Alvará [...] nos mostra como a realidade da posse e a obrigatoriedade de demarcação e cultivo nas sesmarias faziam parte da relação conflituosa entre a Coroa portuguesa, fazendeiros e colonos aqui estabelecidos".[8] No entanto, hoje penso que o alvará – a despeito de sua suspensão – é mais significativo do que antes imaginava. Ele expressa também os limites de intervenção da Coroa em assuntos de terra nas colônias, revela que suas determinações estavam inseridas numa visão de submissão dos sesmeiros, entendidos como vassalos da rainha. Sua lógica constitutiva – bem de acordo à Lei da Boa Razão – pretendia perscrutar todas as questões que envolviam as disputas, na crença de que uma determinação legal *ordenadora* do território e *ordenada* pela rainha fosse suficiente para pôr fim ou ao menos abrandar as confusões oriundas de concessões já muito antigas, de limites frouxos, de formas múltiplas de apropriação da terra. A noção de que era possível produzir, atualizando, um documento – no caso a carta de sesmaria – como título legítimo de ocupação, implicava a crença de que os sesmeiros estariam dispostos a

---

8   Márcia Motta. *Nas fronteiras do poder.* Rio de Janeiro: Arquivo Público do Estado do Rio de Janeiro/Vício de Leitura, 1998, p. 124 e 125.

atender às exigências, cumprir as determinações, aceitar a sujeição e limitar, como já afirmei, os seus próprios domínios.

Suas inúmeras determinações, expressas com cuidado em cada um dos vinte e nove artigos, revelam um ensaio de uma política de esquadrinhamento da concessão de terras no Brasil. O alvará também desnuda o conhecimento da Coroa acerca das confusões de limites, dos emaranhados das leis e das várias interpretações, diria, sobre a história da ocupação dos lugares. Ao procurar reordenar o território sob o seu domínio, ela tentava chamar para si as responsabilidades de conceder um título legítimo, um documento chancelado pela rainha como prova incontestável de domínio.

Em dezembro de 1796, o alvará é suspenso por um decreto, em razão

> dos embaraços e inconvenientes que podem resultar da [sua] imediata execução [...] seja porque nas circunstâncias atuais não é o momento mais próprio para dar um seguro estabelecimento às vastas propriedades de meus vassalos nas províncias do Brasil, seja pela falta de geômetras que possam fixar medições seguras [...] seja finalmente, pelos muitos processos e causas que poderiam excitar-se, querendo por em execução tão saudáveis princípios [...] sem que primeiro haver preparado tudo o que é indispensável para que eles tenham uma inteira e útil realização.[9]

Quais seriam as "circunstâncias atuais"que tornavam impróprios os ensaios em ordenar o território da principal colônia portuguesa? Certamente, as guerras napoleônicas direcionavam sua atenção. Trata-se de uma conjuntura histórica bastante difícil, pois, em 18 agosto daquele ano de 1796, a Espanha havia sigilosamente assinado o tratado de Ildelfonso com a França, no qual a Espanha declarava guerra contra a Inglaterra. Inaugurava-se assim o crescente enfrentamento entre Portugal e França, que culminaria na transferência da Corte portuguesa para o Brasil, alguns anos mais tarde. O Conselho tinha ciência de que a operacionalização das medidas impostas por aquela lei descontentaria muitos fazendeiros, ciosos de seu poder nas

---

9   Decreto de 10 de dezembro de 1796.

terras do "Estado do Brasil". Não era o momento, portanto, de fazer valer as palavras da Coroa em sua relação com os reais cultivadores, os legítimos ocupantes das terras doadas e/ou confirmadas pela graça da rainha.

O interessante disso tudo é que, a despeito de sua suspensão, as cartas de sesmarias passaram a ser confirmadas pelo Conselho Ultramarino, tal como era estabelecido pelo alvará. Assim, como veremos mais adiante, foram abertos Livros de Registros de Cartas de Sesmarias, que se mantiveram como tais até 1822, apesar da transferência da Corte para o Brasil em 1808 e das novas imposições a partir desta data.[10]

No entanto, não é fácil descortinar as razões mais profundas para a suspensão daquele projeto. É possível que a convocação de D. Rodrigo de Sousa Coutinho para o cargo de secretário de Estado da Marinha e Domínio Ultramarinos tivesse tido alguma peso na decisão, revelando problemas internos mais prementes, à espera de solução.

D. Rodrigo de Sousa Coutinho: Percepções do poder no ultramar

O século XVIII colocou "o homem no centro da sua visão de mundo do mecanismo em torno do qual organiza a sua reflexão".[11] Alguns se tornaram protagonistas deste novo tempo, "porta-vozes de um novo discurso", num século em que se adensaram o cosmopolitismo, a transformação e a circulação de novas ideias.[12] Em Portugal e em sua principal colônia, em fins daquele século, dois personagens "iluminados" buscaram discutir as questões que envolviam a relação do reino com as terras coloniais, apresentando propostas e críticas às ações da Coroa: os irmãos D. Rodrigo de Sousa Coutinho[13] e Francisco de Sousa Coutinho. Ambos procuraram discutir as questões referentes às sesmarias.

---

10 Discutirei as cartas de sesmarias no período no capítulo seguinte.

11 Michel Vovelle. "Introdução". In: Michel Vovelle (dir.). *O homem do iluminismo*. Lisboa: Presença, 1992, p. 7.

12 *Idem*, p. 17.

13 Há uma expressiva bibliografia sobre D. Rodrigo. Entre outros: Andrée Mansuy Diniz Silva. *Portrait d'um homme d'État*: D. Rodrigo de Sousa Coutinho, Conde de Linhares: 1755-

Personalidade complexa, objeto de "diferentes juízos de valor", nas palavras de Andrée Silva,[14] D. Rodrigo era filho primogênito de D. Francisco Inocêncio de Sousa Coutinho, um dos mais importantes membros da administração pombalina, tendo sido, governador e capitão geral de Angola e embaixador da Espanha e descendente de uma das antigas casas nobres de Portugal.[15] Seu filho nasceu em 1755 e foi batizado por Sebastião José Carvalho e Mello (marquês de Pombal). Estudou na Universidade de Coimbra, colhendo os frutos oriundos da reforma pombalina, e se habilitou em vários ramos do conhecimento. Embaixador em Turim, entre 1779-1796, ali adquiriu "os conhecimentos, e sobretudo os fundamentos teóricos característicos do iluminismo europeus, os quais utilizou ao longo de sua carreira política".[16]

Chamado para retornar à Corte em julho de 1796, foi nomeado secretário de Estado da Marinha e Domínios Ultramar, e procurou aplicaria seus conhecimentos, acumulados em vários anos de estudo e de carreira diplomática, protoganizando "um conjunto ambicioso de projectos de re-

---

1822: Les années de formation: 1755-1796. Lisboa/Paris: Fundação Calouste Gulbenkian, 2002; Andrée Mansuy Diniz Silva. "Introdução". In: Dom Rodrigo de Sousa Coutinho. *Textos políticos, econômicos e financeiros* (1783-1811). Tomo I. Colecção de Obras do Pensamento Econômico Português. Lisboa: Banco de Portugal, 1993, p. XI-LII; José Luís Cardoso. "Nas malhas do império: A economia política e a política colonial de D. Rodrigo de Sousa Coutinho". In: José Luis Cardoso (coord.). *A economia política e os dilemas do império luso-brasileiro (1790-1822).* Lisboa: Comissão Nacional para as Comemorações dos Descobrimentos Portugueses, 2001; Nivia Pombo Cirne dos Santos. *Dom Rodrigo de sousa coutinho:* pensamento e ação político-administrativa no império português (1778-1812). Dissertação de mestrado em História. Niterói, Universidade Federal Fluminense, 2002.

14 Andrée Mansuy Diniz Silva. "Introdução". In: Coutinho, *op. cit.*, tomo I, p. XII. As informações biográficas presentes no texto estão apoiadas na introdução de André Diniz, uma das mais importantes pesquisadoras do pensamento e da trajetória de D. Rodrigo.

15 Segundo a enciclopédia Luso Brasileira de Cultura, "como governador, foi o único que, depois de Paulo Dias de Novais, procurou, como donatário, criar em Angola um novo Brasil intentando transformá-la em 'Reino' ocupado, com administração equilibrada". *Enciclopédia Luso-Brasileira de Cultura.* Vol. 6. Lisboa: Editorial Verbo, 1967, p. 223.

16 *Idem*, p. XXXVII.

forma e modernização da economia e sociedades portuguesas, no quadro da difícil conjuntura financeira e diplomática então vivida".[17]

Nos primeiros anos de seu mandato, D. Rodrigo dedicou-se essencial-mente a empregar meios para deslindar a complexa situação financeira da Coroa portuguesa.[18] E talvez tenha sido esta a razão para a suspensão daquele alvará de 1795.

É possível também que D. Rodrigo tenha influenciado na decisão de suspender o alvará, no bojo da constituição de uma política mais con-substanciada para o Brasil. Afinal, ele era ciente do impacto da economia brasileira e do comércio colonial na "manutenção do equilibro econômico do reino no seu conjunto".[19] Ao advogar "uma visão do Império assente em dois princípios básicos: unidade política e dependência econômica",[20] D. Rodrigo talvez tenha procurado encontrar meios mais eficazes para es-tabelecer um projeto de regularização fundiária das colônias que não co-locassem em risco os pilares constitutivos do Império que tanto defendia.

Ainda que pouco tenha escrito sobre sesmarias, há algumas passagens dos seus textos reveladores de sua percepção sobre o problema. Em outras palavras: D. Rodrigo estava ciente dos obstáculos a serem superados para que as propostas contidas no Alvará pudessem se tornar eficazes.

Em sua "Memória sobre o Melhoramento dos Domínios de sua Majes-tage na América", escrito em 1797 ou 1798, portanto pouco tempo após a suspensão do Alvará, D. Rodrigo expôs sua visão sobre o sistema político que "mais convém que a nossa Coroa abrace para a conservação dos seus vastos domínios, particularmente dos da América, que fazem propriamente a base da grandeza do nosso augusto trono".[21]

---

17 José Luís Cardoso. "Nas malhas do império: A economia política e a política colonial de D. Rodrigo de Sousa Coutinho". In: Cardoso (coord.). *A economia política e os dilemas do império luso-brasileiro (1790-1822)*. Lisboa: Comissão Nacional para as Comemorações dos Descobrimentos Portugueses, 2001, p. 66.

18 *Idem*, p. 77 e seguintes.

19 *Ibidem*, p. 79.

20 *Ibidem*, p. 79.

21 D. Rodrigo Coutinho. "Memória sobre o melhoramentos dos domínios de sua majestade na América" (1797 ou 1798). In: *Textos políticos, econômicos e financeiros: 1783-1811*. Tomo

Em sua defesa de um reino, em sua plena acepção, para além do território de Portugal, D. Rodrigo deslinda alguns problemas a serem superados para a consagração do Império Ultramarino. Entre tantos, destaca-se a cuidadosa escolha dos governadores (lembremos aqui que seu irmão era o governador do Pará), posto que "a distância de tais governos necessita a confiança de um grande poder e jurisdição, devem ficar sujeitos a uma grande responsabilidade que lhes ligue as mãos".[22] Do mesmo teor, deveria ser também meticulosa a escolha dos magistrados, fixando-lhes os limites de sua jurisdição e independentes em relação aos "seus julgados".[23] Na defesa da adoção de se estabelecer uma total divisão dos cargos de magistrado e do de administrador da fazenda, alegava: "seja sobre os aditamentos, e correções que necessita o nosso Código no que toca a América, seja sobre uma mais cômoda forma dos tribunais para onde as partes agravam e apelam para melhor segurarem a sua justiça".[24]

O argumento da necessidade de constituição de um novo código vinha acompanhado por emblemático exemplo: as sesmarias.

> Quem não vê e não sente quão necessário seria o tirar todo o arbitrário no modo porque se dão as sesmarias, e as datas; o segurar-lhes o modo de se conservar depois de adquiridas por meio de livros de registo; o regular a conservação de nossos bosques, matas e arvoredo.

Ao fazer referência explícita às terras das minas, continuou:

> [...] estabelecer nas mesmas minas regimentos luminosos para a divisão das águas, para as minerações e para impedir que mal entendidos e cavilosos processos suspendam muitas vezes o proveitoso trabalho de uma lavra que assim se suspende, e

---

II, vol. 7. Colecção de Obras Clássicas do Pensamento Econômico Português. Lisboa: Banco de Portugal, 1993, p. 43.

22 *Ibidem*, p. 51.

23 *Ibidem*.

24 *Ibidem*, p. 52.

igualmente o segurar a boa fé das hipotecas por meio de um registo inalterável.[25]

Em outras palavras, D. Rodrigo apoiava-se, ao menos em parte, nos mesmos argumentos que haviam sido enunciados quando da promulgação do alvará e defendia, por linhas transversas, as mesmas proposições.

Num de seus avisos para D. Fernando José de Portugal, governador e capitão geral da capitania da Baía, datado de 1º de outubro de 1798,[26] D. Rodrigo foi ainda mais incisivo. Em primeiro lugar, afirmou que no Brasil, principalmente em seu interior, "se praticam algumas vexações que oprimem os cultivadores das terras, e desanimam a agricultura".[27] Referia-se à obrigatoriedade dos lavradores ceder seus escravos para os serviços reais e os preços pagos pelos gêneros para a fazenda real que, no seu entendimento, deveriam ser pagos pelo preço corrente. Informava ainda que deveria ser executada uma lei mais severa para os extravios de negros para Montevidéu. Defendia o estímulo da exportação de cachaça para os portos da África e demonstrava a utilidade de se estabelecer nas principais cidades do Brasil um terreiro público.[28]

D. Rodrigo instruía ainda que havia notícias da existência de "um grande número de gentes vadias, que deixam as suas fazendas para ir habitar nas

---

25 *Ibidem*, p. 52.

26 D. Rodrigo Coutinho, "Aviso de 1 de Outubro de 1798". In: *Op. cit.*, p. 42-44. O documento foi encaminhado também aos governadores de São Paulo, Pará Maranhão e Pernambuco, conforme a cópia do original gentilmente cedido a mim por José Luis Cardoso. O documento foi respondido pelo conde de Linhares em 28 de dezembro de 1798. Neste documento, ele informa que as disputas se eternizam, posto que muitas terras concedidas em sesmarias já haviam sido concedidas anteriormente a outrem, explicitando os problemas das concessões Arquivo histórico ultramarino documentos avulsos rj caixa 171, doc. 104. 28 de dezembro de 1798.

27 *Ibidem*, p. 42.

28 *Ibidem*, p. 43-44. A questão dos terreiros públicos é emblemática na administração de D. Rodrigo e de seu pai, quando era administrador de Angola. Expressa, a meu ver, todo um esforço de constituição de um reino capaz de atender não somente os interesses da Coroa, mas de produzir um bem comum, consagrando assim a noção de um Soberano provedor do bem-estar de seus súditos do ultramar.

cidades, com grave dano da agricultura, e dos seus próprios interesses".[29]
Solicitava então que fossem tomadas medidas para se evitar esse mal.

O secretário também informava que haviam chegado ao reino notícias sobre outro problema:

> Também aqui consta que muitas vezes se tem dado no Brasil sesmarias a pessoas que não têm meios, nem indústria para tirar partido delas, e que depois perpetuam em si um direito que nada lhes é vantajosos, e que vem ao contrário a prejudicar ou aos vizinhos das mesmas sesmarias, ou aos outros que têm cabedais e que as poderiam tomar.[30]

Mais uma vez D. Rodrigo fazia referências aos problemas oriundos da forma de concessão de sesmarias, apoiando-se, ao menos em parte, nas ilações presentes naquele diploma legal de 1795. No entanto, não faz qualquer referência àquele alvará, recomendando tão somente que

> siga a este respeito o que tão louvavelmente acha prescrito na nossa Ordenação, e que se lembre ali mesmo se dispõe que as sesmarias devem perder-se logo que se não põem em cultura, e se devem transmitir a mãos mais hábeis e que tenham cabedais suficientes para as pôr em valor.[31]

Em outras palavras, D. Rodrigo enfatiza o cultivo como forma legítima de consagrar a ocupação dos sesmeiros, reconhecendo ainda a necessidade de se suspender a concessão de terras aos que não a cultivassem.

O irmão de D. Rodrigo, Francisco Mauricio de Sousa Coutinho, seria mais contundente em suas críticas ao sistema de sesmaria e ao Alvará de 1795 que buscava, como vimos, regularizar aquela forma de apropriação.

---

29 *Ibidem*, p. 43.

30 *Ibidem*, p. 43.

31 *Ibidem*, p. 44.

O GOVERNADOR FRANCISCO MAURICIO DE SOUSA COUTINHO E O SISTEMA DE SESMARIAS

Breves notas sobre sua trajetória

A vida e atuação política de Francisco Mauricio de Sousa Coutinho são menos conhecidas que a de seu irmão, valemo-nos de alguns apontamentos feitos pelo Marquês de Funchal a que lhe dedica extensa nota em seu livro e de algumas informações esparsas, encontradas aqui e ali sobre um homem que, malgrado sua importância, esteve à sombra de seu famoso irmão.

Segundo o Marquês, Francisco era o quarto filho de D. Francisco Inocêncio de Sousa Coutinho e teria abraçado "a vida do mar".[1] Quando da revolta dos pretos em Caiena, em 1793, e já como governador do Pará, teve a preocupação de impedir a propagação do motim em território da colônia portuguesa. Ainda como governador, consolidou a importância da capitania do Pará para a marinha Real, em razão da extração de madeira na região.[2] Enquanto governador, e a se acreditar nas palavras de Varnhagen, tornou-se inimigo do responsável pela região do Rio Negro, Barcelos Manuel Gama Lobo, que ali "governara por onze anos",[3] sendo vítima de intrigas e de invejas que se atribuíram ao irmão do ministro D. Rodrigo".[4] Apesar de acusado de déspota, Varnhagen lhe atribui a organização da instrução pública, "destinado a cidade três aulas de humanidades e duas de primeiras letras, além de treze às principais vidas [sic] do Amazonas".

---

1   Marquez de Funchal. *O conde de Linhares:* Dom Rodrigo Domingos Antonio de Sousa Coutinho. Lisboa: Typographia Bayard, 1908, p. 10.

2   *Idem*, p. 11.

3   Francisco Varnhagen. *História Geral do Brasil.* Tomo V, Vol. 3. São Paulo/Belo Horizonte: Edusp/Itatiaia, 1981, p. 67.

4   *Idem*.

Procurou ainda criar uma cadeira de matemática para *formar agrimensores* e guarda-livros.[5]

Nos rastros dos apontamentos do marquês e do breve comentário de Varnhagen, encontramos muitas informações recolhidas nos documentos avulsos do Conselho Ultramarino sobre Francisco de Sousa Coutinho, reveladores de sua importância e de seu empenho enquanto governador da capitania do Pará, entre 1790 e 1803.

Francisco teve enorme atuação nas discussões sobre os recursos naturais da região, emitindo inúmeras informações e considerações sobre os problemas relativos à administração da capitania. Já em 1793 enviou ao então secretário do Estado da Marinha e Ultramar, Martinho de Melo e Castro, uma memória "em que VS [Francisco] expõe com muita inteligência e discernimento a situação da mesma capitania, e os meios que se tem adotado e devem adotar para a sua segurança".[6] O então secretário, ocupado com a expedição de uma esquadra que sairia no dia em que respondeu o aviso, comprometia-se a responder não somente aquele ofício, mas também as inúmeras cartas enviadas por Francisco sobre a situação da capitania.

Francisco de Sousa Coutinho realizou ainda várias expedições para demarcação do território do Pará, sobretudo em relação à capitania de Mato Grosso. Descreveu ainda as costas e os rios de capitania,[7] procurando realizar uma descrição cartográfica da área. Neste sentido, pode ser

---

5   *Ibidem*, p. 68, grifo meu.

6   Ofício de 10 de junho de 1793. Projeto Resgate. Pará. Arquivo Histórico Ultramarino [Doravante AHU]_ACL_CU_013, Cx. 103, D. 8157.

7   Entre outros: 1 de junho de 1791, Ofício do [governador e capitão general do Estado do Pará e Rio Negro], D. Francisco [Maurício] de Sousa Coutinho, para o [secretário de estado da Marinha e Ultramar], Martinho de Melo e Castro, sobre a expedição de reconhecimento ao rio Araguari, a cargo do ajudante da praça [de São José] do Macapá, Manuel Joaquim de Abreu. Projeto Resgate. Pará AHU_ACL_CU_013, Cx. 101, D. 7977.10 de dezembro de 1792. Ofício (minuta) do [secretário de estado da Marinha e Ultramar, Martinho de Melo e Castro], para o governador e capitão general do Estado do Pará e Rio Negro, D. Francisco [Mauricio] de Sousa Coutinho, sobre o conteúdo de uma carta remetida ao governador da capitania do Rio Negro, [Manuel da Gama Lobo de Almada] a respeito da partida das expedições para o trabalho de Demarcações dos Limites Territoriais dos domínios portugueses e espanhóis, nomeadamente junto ao rio Japurá. Projeto Resgate. Pará. AHU_ACL_CU_013, Cx. 102, D. 8103.

considerado um explorador, na acepção que seria dada a palavra em fins do século XVIII, eliminando a conotação militar e pejorativa para uni-la a noção de estudioso.[8]

Francisco, tal como assinalara o Marquês, procurou salvaguardar o território português em razão da sublevação dos negros em Caiena, em 1795, o que então dificultava o ataque dos franceses às regiões fronteiriças ao Pará e informava o envio de um piloto – João Franco – "no comando de uma sumaca para vigiar o mar e as margens desde o Rio Cassipure e ilha Grande de Joanes até os baixios da Tigiosa".[9] Naquele ofício, enviado em 3 de abril de 1796, afirmava categoricamente:

> Estas notícias tenho por verdadeiras, por conformes e tais quais eram a esperar, menos que por meio da guerra em país estranho, ou em defesa ocupassem os negros, porque depois de os constituírem em liberdade, igualdade e fraternidade, de os admitirem ao exercício de cargos públicos, de formarem com eles um corpo regular e diversas de milícias, armando e disciplinado-os sem escolha nem distinção alguma [...] sendo posto as notícias verdadeiras, e consequente que tenham os franceses por muito tempo que lutar com a fome e com a rebelião dos Negros, discorro que nem poderão pensar em inquietar-se nesta Colônia, privados da Tropa dos mesmos Negros, que tem sempre, ainda duvidando que tivessem tantas armas como se diz que lhe tomaram [...].[10]

Nosso personagem esteve ainda profundamente envolvido na defesa da importância da capitania do Pará para o reino, ao emitir, por exemplo, em um ofício para o seu irmão, então secretário de estado da Marinha e Ultramar, contendo uma memória sobre a importância da navegação do

---

8   Marie Noelle Bourguet. "Explorador". In: Michel Vovelle (dir.). *O Homem do Iluminismo*. Lisboa: Presença, 1992, p. 210.

9   Ofício de 3 de abril de 1796. Projeto Resgate Pará. AHU.ACL-CU-013, Cx. 107. D. 8431.

10 *Idem.*

rio Amazonas para a defesa da capitania do Pará e no desenvolvimento das atividades comerciais da região.[11]

Francisco de Sousa Coutinho intercedeu ainda junto ao governo para a extinção do regime do Diretório dos Índios, no qual foi atendido pela carta régia de 12 de maio de 1798.[12] Segundo Patrícia Sampaio, ela havia sido proposta para ter sua imediata aplicação em toda a colônia. No entanto, "à falta de diretrizes que o substituíssem, o Diretório permaneceu como parâmetro de referência legal, vigorando extraoficialmente em várias regiões".[13] De qualquer forma, a mencionada carta, a despeito de ter sido gestada para que fosse aplicada em toda colônia, permaneceu em vigor na região, até a eclosão da Cabanagem em 1835.[14]

Ainda segundo Patrícia Sampaio, em sua origem a carta esteve intimamente ligada "a uma longa e circunstanciada informação prestada pelo governador do Pará, Francisco de Sousa Coutinho, quanto aos males, ineficiência e muitos abusos praticados na região por conta da aplicação indevida dos ditames do Diretório".[15] No entanto, a despeito de seu fracasso, a Carta Régia de 1798 evidencia o empenho de Francisco em concretizar sua atuação como funcionário do reino, redigindo propostas para a reorganização das questões que envolviam os índios.

Após sua governança, volta ao Reino, no período marcado pela ameaça das forças napoleônicas, participando "da oposição que se fazia ao seu irmão mais velho",[16] adepto de um acordo com a Inglaterra. Sua opção política teria, segundo o Marquês, resultados dramáticos para a trajetória de Francisco. "E posto que no vigor da idade e com uma capacidade tão

---

11 Ofício de 20 de setembro de 1800. Projeto Resgate. Pará AHU_ACL_CU_013, Cx. 118, D. 9081.

12 Enciclopédia Luso-Brasileira, *op. cit.*, p. 224. Retornarei ao tema mais adiante.

13 Patrícia Sampaio. *Espelhos Partidos. Etnia, Legislação e Desigualdade na Colônia.* Tese de Doutorado. Universidade Federal Fluminense, 2001, p 220. Vide também da autora: "Viver em aldeamento. Encontros e confrontos nas povoações da Amazônia Portuguesa, século XVIII". In: Silvia Lara & Joceli Mendonça (org.). *Direitos e Justiças no Brasil.* Campinas: Editora Unicamp, 2006, p. 23-57.

14 *Idem*, p. 25.

15 *Ibidem*, p. 221.

16 Funchal, *op. cit.*, p. 12

brilhante e tão provada, não foi empregado nem consultado em negócio algum de importância do Estado, e, até, segundo os prejuízos da aristocracia, se pode dizer, que foi privado da honra que lhe tocava de comandar a esquadra em que S.A.R passou ao Brasil".[17]

O retorno ao Brasil, em 1807, como passageiro, não o tirou do ostracismo.[18] Foi nomeado membro do Conselho Supremo Militar, mas "ali continuou a vegetar 16 anos de ócio político".[19] Francisco Mauricio de Sousa Coutinho morreu no Rio de Janeiro, em 19 de novembro de 1820, "de um ataque de cabeça".[20]

Quaisquer que sejam as razões de sua derrota política, já que não temos como afiançar aqui os argumentos do Marquês, Francisco Mauricio de Sousa Coutinho acumulou muitos inimigos ao longo de sua governança na capitania do Pará. Considerado um déspota por Vainhagem, ele foi, de fato, alvo de críticas e os documentos sob a guarda do Conselho Ultramarino revelam-nos que sua trajetória como político e funcionário era marcada por intensos conflitos.

Em 1796, em uma carta enviada para a Rainha pelo Juiz de Fora e dos Órfãos da cidade de Belém do Pará – Luiz Joaquim Frota de Almeida –, o juiz relatava o litígio ente Manuel Valério Ribeiro e Caetano Jerônimo Rodrigues e queixava-se da intromissão do governador em assuntos exclusivos de sua vara.[21] Em dezembro daquele mesmo ano, Francisco enviava um Ofício à Rainha reclamando dos insultos feitos pelo mesmo bacharel e solicitava que fossem tomadas providências para reposição da verdade.

---

17   Funchal, *ibidem*.

18   A se acreditar nas palavras de Funchal, Francisco Mauricio de Sousa Coutinho teria sido uma das 15 mil pessoas que saiu da Corte rumo ao Brasil no dia 29 de novembro de 1807. Para uma síntese dos embates políticos do período, vide: Maria Lúcia das Neves Bastos Pereira & Humberto Fernandes Machado. *O Império do Brasil*. Rio de Janeiro: Nova Fronteira, 1999.

19   *Ibidem*.

20   Vainhagem, *op. cit.*, nota 64, p. 69. Apesar de inúmeras tentativas, eu não encontrei o inventário de Francisco Mauricio de Sousa Coutinho.

21   Carta de 24 de março de 1796. Projeto Resgate. Pará AHU_ACL_CU_013, Cx. 107, D. 8424.

Para que sendo verdadeiras receba Eu o castigo que merecer, e verificando-se falsas, como são, se digne Sua Majestade dar providência, que for servida, em modo que no fim de sete anos de existência em tão laborioso governo e crítica conjuntura, apesar da mais rígida e austera conduta, não fique ela e a minha reputação manchada para sempre com escândalo de todos estes Povos, que ainda que não possam ser enganados pela impostura, por saber que nada deve a minha consciência, nem ao serviço deles, nem ao de Sua Majestade na deixarão de julgar-me digno e padecer por ela vendo que não posso de desprezá-la.[22]

Em 31 de agosto de 1797 foi a vez do professor da cadeira de filosofia do Pará queixar-se dos procedimentos contra si feitos por Francisco e solicitando à Rainha que lhe fosse permitido retornar a Lisboa, "de modo a poder ficar livre das culpas que lhe são atribuídas na Correição do Crime da Corte".[23]

Suas brigas com o juiz de fora Luiz Joaquim Frota de Almeida adensaram naquele mesmo ano de 1797. Em carta emitida em seis de dezembro, Francisco de Sousa reclamara mais uma vez dos insultos e ofensas contra ele, sendo acusado de "chefe dos revoltosos".[24] Por aquele documento, sabemos ainda que o governador tinha ainda um grande e importante inimigo, o bispo do Pará, Dom Manoel de Almeida Carvalho. Em 1801, Francisco enviou para o então secretário do estado da Marinha e Ultramar, D. João Rodrigues de Sá e Melo, o visconde de Anadia, um ofício onde relatou as medidas tomadas contra o despotismo do bispo, na administração do Bispado.[25] Ao menos nesta ocasião parece que ele saiu vitorioso em sua querela com o bispo. Neste conjunto de documentos há a afirmação:

---

22 Ofício de 18 de dezembro de 1796. Projeto Resgate. Pará. AHU_ACL_CU_013, Cx. 108, D. 8515.

23 Consulta em 31 de agosto de 1797. Projeto Resgate. Pará. AHU_ACL_CU_013, Cx. 110, D. 8627.

24 Ofício de 6 de dezembro de 1796. Projeto Resgate. Pará. AHU_ACL_CU_013, Cx. 110, D. 8655.

25 Ofício de 28 de novembro de 1801. Projeto Resgate Pará. AHU_ACL_CU_013, Cx. 121, D. 9273.

Cópia de uma carta escrita ao governador e capitão general da capitania do Pará com data de 16 de outubro de 1802. Mereceu a real aprovação a prudência com que VS se portou com o Bispo dessa Diocese a respeito do fato praticado pelo vigário de Bragança com a câmara daquela Vila, de que trata o Ofício número 80, e ainda que o dito fato merecesse por si mesmo pouca consideração, com tudo sucede muitas vezes [...] que podem produzir tristes consequências, motivadas pela vaidade ou fanatismo, ou pelo ciúme de jurisdições.[26]

Entretanto, as disputas entre o Bispo e Francisco continuaram. As vésperas de sua saída do cargo e de seu retorno a Lisboa, onde partiu na fragata São João Príncipe, em 28 de setembro de 1803,[27] o Bispo havia enviado em 30 e 31 de agosto uma carta ao príncipe regente e um ofício para o secretário da Marinha, reclamando e solicitando providências em reparo às ações de Francisco. Na primeira, o Bispo solicitou que "se proceda judicialmente contra os culpados em vários crimes, protegidos por aquele governador". Na carta, o Bispo afirmava:

A rigorosa obrigação de socorrer a impetuosa corrente de liberdade de consciência funestíssima nestes tempos calamitosos à pureza do Cristianismo e à estabilidade mais firme destes Domínios do Pará excita o respectivo Diocezano a implorar instantemente providências eficazes e dignas de indefectível Justiça e Religiosa clemência de Nossa Real Alteza.[28]

Já no ofício do dia seguinte, o Bispo reclamava mais uma vez da tentativa do governador em removê-lo do Bispado "por motivos que ainda se ignoram na certeza de este jamais lhe faltou com respeitos e obséquios, se insurgia ainda contra um outro padre (provavelmente amigo ou próximo

---

26 *Idem.*

27 Ofício de 28 de setembro de 1803. Projeto Resgate. Pará. AHU_ACL_CU_013, Cx. 127, D. 9744.

28 Carta de 30 de agosto de 1803. Projeto Resgate. Pará. AHU_ACL_CU_013, Cx. 126, D. 9726.

de Francisco) que "com um caráter arrogante e bem semelhante a Lutero com a presunção de filósofo" espalhava cartas anônimas.[29]

Ao deparar-se com importantes inimigos, preocupados em reparar aqueles que teriam sido seus erros, Francisco saiu de seu cargo como governador da capitania do Pará naquele ano de 1803. O pouco que sabemos sobre ele demonstra, porém, que sua atuação ao longo daqueles anos foi pautada por uma intensa defesa das suas propostas para a melhoria das atividades econômicas da capitania, imprimindo uma trajetória "iluminada" que atesta que para além de seu caráter – déspota para alguns – Francisco foi um funcionário[30] do reino e como tal procurou responder às exigências do Estado, no controle de seus territórios coloniais, no conhecimento de suas riquezas naturais e, como veremos a seguir, na elaboração de uma proposta de regularização fundiária da principal colônia portuguesa. Como funcionário, ele procurou fazer jus à tarefa que lhe haviam sido confiadas, no âmbito do que acreditava ser a função de governador.

O Decreto que suspendeu o Alvará de 1795 solicitava que

> fosse remetida aos governadores das capitanias do Brasil para informarem sobre o modo com que mais fácil e comodamente, evitando-se novas questões, e processos, se poderá por em prática o que ali se acha estabelecido e colher-se o bem esperado fruto sem que se experimente inconveniente, ou concessão sensível.[31]

---

29 Ofício de 31 de agosto de 1803. Projeto Resgate. Pará. AHU_ACL_CU_013, Cx. 126, D. 9731.

30 Segundo Carlo Capra, os termos funcionários e burocracia surgiram pela primeira vez em França nos finais do século XVIII. Para o autor, "não é a transição para capitalismo, mas o reforço das exigências militares e fiscais dos Estados, a tendência para um controlo cada vez maior do território e para uma disciplina social mais estreita, a evolução dos critérios de legitimação do poder [que] constituem o quadro adequado a uma consideração histórica da burocracia e do funcionalismo, pelo menos no espaço europeu". Carlo Capra. "O Funcionário". In: Michel Vovelle, *op. cit.*, p. 254.

31 Carta de 27 de julho de 1797. Carta do [governador e capitão general do Estado do Pará e Rio Negro], D. Francisco [Mauricio] de Sousa Coutinho, para a rainha [D. Maria I], propondo medidas para se solucionarem os problemas resultantes da concessão de sesmarias de terras localizadas naquela capitania. AHU_ACL_CU_013, Cx. 109, D. 8605.

O texto produzido por Francisco de Sousa Coutinho em resposta à solicitação encaminhada pela Coroa é fundamental para compreendermos a visão do poder de um homem que estava à frente na governança de uma das capitanias. É possível pensar, inclusive, que sua percepção sobre o sistema sesmarial tenha influenciado o desempenho de seu irmão à frente da Secretaria de Estado da Marinha e Domínios Ultramar, pois Francisco já fazia parte da administração colonial, desde 1789, quando ocupou o cargo de governador do Pará, portanto sete anos antes da nomeação de D. Rodrigo para o cargo de secretário.

Assim, em resposta à solicitação do decreto que revogou o Alvará de 1795, Francisco de Sousa Coutinho escreveu um minucioso trabalho, em 26 de Julho de 1797, acerca do tema de sesmarias. Neste texto, Francisco deslinda todos os artigos presentes no citado Alvará, propondo uma revisão do sistema de sesmarias, mais acordada à realidade colonial.

Em primeiro lugar, ele defende que todas as ordens referentes ao tema de sesmaria deveriam ser refundidas num mesmo corpo, pois estava certo de que essas ordens eram muitas, avulsas, sendo que muitas delas inclusive não se achariam registros. E ainda havendo-os [registros] "não é permitido aos advogados, e procuradores resolver, nem entrar nas secretarias dos governos, nas contadorias das juntas, ou ainda em outros cartórios".[32] Reconhecia que a junção de todas as leis referentes ao tema produziria um regimento volumoso, mas a despeito "desse defeito" tratar-se-ia "de legislar sobre propriedades estabelecidas, e para estabelecer, em território que só em extensão talvez pouco-menor será que a ocupada pelos principais reinos da Europa".[33] Para ele, o que importa é que a "lei afete e deva afetar todas as propriedades" e que produza "abalo nos ânimos dos mais importantes, e úteis vassalos, quais são os lavradores". É a clareza de seus princípios que clama Francisco, pois assim o fazendo

---

Este documento foi publicado pela Revista IHGB: "Informação de D. Francisco de Sousa Coutinho, Governador e Capitão-General do Pará. Sobre As Medidas Que Convinha adoptar-se para que A Lei das Sesmarias de 5 de Outubro de 1795 produzisse o desejado efeito". 26 de Julho de 1798. *Revista IHGB*. Tomo 29, vol. 32, parte 1, 1966, p. 335 a 351.

32 *Idem*, p. 336.

33 *Idem*.

todos as possam compreender, para que se não inquietem, para que se não considerem perdidos, ou entregues à mãos dos procuradores, e letrados, para que pela ignorância deles não sejam sacrificados, e finalmente para que não desamparem as lavras, e os estabelecimentos que se têm formado.[34]

Na defesa do princípio do cultivo como elemento legitimador da concessão de sesmarias, Francisco destaca que para fazer valer o que dispõe o artigo segundo, onde é ordenado que os governadores e capitães-gerais processem e regularizem as datas, é necessário mais do que ali está disposto. Após a averiguação, cujo resultado seria a perda da terra do sesmeiro que não a cultiva, é preciso, uma vez efetuada a devolução da terra e não havendo oposição de terceiro, que as terras sejam individualizadas em número e qualidade, em escravos e ferramenta e os provimentos necessários para principiar o estabelecimento. A partir daí, a Câmara deve nomear

louvados que avaliem por uma parte o valor das terras requeridas, os gêneros a que são próprias, e a extensão que compreendem em matas virgens, em capoeiras, em várzeas, altas e baixas, e campos: e por outra parte a extensão de cada qualidade que o requerente deve ser obrigado a cultivar e a pôr valor como os meios que apresentar [...].[35]

Francisco Coutinho é reticente quanto às disposições relativas às demarcações e dedica parágrafos para demonstrar as razões de suas dúvidas. Ele está claramente convencido da dificuldade de proceder à medição, tal como estava exposto no artigo quinto do Alvará, mesmo que seja efetuada a pessoas de profissão "análoga ao trabalho desta natureza".[36]

É ainda claramente discordante a respeito dos limites de concessão de sesmarias e afirmava:

---

34 *Idem*, p. 336-337.

35 *Ibidem*, p. 337-338.

36 *Ibidem*, p. 339.

Meia légua em quadra, vem a ser um espaço de dois milhões duzentas e cinquenta mil braças quadradas. Um lavrador que tenha pouco mais ou menos cem escravos de todas as idade, e sexo de que venha a apurar trinta de cada sexo capazes de trabalho, o mais a que poderá entender os seus roçados de modo que os aproveite, e que ele possa dar a tempo o preciso benefício, será talvez duzentas braças de frente com igual fundo, segundo o que tenho podido alcançar a este respeito, e ouvido das pessoas de mais confiança na sua inteligência, que ainda duvidam que a tanto possam chegar.[37]

E continua:

Mas por fazer seguro o cálculo imagine-se o dobro, e sejam em lugar de quarenta mil braças quadradas, oitenta as que um lavrador possa cultivar anualmente; acha-se que dividindo aquela área de dois milhões duzentas cinquenta mil braças quadradas por esta de oitenta mil, o quociente vinte e oito indica que o lavrador das referidas circunstânciais, em meia légua quadrada de terra, terá a que lhe baste para roçar e trabalhar por vinte e oito anos, ainda que faça dois roçados por ano, e cada um de duzentas braças em quadra; que fazendo só um desta grandeza tem terra para cinquenta e oito anos [...].[38]

Sua crítica à permissão de conceder ao sesmeiro áreas tão extensas não era destituída de sentido, nem mesmo era uma abstração. Francisco Coutinho conhecia a agricultura colonial e fez referência explícitas sobre a produção de mandioca, arroz e cana em relação à terra efetivamente ocupada. Estava ciente ainda das concessões em outro território ao fazer uma breve comparação com a colônia holandesa de Suriname, "[...] onde os colonos tem como maior concessão quinhentos acres de terra".[39]

---

37 *Ibidem*, p. 340.

38 *Ibidem*, p. 341.

39 *Ibidem*, p. 341.

Como funcionário do reino, no entanto, Francisco Coutinho tinha ciência de que não poderia deixar de conceder sesmarias, mesmo que o procedimento então adotado fosse contrário a sua percepção sobre o problema. Em 31 de outubro de 1795, ele mesmo havia concedido a José Feliz Dias da Motta "uma sobra de terras devolutas na vizinhança da fazenda de gado que José Feliz Dias da Mota possuía na ilha de Marajó", o que significou a concessão de "duas léguas de frente, pouco mais ou menos, com os fundos que se acharem até os Mondongos".[40]

De qualquer forma, sua crítica as bases de concessão estavam respaldadas na noção de que elas deveriam ter sido fundadas, desde os princípios da colonização, de uma "bem entendida economia". Como governador do Pará, ele vivenciava a invasão e destruição das matas e o desrespeito às inúmeras decisões régias sobre o tema. Por isso, era cauteloso. Não bastava promulgar um aviso, ou mesmo um novo regimento. Para demarcar as terras e preservar as matas, era preciso o "antecipado reconhecimento geral de todos os rios, e de todas as terras que entre eles se compreendem, ou um mapa geral muito exato, e individual, que certamente sem muito tempo se não poderá concluir, e sem o qual tudo fica arbitrário".[41] Sabemos que era exatamente isso que ele tentara quando emitira inúmeras informações sobre a cartografia dos rios.[42]

---

40 Requerimento de 31 de outubro de 1795[?] Requerimento de José Félix Dias da Mota para a rainha [D. Maria I], solicitando confirmação da carta de data e sesmaria de terras localizadas na ilha do Marajó, principiando junto ao lago do Alçapão. Projeto resgate. Pará. AHU_ACL_CU_013, Cx. 106, D. 8383.

41 "Informação de D. Francisco de Sousa Coutinho", *op. cit.*, p. 342.

42 Entre outros. Ofício de 1 de julho de 1791. Ofício do [governador e capitão general do Estado do Pará e Rio Negro], D. Francisco [Mauricio] de Sousa Coutinho, para o [secretário de estado da Marinha e Ultramar], Martinho de Melo e Castro, sobre a expedição de reconhecimento ao rio Araguari, a cargo do ajudante da praça [de São José] do Macapá, Manuel Joaquim de Abreu. Projeto Resgate. Pará. AHU_ACL_CU_013, Cx. 101, D. 7977. Aviso de 14 de setembro de 1796.1796, Aviso (minuta) do [secretário de estado da Marinha e Ultramar, visconde de Anadia], D. Rodrigo de Sousa Coutinho, para o [governador e capitão general do Estado do Pará e Rio Negro, D. Francisco Mauricio de Sousa Coutinho], sobre a realização de uma descrição geográfica e topográfica do Estado do Pará, com seus limites, povoações, actividades econômicas, militares e financeiras para

As diferenças formas de apropriação e as determinações a respeito que foram objeto central do artigo treze do Alvará mereceram uma densa exposição acerca dos motivos de seu fracasso. Francisco afirma categoricamente que são muito poucas as terras efetivamente demarcadas e – atente-se – se as demarcações não forem efetuadas por "pessoas inteligentes e próprias para semelhantes diligências pode ser que hajam de ter grande alteração e *a discussão sobre a litigiosidade dos títulos ou das concedidas pelo donatário que foi dela, ou pelo governo, não se deslindará em séculos [!]".*[43]

Em vários lugares, como nas vilas de Macapá e Bragança e nos povoadores dos ilheos, a distribuição das terras se "fez entre eles à maneira do que se pratica no reino e ilhas".[44] Francisco com certeza estava ciente de que o processo de ocupação no Pará implicava inclusive a instituição do morgadio, pois por volta de 1795, Antonio Fernandes Alves solicitara exatamente este tipo de vínculo. Segundo o mesmo Antonio, ele era herdeiro e testamento de seu tio e capitão Antonio Fernandes de Carvalho

> falecido na cidade do Pará, onde era morador, que por ser o dito defunto possuidor de muitas e importantes fazendas e terras, citas naquele estado, muitas das quais reduziu a cultura, instituiu delas no seu testamento, vínculo de Morgado regular e chamando para primeiro administrador o suplicante e sua descendência como consta da verba copiada na certidão junta, e por que para estabelecer-se o dito vinculo se necessita da licença de VM.[45]

---

ser enviada para a Secretaria de Estado da Marinha e Ultramar. Projeto Resgate. Pará. AHU_ACL_CU_013, Cx. 108, D. 8490.

43 "Informação de D. Francisco de Sousa Coutinho", *op. cit.*, p. 345, grifo do autor.

44 *Idem.*

45 Requerimento de 13 de novembro [ant 1795-] Requerimento de António Fernandes Álvares de Carvalho para a rainha [D. Maria I], solicitando confirmação da instituição de um morgado que lhe foi deixado em testamento por seu tio, o capitão António Fernandes de Carvalho. Projeto Resgate. Pará. Requerimento de António Fernandes Álvares de Carvalho para a rainha [D. Maria I], solicitando confirmação da instituição de um morgado que lhe foi deixado em testamento por seu tio, o capitão António Fernandes de Carvalho.

Ademais, Francisco também procurava encontrar uma maneira de assegurar o direito à terras pelos índios, pois ao menos afirmava que;

> todos os índios aldeados em povoações têm seus pequenos sítios, sem data na forma que dispõem a diretoria; e os que vivem dispersos, assim como também outros já místicos os têm também por vários rios e distritos, na mesma conformidade; e todos eles pela sua rusticidade e ignorância merecem providencia particular [...].[46]

O governador reiterava sua preocupação com o destino daquelas terras, defendendo que o procurador dos índios solicitasse as cartas de data, e "se lhe deem gratuitas, ou se dê só a cada povoação, ou a cada rio que eles possam livremente habitar".[47]

Se lembrarmos sua atuação quando da promulgação da Carta de 12 de maio de 1798, mencionada anteriormente, podemos notar que sua proposta relativa à questão das terras indígenas havia sido escrita após seu projeto de revisão do sistema de sesmarias, redigido, como já informei, em 26 de julho de 1797. Segundo Patrícia dos Santos, "a carta proposta por Coutinho retoma os princípios da garantia de ocupação territorial pela estabilidade dos povoados e habitantes livres regulamente estabelecidos, usufruindo das mesmas 'justiças e privilégios'.[48] Para a autora, "esse é o ponto que abre a lei: a restituição dos direitos aos índios aldeados – em especial, a liberdade – para que fiquem sem diferença dos outros vassalos de S. Majestade, dirigidos e governados pelas mesmas leis que regem a todos os súditos da Monarquia".[49] Assim sendo, quando da realização de seu projeto de revisão, Francisco acenava para um projeto de maior fôlego, pois a regularização fundiária vinha num bojo de consagração de uma visão pautada na certeza de que a liberdade dos índios se coadunava com a regularização de sua propriedade.

---

46 "Informação de D. Francisco de Sousa Coutinho, *op. cit.*, p. 345

47 *Idem.*

48 Patrícia Sampaio, *op. cit.*, p. 225.

49 *Idem.*

Preocupado em esquadrinhar todo o processo de concessão, Francisco defendia ainda, que em muitos casos, como na ilha de Joannes, era preciso que fosse feito, antes de tudo, uma planta exata, determinando os logradouros comuns para os gados das fazendas, assim como os bebedouros e os embarques dos animais. Depois disso, era necessário ainda o comparecimento de todos os fazendeiros com título ou sem ele. Assim:

> pela ordem da antiguidade nos títulos legais se inteire a cada um, não a totalidade das terras que referir a sua carta, mas as que forem proporcionadas ao gado que possuir, visto que nenhum inteirou as condições com que a obteve, e que todas no rigor do direito seriam nulas.

E prosseguiu: "depois destes se inteirem semelhantemente os que tiverem títulos, ou os tiverem ilegais, ou fantásticos, e então se deem a todos os que legitimamente lhes competirem [...]".[50] Em outras palavras, para Francisco não era possível deslindar em todas as regiões um mesmo procedimento geral, pois havia casos em que sequer era possível encontrar fazendeiros que estivessem cumpridos às determinações régias. Alguns, inclusive, tinham títulos ilegais, fantásticos!, em suma: forjados.

Francisco Coutinho era bastante cuidadoso em sua defesa pela demarcação, ainda que como governador estivesse constrangido a conceder terras na forma da lei, como quando autorizou a ocupação de três léguas e uma de largo no Rio Carará para o capitão Estevão de Almeida e Silva, em 10 de setembro de 1796, três meses antes da suspensão do Alvará.[51] Estava ciente que o processo era demorado, custoso e necessitava de pessoas habilitadas para realização do projeto. Para ele, sem a execução das medidas prévias, a lei só conseguiria apenas excitar

---

50 "Informação de D. Francisco de Sousa Coutinho, *op. cit.*, 346

51 Requerimento de 10 de setembro de 1796. Requerimento do capitão Estevão de Almeida e Silva, [morador na vila de Alcântara da capitania do Maranhão] para a rainha [D. Maria I], solicitando confirmação carta de data e sesmaria situada nas proximidades do rio Carará. Projeto Resgate. Pará. AHU_ACL_CU_013, Cx. 108, D. 8489

> maiores desordens como ordinariamente se vê, sem tanto mo-
> tivo, bastando que um queira demarcar-se para que logo co-
> mecem as demandas, e logo depois as animosidades, e ódios
> que passam a realizar com vias de facto, e desordens com gra-
> ves consequências.[52]

Demarcar é impor limites à ação de outrem e o governador do Pará reconhecia que este trabalho desnudava o fato de que o seu resultado final
– a demarcação propriamente dita – era fruto de um processo detalhado em
atenção à formas múltiplas de ocupação. Não era, portanto, tarefa a ser posta
em prática por ouvidores, bacharéis, e nem podia estar inserida nas justiças
ordinárias. Não se tratava de demarcar uma propriedade isolada, onde

> não haveria dúvida de que um piloto com a sua agulha, e uma
> corda de braças, pudesse descrever um quadrilátero sobre o
> terreno, e que todos os quatro lados fosse a pouca diferença
> iguais; mas ainda então haverá muita em que descreva o qua-
> drado perfeito que regularmente se concede; porque não tem
> de ordinários os princípios necessários para determinar a base
> sobre que o deve levantar.[53]

Assim, neste caso, seria dada ao sesmeiro a expressão territorial de sua
sesmaria e o ministro então lhe poderia dar posse. Todo o prejuízo na medição se reduziria a umas poucas braças a mais ou menos de terra.

O problema eram as demarcações em terras contíguas e de grandes extensões. Nestes casos, "o piloto ainda que sem malícia não pode fazer se não
injustiças".[54] Para Francisco Coutinho, para a tarefa de demarcações destas
áreas era preciso a intervenção de um geômetra, "o socorro da trigonome-
tria para levantar a arrumação da costa, e a carta do país". Era necessária
a presença do astrônomo, que pudesse retificar por repetidas observações
astronômicas "a exata posição dos principais pontos do mesmo trato de ter-

---

52 "Informação de D. Francisco de Sousa Coutinho, *op. cit.*, p. 346.

53 *Idem*, p. 347.

54 *Ibidem*.

ra, e respectiva carta, para que o geômetra a retifique e apure, corrigindo a imperfeição dos seus sentidos, dos seus instrumentos, e das suas medidas". Afirmava ainda que após a verificação dos títulos legítimos e determinadas as extensões de casa sesmeiro, havia outra tarefa a ser feita pelo geômetras: "acomodar sobre a carta", ou seja, plotar as sesmarias, "para depois as dividir, e marcarem competentemente sobre o terreno".[55]

Uma das consequências do racionalismo moderno foi, sem dúvida a consagração da matemática "em protótipo da inteligibilidade do real".[56] Assim, "os procedimentos matemáticos permitiram não apenas racionalizar a natureza física, mas também formular um protótipo de organização coerente do pensamento, que converterá a geometria em verdadeiro paradigma".[57] É possível inferir que Francisco Mauricio de Sousa Coutinho estivesse atento às discussões no campo de conhecimento da matemática.

Em seu estudo sobre a trajetória de D. Rodrigo, Andréé Silva destacou que um de seus amigos mais próximos era José Anastácio da Cunha. Esta personagem, professor de matemática, fora nomeado em 1773, quando tinha 29 anos, Lente de Geometria na Universidade de Coimbra. Havia sido indicado pelo Marques de Pombal e lá permaneceu por cinco anos. Grande leitor de Hobbes, Voltaire e Rousseau, Anastácio da Cunha era a expressão de um grande intelectual, mais *c'est sa culture mathématique et scientifique qui le révéla comme un génie*".[58] A intensa troca e a relação de amizade entre dois amigos fizeram com que o matemático compartilhasse não somente da amizade de D. Rodrigo, mas introduzido *"dans le cercle de ses frères et soeurs, ou il fut unanimement estimé et adopté"*.[59]

---

55 *Ibidem*. p. 347/348.

56 Pedro Jose Calafate Villa Simões. *O conceito de natureza no discurso iluminista do século XVIII em Portugal*. Tese de Doutorado em Filosofia. Faculdade de Letras de Lisboa, 1991, p. 121.

57 *Idem*.

58 Andrée Mansuy Diniz Silva. *Portrait d'um homme d'État*: D. Rodrigo de Sousa Coutinho, Comte de Linhares. 1755-1822. Vol. I. Lês année de formation 1755-1796. Lisboa, Paris; Calouste Gulbenkina, 2002, p. 55.

59 Ainda segundo Andrée Silva, José Anastácio da Cunha foi perseguido pelos representantes do Poder, quando do período conhecido pela Viradeira, em razão de suas ideias. *Idem*,

A principal obra de Anastácio da Cunha, "Princípios Matemáticos" foi inicialmente publicada em fascículos, em 1782, em Lisboa, quando era professor da Casa Pia, já que, por força das denúncias, foi afastado da Universidade de Coimbra.[60]

Se pelos estudos de Andrée Silva é possível asseverar a enorme influência exercida por Anastácio da Cunha na vida de D. Rodrigo, é coerente também concluir que tal influência se espraiou pelos irmãos mais novos de Dom Rodrigo. Ainda segundo a autora, coube a D. Rodrigo a tarefa de "lui enseigner la géométrie et toutes lles mathématiques nécessaires dans la Marine".[61]

Não é à toa, portanto, que para Francisco Coutinho, somente com a utilização dos conhecimentos da geometria e da astronomia tornar-se-ia possível promover uma real demarcação das terras colônias. E entende-se assim a informação de Varnhagen que creditava a Francisco o mérito de ter se esforçado por criar a cadeira de matemática na capitania do Pará, com a intenção de formar agrimensores.

Para ele, aquela era a razão primeira para a suspensão do alvará, pois sem tais providências não seria possível "executar ou entender demarcação alguma".[62] Sem a presença de geômetras e astrônomos, o magistrado só poderia, quanto muito, julgar a legitimidade ou não dos títulos, pois

> o meio mais próprio de evitar processos e questões, que enquanto os geômetras, e astrônomos encarregados das demarcações fizerem as medições, e observações necessárias, em qualquer distrito, o magistrado que os acompanhar na mesma diligência chame os habitantes dele, e os obrigue a produzir os seus títulos, apure os que forem legais, declare os que o não são, mas tome em lembrança os estabelecimentos que possuírem, e lhes devem ficar salvos [...]".[63]

---

p. 57. Denunciado pela Inquisição, Anastácio da Cunha jamais voltou a ser professor da Universidade de Coimbra.

60 Para uma breve biografia, vide: http://www.educ.fc.ul.pt/docentes/opombo/seminario/acunha/index.htm. Retirado em 19 de setembro de 2006.

61 *Idem*, p. 63.

62 "Informação de D. Francisco de Sousa Coutinho", *op. cit.*, p. 348.

63 *Idem*, p. 349.

Se por um lado se poderiam manter os sesmeiros na extensão de suas terras demarcadas anteriormente, no caso de elas não terem nenhum confrontante, era mister solucionar as terras em áreas, cujas propriedades estavam embaraçadas uma com as outras, cujas demarcações mal feitas produziam injustiças.[64]

Em suma, o governador do Pará procurou destrinchar os artigos enunciados pelo Alvará de 1795, na tentativa de propor soluções para os problemas oriundos da concessão e demarcação de sesmarias. Em suas apreciações estava claro que – caso fosse levado a efeito – o Alvará não deslindaria os problemas, talvez mesmo os agravassem. Francisco Mauricio de Sousa Coutinho tinha ciência de que o dispositivo régio pouco podia fazer na prática. Era uma carta de intenções com eficácia duvidosa, posto que ignorava, entre outros, que o processo de medição de terras era algo extremamente complexo, que envolvia vários campos de conhecimento, para além do direito. Mas ele sabia também que sua situação era bastante delicada, pois uma das principais funções do governador era conceder sesmarias, ao arrepio de suas críticas às formas de concessão.

Compreende-se assim porque Francisco continuou a conceder terras na forma prevista pela lei, mesmo após ter escrito uma crítica ácida e bastante contundente contra o sistema. Por volta de 1800, em 19 de agosto ele concedeu três léguas de terras em comprido e uma largo a Joana Francisco de Jesus Nogueira, situadas na margem superior direita do rio Tury-açu.[65] Um pouco mais tarde, provavelmente em 17 de setembro de 1801, ele também concedeu a Manuel Gonçalves Moura "uma légua pouco mais um menos desde a boia do Iguarapé [...] fazendo frente para o seco ou canal que vai para o dito Rio [Pindubal] com outra légua de fundo".[66]

---

64   *Ibidem*, p. 350.

65   Requerimento de 19 de agosto [ant 1800]. Requerimento de Joana Francisca de Jesus Nogueira, moradora na cidade [de São Luís] do Maranhão, para o príncipe regente [D. João], solicitando a confirmação de uma carta de data e sesmaria, de terras a si concedidas e situadas na margem superior direita do rio Tury–açu no Estado do Pará. Projeto resgate. Pará, AHU_ACL_CU_013, Cx. 118, D. 9060.

66   Requerimento de 17 de setembro [ant 1801] Requerimento de Manuel Gonçalves Moura, para o príncipe regente [D. João], solicitando confirmação de carta de sesmaria de terras

Sesmarias e antigo regime:
fronteiras internas e o poder

Nas ilações do Alvará e nas considerações de Francisco de Sousa Coutinho estão a chave da resposta para compreendermos não somente a importância das propostas de Francisco, mas também entender como era difícil
para um funcionário do reino, concretizá-las, reorientando o processo de
concessão de terras na capitania. Conceder terras pelo sistema de sesmaria
era, antes de tudo, uma concessão política, e não territorial. A concessão,
ao expressar o poder daquele que concede, no caso a Coroa, impunha a
submissão dos que a recebiam, na crença de um Estado que se fundamentava na hierarquia de toda a sociedade. Se o Estado era, por assim dizer, o
condutor da harmonia e da justiça, isso não significa afirmar que seus agentes poderiam solucionar os conflitos oriundos das ocupações, pois o conflito era estruturante, exatamente para promover a submissão, para que o
sesmeiro pudesse recorrentemente solicitar à Coroa que solucionasse uma
demanda entre confrontantes ou entre sesmeiros com as cartas relativas a
um mesmo espaço territorial Os governadores doavam as terras, elas eram
posteriormente confirmadas pelo Conselho Ultramarino, mas a doação não
se construía numa marca geográfica precisa.

Era cada vez mais óbvio que os sesmeiros reagiam às determinações
régias. Mas o Alvará – momento único do esforço de constituir um novo
regimento – revelava o conflito que se queria ocultar, pois com ele, vinham
também as desavenças, os ódios e rancores entre sesmeiros, e entre muitos
sesmeiros e a própria Coroa. Era preferível então que as soluções dos conflitos estivessem inseridas no espaço da justiça, em demandas judiciais individuais, onde a força política de alguns assegurasse a extensão territorial
que procurava imprimir, em detrimento de outrem.

A sesmaria era o instrumento da colonização e, neste sentido, um
instrumento de poder. Ora, a relação entre fronteira – internas ou exter-
nas – e o poder, não é simples. Toda a autoridade tende a circunscrever o
seu poder num espaço territorial e a circunscrição reforça a autoridade,

---

situadas nas proximidades do igarapé Iandiáguara, fazendo frente ao canal seco do rio Pindubal, na capitania do Pará. Projeto resgate. Pará. AHU_ACL_CU_013, Cx. 120, D. 9231.

mas também a limita. O Império colonial português havia se constituído pela conquista de espaços coloniais pretensamente não ocupados. Se, como afirma, Jean Pierre Raison, o poder político pode estabelecer a sua força de diversas maneiras no estabelecimento dos limites internos,[67] é bem verdade que o não estabelecimento de limites internos precisos entre fazendeiros pode vir a reforçar este mesmo poder, principalmente quando consideramos que a precisão dos limites não era aventada na prática e a confirmação da concessão estava no outro lado do Atlântico, no Conselho Ultramarino. Assim sendo, a Coroa manifestava sua capacidade de mediação, exatamente porque não assumia – enquanto projeto – a necessidade de se repensar as formas de concessão de terras no Ultramar, por isso o Alvará foi suspenso apenas um ano após a sua promulgação. Além disso, as propostas de Francisco de Sousa Coutinho, se postas em prática, representariam uma fratura entre os interesses políticos mais amplos na relação da Coroa com os sesmeiros.

Odiado por importantes personagens da política colonial, bispo e juízes, o projeto de reforma do sistema de sesmarias de Francisco ia além de uma política sintetizada na noção de um bom governo, representada por sua atuação como funcionário do reino. Era também, por assim dizer, um experimento em relação às decisões tomadas pela Coroa para a concessão de sesmarias e era, ainda, um emblema do projeto político mais amplo de Francisco Mauricio de Sousa Coutinho.

Para Hespanha "os governadores das capitanias eram autônomos no que respeitava ao governo local (econômico) das suas províncias, estando sujeitos ao governador geral apenas em matérias que dissessem respeito à política geral e à defesa de todo o Estado do Brasil".[68] A trajetória política de Francisco de Sousa Coutinho mostra-nos, porém, que na prática as coisas eram um pouco mais complicadas. A proposta de Francisco poderia tão so-

---

67 Jean-Pierre Raison. "Terra". *Enciclopédia Enaudi*. Lisboa: Imprensa Nacional, Casa da Moeda, 1986, p. 117-137.

68 António Manoel Hespanha. "A Constituição de um Império Português: Revisão de Alguns enviesamentos Correntes". In: João Fragoso *et al. O Antigo regime nos Trópicos:* a dinâmica imperial portuguesa (séculos XVI-XVIII). Rio de Janeiro: Civilização Brasileira, 2001, p. 177 e 178.

mente significar sua seriedade em fazer valer as leis produzidas pela Coroa, em suas tentativas de contribuir para o bom governo, inclusive do seu irmão D. Rodrigo. No entanto, ao conceder sesmarias – mesmo após a elaboração de seu projeto de reforma – Francisco nos mostra não somente que sua independência em relação às decisões maiores da Coroa eram bastante limitadas, como também era reduzida a capacidade de uma atuação concreta em seu desejo de revisar a forma de concessão de sesmarias. Assim sendo, se os governadores "tal como o próprio rei, podiam derrogar o direito em vista de uma ainda mais perfeita realização da sua missão"[69] e isso expressava a criação de "um espaço de poder autônomo efetivo",[70] a autonomia só tornar-se-ia uma realidade se Francisco não ousasse em discutir as bases de sustentação econômica e política dos fazendeiros – a terra.

Em outras palavras, cabia ao governador – como uma de suas principais atribuições "a concessão de sesmarias, a forma mais tradicional contínua e decisiva de concessão de terras no Brasil [...]".[71] Eram os ouvidores dos donatários [que] deviam inspecionar a legalidade da concessão e do uso da terra, depois de concedida. Com a contínua incorporação das capitanias à administração direta da Coroa, seja por vacatura, seja por compra, a concessão das sesmarias passou a competir aos governadores das capitanias, enquanto a inspeção da legalidade era cometida a *juízes demarcantes letrados* propostos pela câmara".[72] No entanto, o que Francisco propôs não foi tão somente alinhavar uma nova proposta, instituir um novo direito relativo à apropriação territorial, pois ele ousou questionar a ocupação e as confrontações territoriais das áreas pertencentes aos sesmeiros, o que cabia aos ouvidores e juizes demarcantes letrados. Ele ousou ainda afirmar que não eram aqueles as personagens centrais para se instituir a legalidade da ocupação, eram sim, os agrimensores e os astrônomos, na certeza dos princípios racionais que consagrou a matemática – repetimos – "em protótipo da inteligibilidade do real".

---

69 *Idem*, p. 175.

70 *Ibidem*.

71 *Ibidem*, p. 178.

72 *Ibidem*, p. 178-179.

Ao registrar suas percepções sobre o problema das concessões de sesmarias, Francisco Mauricio de Sousa Coutinho assumiu para si a tarefa de contribuir para uma política que reorientasse as formas de concessão de terras. Mas ao fazer isso, ele revelou os limites de seu poder como governador da Capitania do Pará.

O mais interessante desta história não é apenas o fato de que as propostas presentes no Alvará redirecionaram a política de terras, malgrado os limites desta orientação. A partir desta data, os livros de confirmação de sesmarias estarão sob a guarda do Conselho Ultramarino, revelando novas tentativas de se controlar o processo de ocupação. O mais interessante é perceber que os sesmeiros procuraram atender às Ordens Régias e encaminharam a solicitação para a confirmação de suas terras. Em outras palavras, as ameaças anunciadas pelo Alvará tiveram um efeito prático: malgrado as diferenças regionais, muitos sesmeiros obedeceram, ainda que tal obediência ocultasse sua intenção maior, conseguir um título legítimo de concessão de terras. Analisar as concessões de terras no período mariano será, portanto, a tarefa do nosso próximo capítulo.

Parte 3

Sesmarias: Império e conflito

A lei de sesmarias e a ocupação colonial: sobre as leis

As concessões no período mariano: mapeamento e indicações regionais

A Coroa intervém: as concessões emblemáticas

A LEI DE SESMARIAS E A OCUPAÇÃO COLONIAL:
SOBRE AS LEIS

Pouco discutida pela historiografia portuguesa e pouco presente na história lusa da época moderna, as sesmarias – é bom lembrar – fizeram parte do corpo de leis das Ordenações Filipinas de 11 de janeiro de 1603 e foram discutidas e atualizadas em vários alvarás e ordens régias ao longo dos séculos seguintes, até sua extinção.[1] Ela foi, em suma, uma lei que originariamente pensada para a ocupação de terras não cultivadas em Portugal tornou-se o arcabouço jurídico para solidificar a colonização do ultramar. Como se reestruturou – se de fato, houve uma reestruturação – de uma lei interna a Portugal para uma lei que visava à colonização de novas terras, pretensamente virgens?

As respostas não são fáceis de serem obtidas. Discute-se muito pouco sobre a legislação de sesmarias e sua repercussão nos territórios do domínio português; exceção feita ao trabalho de Antonio Vasconcellos Saldanha.[2] Ao afirmar que a concessão de sesmarias teria sido um dos eixos do tradicional sistema colonial, Saldanha se perguntara:

> até que ponto o recurso constante ao termo *sesmaria* significará nos forais e cartas de doação de Capitanias uma identificação ou uma recepção plena do sistema sedimentado no século XIV, acolhido nas *Ordenações Afonsinas* e depois parcialmente passado às *Ordenações Manuelinas e Filipinas*.[3]

---

1   É verdade que as Ordenações Filipinas são uma atualização das Manuelinas. "Em vez de se refundir o antigo e o novo, acontece que os compiladores, mecanicamente, juntaram, adicionaram, leis manuelinas e preceitos posteriores o que torna, muitas vezes, muito difícil o seu entendimento". Nuno Espinosa da Silva. *História do Direito Português*. Fontes de Direito. 3ª ed. Lisboa: Fundação Calouste Gulbenkian, 2000, p. 314.

2   Antonio Vasconcellos de Saldanha. *As Capitanias. O regime Senhorial na Expansão Ultramarina Portuguesa*. Funchal: Centro de Estudos de História do Atlântico, 1992.

3   *Idem*, p. 190.

Ao discordar dos autores que tenderam a considerar superficialmente o sistema ultramarino de sesmarias, "apresentado-o como um mero e natural prolongamento da tradição sesmarial metropolitana",[4] Saldanha procurou recuperar "a singularidade das motivações e a diversidade dos campos de aplicações".[5]

Para tanto, o autor português apoiou-se nos escritos de Costa Porto, jurista brasileiro que escreveu um dos poucos trabalhos sobre o tema. Segundo Porto, entre as sesmarias portuguesas e as do Brasil:

> [...] só havia mesmo um ponto em comum:a existência de solo sem cultura, sem aproveitamento, inexplorado. Tudo o mais diverso. Diversas, em primeiro lugar, as causas: no Reino, a incultura resultante do descanso dos senhores que, indolentes, nem o trabalhavam, nem deixavam outros o cultivassem, donde o remedo drástico do confisco para redistribuição entre os que não tinham terras, enquanto no Brasil, decorria da carência de braços, da falta da população, pois a Conquista se apresentava num deserto humano.[6]

Para Saldanha, no entanto, se as várias cartas de doação

> [...] remetem para o dispositivo das Ordenações em detrimento de qualquer solução por inteiro original, é porque – malgrado a diversidade da realidade metropolitana e a sequente inoperância de certos dispositivos fernandinos em terras virgens e nunca possuídas – alguns traços do ordenamento vigente mantinham a sua razão de ser nos novos horizontes que se abriam à colonização dos Portugueses, avultando sobre todos o desiderato de obstar à terra inculta.[7]

---

4   *Ibidem.*

5   *Ibidem.*

6   *Apud* Saldanha, *op. cit.*, p. 191.

7   *Ibidem*, p. 191.

O certo é que sua permanência no tempo não significou uma linearidade na sua forma de concessão. Ao longo dos séculos, por caminhos muitas vezes tortuosos, ela foi se adaptando à complexidade do tecido social, buscando se adequar à exigência de uma sociedade ainda em formação.

Os documentos de sesmarias correspondem às múltiplas faces do Antigo Regime, mas o requerimento e as várias instâncias para a decisão final régia, simbolizam mais que um mero exemplo do vocabulário daquele regime. Eles anunciam a tentativa da Coroa em submeter à doação de terras a sua determinação, como provedora da justiça, instância última de decisão para a concretização da harmonia entre os seus súbditos.

Elas – as sesmarias – devem, portanto, ser entendidas inserindo-as numa conjuntura que dê algum sentido às palavras ali expressas. A despeito de certa uniformidade da maneira como são concedidos, os documentos sofrem algumas alterações ao longo do período e são mais do que meros detalhes sem importância, pois revelam os ensaios de adequação do instituto jurídico à conjuntura do período.

É no cruzamento das fontes, leis e processos que nos aproximamos daquele documento, conferindo-lhe alguma coerência de termos e palavras que adquirem um novo significado e interpretação. Assim, por exemplo, quando de sua promulgação, o termo sesmeiro expressava aquele que doava a terra, o oficial da Coroa que tinha, portanto, tal encargo. Por aquela lei original, para fiscalizar o cumprimento da política de distribuição do solo, o rei mandava que "fossem escolhidos, em cada vila, cidade ou comarca dois homens bons dos melhores que ali haver",[8] incumbidos de investigar quais eram as terras incultas, obrigando aos proprietários as explorarem em certo tempo ou as arrendarem.

Aos poucos, nas colônias do Império português, o termo foi sendo empregado para designar aquele que recebe a sesmaria. Segundo Costa Porto, a modificação na acepção do termo teria ocorrido na colônia e introduzida nos documentos oficiais, provavelmente a partir de 1612, na carta de 28 de setembro sobre a concessão de terras no Rio Grande do Norte.[9]

---

8   Costa Porto. *Estudo sobre o sistema sesmarial*, Recife: Imprensa Universitária, 1965, p. 34.

9   *Idem*, p. 41.

O termo devoluto é, em sua acepção primordial, relativo à terra devolvida, não cultivada, que retorna às mãos do rei para ser dada novamente em sesmaria. Contudo, ele tornar-se-á uma referência a terras livres, coerente com a expansão em áreas ainda não ocupadas. Por conseguinte, a palavra devoluta passa a expressar terras não aproveitadas, não povoadas, sem conhecimento de seu dono, sem vestígio de que fora algum tempo ocupada ou onde não se tem notícia da pessoa a quem pertença.[10]

O mesmo pode-se se dizer quando cruzamos o documento com os decretos e alvarás que procuraram regularizar a forma de concessão. No início da colonização, a lei de sesmarias é referida tal como em seu espírito original, sem especificar a extensão das datas a serem concedidas. Aos poucos, em especial a partir do governo dos Felipes, identificam-se as primeiras medidas de restrição de área a ser concedida, em razão dos "abusos praticados por Jerônimo de Albuquerque, na distribuição de sesmarias no Rio Grande do Norte".[11] Segundo Costa Porto, os moradores queixaram-se ao Rei de "haver Jerônimo agido com parcialidade e protecionismo, fazendo entre filhos e parentes uma repartição muito exorbitante em quantidade".[12] Ainda segundo o autor, a comissão nomeada par rever a distribuição concluiu que a acusação era infundada. De qualquer forma, inaugura-se, após a Carta Régia de 28 de setembro de 1612, um ensaio de controle acerca das extensões a serem concedidas, ao mesmo tempo em que a palavra sesmeiro passa a significar o beneficiário das datas.[13]

É possível supor que até meados do século XVIII, as respostas da Coroa estivessem pautadas por situações concretas, regionais, sem a intenção manifesta de constituir um ordenamento geral para todo o território, acordado às especificidades da América Portuguesa. Os princípios gerais consagrados na lei de sesmarias pareciam suficientes para fazer jus às exigências impostas pela Coroa. No entanto, o agravamento de conflitos em algumas áreas tornou-se preocupante. Na região do Piauí, por exemplo, a ocupação em meados do século XVII significou a sobreposição de interesses diversos. Por

---

10 *Ibidem*, p. 179.

11 *Ibidem*, p. 83.

12 *Ibidem*.

13 *Ibidem*, p. 84.

um lado, os ocupantes oriundos da dinâmica de expansão da fronteira; de outro "os sesmeiros, quase sempre potentados de Olinda e Salvador, pediam a terra, legalizavam o domínio e passavam a ganhar dinheiro às custas do sertanista anônimo".[14] O conflito não tardou a ser revelado, chegando ao Conselho Ultramarino que, por sua feita, recomendou ao governador de Pernambuco que

> procurasse harmonizar os interessados, fazendo 'muitos polos compor, de maneira que não cheguem aquele rompimento de que se pode temer algumas ruínas, dando-lhes a entender que, nestas suas contendas, devem esperar o recurso da justiça, sem se valerem de meios violentos que neste caso não só serão prejudiciais, mas desagradáveis a S. M. e quando não baste esta insinuação para o apaziguar' faça; passar o Ouvidor Geral... com algum gente de que se acompanhe... para que os una e ponha em toda paz, e proceda contra os culpados que se não quiserem reduzir ao que for razão.[15]

Para solucionar a querela, o Rei promulgou a Carta Régia de 1702, determinando que os sesmeiros procedessem à demarcação de suas terras, ameaçando sob "pena de caducidade" aquele que não se dispusesse a cumprir o que era então determinado em lei. O conflito ainda assim não se desfez, ao contrário, o Ouvidor do Maranhão – cuja jurisdição incluía o território do Piauí não se fez de rogado: declarou "caducas as datas não demarcadas". Diante da reação dos sesmeiros, o Rei decidiu tornar sem efeito a decisão do ouvidor que havia tão somente levado ao "pé da letra" aquela Carta Régia.[16]

---

14 *Ibidem*, p. 87.

15 *Ibidem* p. 87 e 88.

16 *Ibidem*. Ainda segundo Costa Porto, "Demorando a Metrópole em solucionar os incidentes, a Câmara da Vila da Môcha, hoje Oieras, se dirige, em 1745, a D. João V, reclamando contra 'os extraordinários danos espirituais e temporais que te havido e atualmente se experimentam nesta capitania, originados da sem razão e injustiça com que os governadores de Pernambuco... deram por sesmaria e indevidamente grande quantidade de terras a três ou quatro pessoas particulares, moradores na cidade da Bahia, que, cultivando

O conflito não termina aqui. Ainda segundo Costa Porto, em 1753, pela Provisão de 20 de outubro, a querela entre sesmeiros e ocupantes do território do Piauí ganha um novo ensaio de solução, calcado em duas normas principais. Foram revalidadas as datas dos sesmeiros que as houvessem cultivando, excluídas as terras em arrendamento ou aforamento. Os sesmeiros podiam solicitar novas datas, de terras incultas e despovoadas, desde que não excedessem três léguas de comprido e uma de largo.[17] Por conseguinte, a Provisão reinaugura os princípios da lei de sesmarias, ao reconhecer o domínio dos sesmeiros apenas sobre as áreas *efetivamente* cultivadas, e não aquelas trabalhadas por terceiros. Além disso, impõe um limite máximo para a concessão de terras.

A provisão de 1753 representou mais uma das inúmeras intervenções do governo Pombal em relação a uma política mais substantiva para a colônia. Nesse sentido, ela deve ser compreendida como uma das primeiras propostas reformistas de Sebastião José de Carvalho e Melo, antes mesmo das medidas de dinamização das atividades econômicas da região norte e nordeste, como a criação, em 1755 e 1759, da Companhia Geral de Comércio do Grão Pará e Maranhão e da Companhia Geral de Comércio de Pernambuco e Paraíba.[18] A provisão representa, em suma, uma tentativa de intervir e controlar o processo de ocupação territorial e talvez tenha sido promulgada para solucionar os conflitos oriundos da dinâmica de formação do patrimônio da Casa da Torre, cujas sesmarias se estendiam em áreas da

---

algumas delas, deixaram a maior parte devoluta, sem consentirem que pessoa alguma as povoasse, salvo quem à sua custa e com risco de suas vidas as descobrisse e defendesse contra o gentio bárbaro, constrangendo-lhes depois a lhes pagarem dez mil reis de renda por cada sitio', rogando. Finalmente, fosse S. M. servido mandar 'que os ditos intrusos sesmeiros não possam usar dos ditos arrendamentos, nem pedir renda aos moradores desta capitania dos sítios que [...] descobriram [...] mas antes se sirva ordenar que cada uma das ditas fazendas contribua em cada um ano com algum limitado foro [...] a metade para o aumento da real fazenda e a outra metade para rendimento do Conselho da Câmara'". *Ibidem*, p. 88-89.

17 *Ibidem*, p. 90.

18 Para uma análise sobre a atuação política e biografia da personagem, vide: Kenneth Maxwell. *Marquês de Pombal:* Paradoxo do iluminismo. 2ª ed. Rio de Janeiro: Paz e Terra, 1997.

Bahia, Sergipe, Alagoas, Pernambuco, Paraíba, Ceará e Piauí. O esforço de disciplinar a ocupação, presente no estabelecimento de um limite máximo de concessão revela o reconhecimento de uma história pretérita de ocupação "sem limites", já que a imensidão dos domínios e a queixas e reclamações resultantes da sobreposição de inúmeras sesmarias na região já eram de conhecimento das autoridades coloniais, como demonstrou Ângelo Pessoa, em seu estudo sobre a Casa da Torre de Garcia D'Ávila.[19]

O Conselho Ultramarino tinha ciência de que a concessão de sesmarias era acompanhada de eventuais querelas e de interpretações conflitantes sobre a história de ocupação do lugar. Também é coerente inferir que os conselheiros detinham a informação de que o adensamento dos conflitos estava relacionado à imprecisão de balizas e à ausência de regulamentação quanto ao limite máximo de terra a ser concedida pelo sistema. Havia intentos nessa direção, mas ainda muito pouco eficazes. Já em 1695, pela carta régia de 27 de dezembro, ordenava-se que não se poderiam conceder mais de cinco léguas de terras. Dois anos depois, pela Carta de 7 de dezembro, a extensão máxima era reduzida para três léguas. No entanto, ainda que os esforços tenham sido direcionados para consagrar um limite, na prática era possível que determinado sesmeiro solicitasse e obtivesse terras bem maiores que o marco imposto por aquelas normas, daí o retorno do tema quando da Provisão de 1753 e sua reatualização nas legislações posteriores.

Entende-se assim como e por que a obrigatoriedade de medir e demarcar pôde ser um adendo de somenos importância nos primeiros séculos de colonização, como pôde – já em fins do século XVIII – tornar-se condição por demais essencial para impedir os conflitos e demandas por terras, principalmente em áreas já densamente ocupadas e particularmente ricas, como as capitanias de Minas Gerais e Rio de Janeiro. Nesse sentido, compreende-se também por que as críticas formuladas por Francisco Mauricio de Sousa Coutinho, quando da promulgação do Alvará de 1795, não eram extemporâneas e nem expressavam a visão de um homem além do seu tempo. Elas eram o resultado, não somente da percepção acurada

---

19 Ângelo Emilio da Silva Pessoa. *As ruínas da tradição: a casa da torre de Garcia D'Ávila*. Família e propriedade no Nordeste colonial. Tese de doutorado em História Social. São Paulo, Universidade de São Paulo, 2003.

da personagem, como tinham também uma história, reveladas nas leis anteriores que buscaram disciplinar a dinâmica da concessão.

De qualquer forma, é preciso atentar para o fato de que as inúmeras leis promulgadas no século XVIII, até a mais importante legislação, o já citado Alvará de 1795, não caíram de todo num vazio. Se suas marcas mais decisivas retornavam, com a exigência do cultivo, o estabelecimento dos limites e a obrigatoriedade da medição é porque – a despeito dos interesses dos sesmeiros – não era possível fazer tábula rasa em relação aos alicerces do sistema sesmarial ou mesmo da frequência dos conflitos gestados pelo próprio sistema. Querendo ou não, os sesmeiros eram constrangidos a cumprir a lei ou ao menos lembrados das suas bases constitutivas. Assim, por exemplo, dez anos antes do Alvará de 1795, outro Alvará, o de 5 de janeiro de 1785, "determinava que "as dadas ou datas de sesmarias sempre foram concedidas com a condição essencialíssima de se cultivassem suas terras".[20]

Além disso, várias das Cartas Régias e Alvarás promulgados antes dessa data se tornariam partes constitutivas de inúmeras solicitações, revelando todo ensaio para consagrar um instrumento jurídico adequado à várias realidades das colônias portuguesas, um dispositivo mais ancorado às inúmeras situações ultramarinas. Um exemplo disso é a Provisão do Conselho Ultramarino de 15 de março de 1731, em razão do descobrimento das minas. Por essa provisão, estabeleceu-se o limite máximo de meia légua em quadro para a concessão de sesmarias em terras onde houvesse minas ou que se encontrassem no caminho delas.[21] A despeito do relativo fracasso do Alvará de 1795, o fato incontestável é que aquela exigência passou a estar explícita nos pedidos de sesmarias ao longo do período mariano, como mostram os dados oriundos das médias de solicitações de sesmarias para a capitania de Minas Gerais, entre 1793 a 1807. Das 143 confirmadas no período, são solicitadas as seguintes extensões:

---

20 Ordenações Filipinas, livro IV, título XLIII Das Sesmarias, p. 823, nota 4.

21 Laura Beck Varela. *Das sesmarias à propriedade moderna:* um estudo de história do direito brasileiro. Rio de Janeiro: Renovar, 2005, p. 95.

Capitania de Minas Gerais. Extensão solicitada

Extensão solicitada	Número de sesmarias	Percentual do total
½ légua em quadra	108	75,52%
1 légua em quadra	8	5,59%
2 léguas em quadra	3	2,09%
3 léguas em quadra	4	2,79%
3 léguas de terras	20	20, 7%

AHU. Livro de Registro de Cartas de Sesmarias confirmadas do Conselho Ultramarino. Capitania de Minas Gerais. 1795/1798 – Códice 164. 1798/1801 – Códice 165. 1801/1804 – Códice 166. 1805 1807 – Códice 167. 1807/1823 – CÓDICE 168.

É digno de nota também que quando os lavradores solicitam três léguas, eles são ciosos em informar que elas estão "fora dos registros e paragens",[22] ou "por serem de sertão",[23] procurando, ao menos em tese, respeitar a provisão de 20 de outubro de 1753, que limitou em três léguas de comprido e uma de largo o tamanho das sesmarias a serem concedidas.[24] No entanto, ao menos para Minas Gerais no período em tela, quatro sesmeiros ignoraram tal determinação, pois solicitaram três léguas em quadra.

De qualquer forma, tentava-se cumprir o estabelecido em lei. Manoel Joaquim de Souza Xavier, por exemplo, solicitou, em 1782, terras devolutas no Rio de São Pedro acima, distrito de Macaé, Rio de Janeiro.

> O Procurador da Coroa qual lhe conveio em que lhe devia conceder tão somente meia légua de testada, com uma de sertão, o que não deve subsistir, por ser contra o disposto nas Reais

---

22 AHU. Carta de sesmarias de Clara Leite Vieira. Ano de 1799, códice 165, folhas, 196/197v.

23 AHU. Carta de Sesmarias de Anselmo Lopes Vilas Boas. Ano de 1799, códice 165, folhas 187 a 188v.

24 Costa Porto, *op. cit.*, p. 73; Varela, *op. cit.*, p. 99. Segundo estes especialistas, a provisão de 1753 e o alvará de 1795 são os dois principais marcos na legislação de sesmarias para as colônias do ultramar.

Ordens, que determina que as sesmarias que se houverem de dar em Minas e nos caminhos para elas sejam somente de meia légua em quadra e que nos mais sertões de 3 léguas.[25]

A sesmaria de Manoel Joaquim foi confirmada em 8 de janeiro de 1797, com os limites de expansão impostos.[26]

O mesmo ocorrera com Antonio da Silva Bastos e Tomas de Aquino Duarte de Souza, em 1799. Eles solicitaram uma sesmaria de ½ légua de testada e uma de fundos no Sertão do Rio Imbé, Campos dos Goitacases, Rio de Janeiro. O conde de Resende aprovou a concessão, mas afirmou:

> [...] no sertão do Rio Imbé se achavam muitas terras sem cultura, nem sesmaria já concedida, ainda que pedidas por várias pessoas de légua cada uma, e constando aos suplicantes que a câmara da Vila dos mesmos Campos lhe fora de ordem minha determinado o atender nas suas informações ao grande Povo daquele continente a fim de que uns não ficarem sem terra por ficarem outros com uma légua em quadra, o que se deveria observar com aquelas sesmarias que ainda não se achavam medidas e demarcadas, nem ainda totalmente concedidas, como no dito sertão.[27]

Em 25 de outubro de 1801, mais de um ano após o pedido, Antonio e Tomas conseguiram alcançar o seu intento,[28] sendo reconhecidos como senhores daquelas terras.

Para a capitania de Minas Gerais, é frequente a menção à Ordem Régia de 13 de abril de 1738, que impõe a obrigatoriedade de demarcação "sendo para este efeito notificados os vizinhos com quem partir para ale-

---

25 AHU. Carta de Confirmação de Sesmarias. Manoel Joaquim de Souza Xavier, Códice 165, folhas 99 a 100.

26 AHU. Carta de Confirmação de Sesmarias. Manoel Joaquim de Souza Xavier, Códice 165, folhas 99 a 100.

27 AHU. Carta de Confirmação de Sesmarias. Antonio da Silva Bastos e Tomas de Aquino Duarte de Souza, Códice 166, folhas 12 v a 13 v.

28 AHU. Carta de Confirmação de Sesmarias. Antonio da Silva Bastos e Tomas de Aquino Duarte de Souza, Códice 166, folhas 12 v a 13 v.

garem o que forem de sua justiça e ele o será também a povoar e cultivar
[...]".[29] Tal Ordem instituía a obrigatoriedade de que em todas as vilas da
capitania de Minas se mandasse publicar por bando e editais para que

> venha a notícia de todos os moradores, que aqueles que se acha-
> rem de posse de algumas terras sem títulos, lhas peçam de ses-
> maria, para se lhe darem na forma das Ordens Reais, que foram
> no termo de um ano com a cominação, de que passando ele,
> ninguém se poderá valer da posse, que tiver sem título de ses-
> maria; e se darão as terras assim possuídas a quem as pedir.[30]

Segundo Angelo Carrara, a Ordem Régia de 1738 "provocou um verdadeiro levantamento fundiário da Capitania, a partir de 1739".[31]

A Ordem de 11 de março de 1754 é particularmente presente em
áreas densamente povoadas, cuja testada se encontraria num rio nave-
gável. Segundo ela, deve ser reservada ½ légua de testada para como-
didade pública, reservando "os sítios dos vizinhos com quem partir esta
sesmaria, suas vertentes e logradouros, sem que eles com este pretexto
se queiram apropriar de demasiados em prejuízo desta Câmara".[32]

Em suma, ao menos para o período mariano, a menção à leis pretéritas parece confirmar o esforço de regularizar a concessão, a despeito da
suspensão do Alvará de 1795. Mas, resta-nos uma pergunta: os sesmeiros
responderam às determinações presentes no Alvará ou ele foi letramorta,
cuja ineficácia já havia sido percebida pelos fazendeiros, antes mesmo de
sua suspensão no ano seguinte?

O gráfico abaixo nos encaminha para uma resposta.

---

29 AHU. Carta de Confirmação de Sesmarias. Manoel Bento da Silva Ferreira, ano de 1799.
    Códice 165, folhas 92 e 93.

30 *Apud* Ângelo Alves Carrara. *Contribuição para a história agrária de Minas Gerais:* Séculos
    XVIII-XIX. Universidade Federal de Ouro Preto, Departamento de História, Núcleo de
    História Econômica e Demográfica, Série Estudos I, 1999, p. 19.

31 *Ibidem*.

32 AHU. Carta de Confirmação de Sesmarias. Manoel Bento da Silva Ferreira, ano de 1799.
    Códice 165, folhas 92 e 93.

SOLICITAÇÕES DE TOMBO DE TERRA (1795-1802)

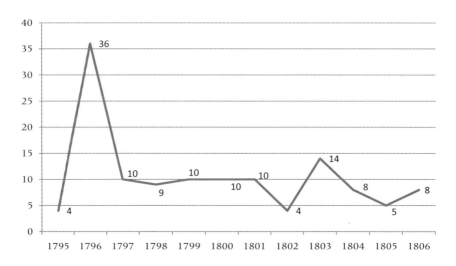

Fonte: AHU. Livro de consulta de provisões, Tombos, códice 109 (1795-1802). Códice 110 (1802-1807).

Parece-me claro que os sesmeiros se sentiram constrangidos a cumprir a norma real, já que no ano seguinte ao Alvará chegaram ao Conselho Ultramarino inúmeras solicitações de tombos de terras, cujo objetivo era medir e demarcar as áreas ocupadas para a consagração de "um título legítimo". Por conseguinte, a despeito da potencial autonomia das câmaras municipais, do poder dos fazendeiros no trato de suas gentes, o fato inconteste é que ainda se reconhecia o papel da Coroa na definição última de quem era o legal ocupante de um lugar.

Se na prática o sistema de posse corroía o sistema e se transformava no mecanismo de expansão colonial, do ponto de vista legal havia um documento: a carta de sesmarias, que assegurava, nos marcos da lei, o pleno domínio das terras. Assim sendo, se é verdade que o "poder real partilhava o espaço político com poderes de maior ou menor hierarquia",[33] a Coroa era a expressão última do poder, pois a ela cabia a chancela, ratificando um domínio. Além disso, se "o direito legislativo da Coroa era limitado

---
33 António Manoel Hespanha, op. cit., 2001, p. 166.

e enquadrado pela doutrina jurídica (*ius commune*) e pelos usos e práticas jurídicos locais",[34] não há dúvidas que – ao menos no que se refere à apropriação territorial – tal direito se materializava num documento, as cartas de sesmarias. Em consequência, é coerente afirmar – conforme nos alertou Arno Wehling – que em áreas de ingovernabilidade do Brasil colonial [...] o poder, inclusive a atribuição de julgar, era de fato exercido pelos 'potentados, que o faziam diretamente ou por seus acólitos, como os 'capitães de mato".[35] Nesse sentido, o poder praticado pelos mais fortes "revelou-se não apenas no domínio puro e simples das vontades, mas no estabelecimento de vínculos pessoais, como o compadrio e a clientela, que tinham uma tradução jurídica, ainda que informal, muito distante da justiça oficial, e que atribuía ao senhor a função de árbitro e executor da sentença".[36]

No entanto, o adensamento dos conflitos e a configuração da posse como costume referendada pela Lei da Boa Razão de 1769 poderiam vir a ameaçar o poder inconteste dos fazendeiros. Segundo Cirne Lima, o costume da posse preenchia alguns requisitos daquela lei de 1769, como a racionalidade – o cultivo – e a antiguidade da ocupação. Além disso, como já afirmado, o costume da posse encontrava precedentes na própria legislação portuguesa, o chamado direito de fogo morto, e na tradição romana. Cirne Lima defende, inclusive, que "a aquisição de terras devolutas pela posse com cultura efetiva se tornou verdadeiro costume jurídico".[37] Em outras palavras, a posse passou a ter aceitação jurídica, consolidando a tendência de reconhecer, no texto da lei, a existência daquele que ocupava a terra, já que os vários decretos, resoluções e alvarás sobre as sesmarias não deixavam, de uma forma ou de outra, de salvaguardar o interesse daquele que efetivamente cultivava a terra. O reconhecimento do sistema de posse, a partir da Lei da Boa Razão, fazia justiça aos inúmeros lamentos dos lavradores não sesmeiros. Quando da queixa da Câmara da vila da Mocha, em

---

34 *Ibidem.*

35 Arno Wehling; Maria José Wehling, *op. cit.*, p. 46.

36 *Ibidem.*

37 Cirne Lima. *Pequena história territorial do Brasil:* Sesmarias e terras devolutas. 4ª ed. Brasília: ESAF, 1988, p. 76.

1745, os lavradores[38] reclamavam das opressões e prejuízos ocasionados pelos litígios contra os sesmeiros e ressaltavam "os grandes vexames nas execuções das sentenças que contra eles alcançaram para expulsão de sua fazendas, cobrando rendas e foros das ditas terras".[39]

Entende-se assim por que os potentados rurais operaram com o Alvará de 1795 ao mesmo tempo em que buscavam consolidar seu poder. Submetiam-se às disposições da Coroa, mas a traduziam segundo seus próprios interesses. Ao fazer isso, reconheciam que havia um lugar, uma instância última de decisão para a consagração de um domínio: a chancela real. O documento daí advindo não era importante, nem ao menos necessário para ser usado na expulsão ou mesmo no extermínio de comunidades de lavradores pobres, mas era fundamental para consagrar seu poder, o domínio sobre as suas terras, nas eventuais disputas contra seus pares ou contra lavradores com algum recurso para também solicitar uma sesmaria.

Há que se considerar, no entanto, que o chamamento presente no Alvará não era respondido de forma monocórdia. Por um lado, como disse, malgrado os inúmeros interesses e as redes locais, sesmeiros e potenciais sesmeiros tinham o mesmo objetivo: a chancela real para a consagração de seu domínio. Por outro, dinâmicas diferenciadas de ocupação e interesses distintos produziram inúmeras respostas.

Do encaminhamento da concessão

As exigências expressas nas cartas demonstram o ensaio da Coroa em limitar e controlar a concessão de terras como proclamação de seu poder. Muitas delas, como já disse, haviam sido objetos de alvarás e decretos régios

---

38 Os lavradores são os que não podiam se intitular sesmeiros, já que não haviam conseguido um documento de sesmarias. Em meados do século XIX, aparecerá o termo posseiro, só existente na língua portuguesa falada no Brasil. O termo nasce em contraposição à palavra sesmeiro, sendo posseiro, o lavrador sem título, independente da extensão de suas terras. Para uma análise sobre o tema, vide Márcia Motta. "Posseiros no oitocentos e a construção do mito invasor no Brasil. A coerção na ausência da lei". In: Ângelo Adriano *et al* (org.). *Desvelando o poder*: História de dominação: Estado, religião e sociedade. Rio de Janeiro: Vício de leitura, 2007.

39 Porto, *op. cit.*, p. 89.

anteriores a 1795. Os trâmites administrativos a serem percorridos para a concessão de uma sesmaria, por exemplo, já haviam sido consagrados pelo alvará de 3 de março de 1770. No entanto, a partir de 1795 e talvez resultado dos esforços consubstanciados naquele alvará, as determinações passaram a estar mais evidentes. Entende-se assim, por que o alvará de 1770 é relembrado no documento de 1795.

A rigor, o requerente solicitava ao governador e ao capitão geral, que lhe fosse concedida uma sesmaria numa determinada freguesia e paragem da capitania. Recebido o requerimento, este era encaminhado ao ouvidor da capitania para, "na qualidade de chanceler e ministro da Junta da Fazenda, mandar proceder às averiguações e diligencias da lei".[40] As alegações eram bastante diversas. Em algumas ocasiões, o pleiteante comunicava que não tinha terras, mas possuía meios de cultivá-las (escravos, sobretudo); em outras, o pedido vinha associado às informações em relação à compra ou herança daquelas terras e tinha como objetivo último a aquisição de "um título legítimo".[41] As precisões territoriais eram vagas e quase sempre delimitadas por um elemento natural: rios, morros. Em algumas vezes, principalmente quando se conhecia o confinante, o pedido vinha acompanhado dos seus nomes em relação à terra que se queria ter por sesmaria. Em outras oportunidades, o pedido incluía também a informação de que a terra a ser concedida deveria se estender até o conhecimento de um terceiro, que a limitaria por força de já ser dono de uma parcela confrontante.

O governador então encaminhava o pedido ao ministro oficial da justiça para que desse conhecimento de que o lavrador havia solicitado aquela área e se passavam duas vias daquela carta. Eram ouvidos os procuradores régios e a Câmara da Cidade, que sempre referendavam o pedido. No caso do Rio de Janeiro, havia uma clara determinação nesse sentido. Pela carta régia de 23 de fevereiro de 1713, ordenava-se que "as sesmarias na cidade deviam ser concedidas pela Câmara".[42] A partir do aceite dos procuradores e/ou da Câmara, a carta era registrada na secretaria do estado. O processo

---

40   Cirne Lima, *op. cit.*

41   Discutirei com mais detalhe este aspecto mais adiante.

42   *Apud* Cirne Lima, *op. cit.*, p. 43.

era despachado pelo Conselho Ultramarino, que a transcrevia. Posteriormente, ela receberia a chancela da Coroa.[43]

As cartas de sesmarias presentes nos livros de registros são a cópia integral dos pedidos anteriormente feitos ao governador. Nos documentos avulsos,[44] nos quais se encontram os vários requerimentos, encontra-se também uma espécie de parecer do juiz local, que atesta que mediu, demarcou e deu posse ao sesmeiro. Em outras ocasiões, há um parecer do cartório informando que constam do registro a medição e a demarcação da sesmaria.

O documento da Chancelaria relativo à concessão de sesmarias expressa o vocabulário do Antigo Regime. "Hei por bem fazer-lhe mercê de confirmar como por esta confirmo... Mando ao meu vice Rei... provedor da Real Fazenda, mais Ministros e Pessoas... que cumprem e guardem esta Minha Carta de Confirmação e a faça, cumprir e guardar".[45] A chancela era, assim, o culminar de um processo burocrático para a concessão de terras.

O Registro das Mercês foi instituído pelo Alvará de 31 de dezembro de 1547 para que ficassem assentes em livros todas as

> doações de terras, alcaidarias-mores, rendas, jurisdições, cartas e provisões de comendas, capitanias, ofícios e cargos da justiça e da fazenda, tenças, privilégios, licenças para se venderem e trespassarem ofícios e tenças a outras pessoas, filhamentos de filhos, parentes e criados, acrescentamentos de foros e moradias, ajudas de casamento, quitas e mercês de dinheiro.[46]

---

43 A Chancelaria era um "serviço da Secretaria onde eram elaborados e expedidos os diplomas régios, desde o início da monarquia. As amplas e variadas atribuições do chanceler-mor foram definidas nas 'Ordenações Afonsinas' e nas 'Manuelinas'". José Serrão *et al. Roteiro de fontes de história portuguesa contemporânea*, vol. 1. Lisboa: Instituto Nacional de Investigação Científica, 1984, p. 159.

44 Refiro-me ao fundo documental do Arquivo Histórico Ultramarino, que é dividido por capitanias, nos quais estão presentes os requerimentos. São esses os documentos digitalizados pelo Projeto Resgate, com exceção dos do Rio de Janeiro, ainda em fase de conclusão.

45 ANTT. Chancelaria de D. Maria I livro 50, p. 226V a 227 V.

46 ANTT. Secretaria das Mercês/Registo Geral de Mercês. História Administrativa.

Segundo Maria Beatriz Nizza da Silva, desde o século XVI, a Coroa preocupou-se "em registrar as mercês concedidas aos vassalos numa tentativa não só de evitar fraudes como de controlar um possível excesso em relação a determinados súditos".[47] Após a concessão, as doações e mercês tinham que ser registradas pelo escrivão da Chancelaria e pagos o selo ou os direitos ali exigidos. Ainda segundo a autora, as mercês foram regulamentadas pelo Regimento de Mercês de 1671, completado pelo Alvará de 15 de agosto de 1706 e também pelo Alvará de 28 de agosto de 1714, reiterando o registro obrigatório "para que não se perca a memória de todas as mercês que fizer, nem a minha Fazenda nem as partes tenham prejuízo algum".[48]

Em nome da Coroa, instituía-se um documento de propriedade, sem comprovação alguma em relação à medição e demarcação das terras e o cultivo, apenas um parecer anexado ao requerimento, no qual o juiz ou tabelião atestava a medição e demarcação das terras anteriormente feitas. O encaminhamento burocrático havia pressuposto que o sesmeiro tivesse de fato cumprido as determinações dos alvarás e provisões régias. Em outras palavras, a Chancelaria reconhecia um direito e referendava um processo anterior que, em tese, correspondia ao cumprimento das determinações expressas na lei. Nesse sentido, a despeito do adensamento dos conflitos e das denúncias que chegavam ao Conselho Ultramarino, a concessão mantinha-se ainda atrelada à noção de que ela era – antes de tudo – uma concessão política, e não territorial. A Coroa consagrava um documento – a carta de sesmaria –, expressão do poder dos terratenentes que, ao se submeterem aos procedimentos legais para a concessão, tiveram por graça um documento de propriedade.

Nunca é demais lembrar também que o processo de medição era uma tarefa extremamente onerosa.[49] No princípio do século XVIII, uma carta régia enviada aos oficiais para os oficiais da Câmara do Pará informava:

---

47 Maria Beatriz Nizza da Silva. *Ser nobre na colônia*. São Paulo: Editora Unesp, 2005, p. 77.

48 *Ibidem*.

49 Ainda nos anos 50 do século XIX, quando das percepções sobre o fracasso da Lei de Terras, muitos insistiam neste ponto: a ausência de agrimensores para demarcar antigas sesmarias e terras ocupadas por posse. Para tanto, vide Márcia Motta. *Nas fronteiras do*

> Eu, El-Rey vos envio muito saudar. Viu-se a vossa Carta de oito de março deste ano em que representas os inconvenientes que se vos oferecem para se medirem por corda as datas das terras de sesmaria dessa Capitania pelas margens dos Rios assim pela dificuldade que há para se pôr em prática como pelos grandes gastos que as partes são de fazer nesta forma de medir por serem partes aonde só os índios naturais podem andar descalços e muitas vezes com a água pela cintura.[50]

Entende-se assim como era possível referendar – no limite – um direito sem atentar para as diferenças entre o pedido inicial da concessão e o decidido pela Chancelaria. Em 18 de novembro de 1790, por exemplo, Domingos de Souza Maia solicitou uma sesmaria em terras devolutas em Paraíba Nova, da parte do Norte do Rio Gavião. Sua carta de confirmação de sesmaria lhe foi concedia em 14 de dezembro de 1795.[51] No ano seguinte, em 13 de agosto de 1796, ele recebeu a chancela real, concedendo-lhe *uma légua e meia de testada* e duas de fundos, quando ele havia solicitado *uma légua de testada* com os mesmos fundos.[52] O que estava em causa era que Domingos Maia havia cumprido o procedimento burocrático, aceite por uma via de múltiplas mãos: o governador geral, o procurador da Coroa, a Câmara da Cidade e o Conselho Ultramarino. As diferenças entre a extensão solicitada no pedido e aquela referendada pela Chancelaria não mereceram nenhum comentário quando da concessão.

Havia, no entanto, determinações muito visíveis nas cartas de concessões. A primeira é obviamente a exigência de se proceder a medição e demarcação da área solicitada, reiterando algo já presente em legislações anteriores e o argumento central do Alvará de 1795, como vimos no capítulo

---

poder: Conflito e direito à terra no Brasil do século XIX. Rio de Janeiro: Arquivo Público do Estado do Rio de Janeiro/Vício de Leitura, 1998.

50 IHGB. Carta régia aos Officiaes da Camara do Pará sobre os inconvenientes que propoem para se medirem por corda as datas de terras de sesmaria daquella Capitania os quaes se lhe não admitem. Lisboa, 28/10/1705 [Arq. 1.2.25 – Tomo VI, p. 87].

51 AHU. Carta de Confirmação de Sesmarias. Domingos de Souza Maia. Códice 164, folhas 115 V a 116.

52 ANTT. Chancelaria D. Maria I. Livro 50, p 226 V a 227 V.

DIREITO À TERRA NO BRASIL   147

anterior. A exigência de demarcação presente na carta integrada ao livro de registro impunha uma ação que em tese já deveria ter sido cumprida quando do encaminhamento do requerimento. Assim, em muitos casos era o que havia sido feito, ainda que, como sabemos, sem a indicação de técnicos para a delimitação precisa do local da sesmaria solicitada. Em muitos outros, no entanto, ao pedido de confirmação não vinha anexado qualquer documento que atestasse a medição e demarcação.

Em 1798, por exemplo, Quitéria Maria de Jesus solicitou uma légua em quadra em Cachoeira de Macacu, Rio de Janeiro. Segundo as disposições régias, "e antes de tomas posse delas as fará medir e demarcar judicialmente, sendo para esse efeito notificadas a pessoas como quem confrontar".[53]

Os pareceres muitas vezes presentes quando do encaminhamento do pedido de concessão informavam que a terra havia sido medida e demarcada. Assim, por exemplo, Ana Feliciana de Paiva requereu, em 1803, a confirmação de sesmarias de terras que haviam sido concedidas pelo governador de Minas, sitas no termo de Sabará. Seu requerimento foi acompanhado pelo parecer emitido pelo juiz de medições de sesmarias, Tomás Coelho Bacellar, "formado pela Universidade de Coimbra", que informou que, em 25 de setembro de 1801 foi a fazenda do Leitão do Curvelo, Julgado Papagaio e ali "mediu, demarcou e empossou Ana Feliciana nas terras concedidas em sesmarias".[54]

Em 1799, Antonio Gonçalves de Figueiredo demandou uma sesmaria de meia légua em quadra na paragem Paciência, no termo da vila de São José, comarca do Rio das Mortes. Junto ao seu requerimento, há um documento do tabelião público e judicial certificando que aquelas terras haviam sido medidas judicialmente em 26 de agosto de 1793.[55] Entre tantos pedidos, era recorrente a apresentação de algum tipo de atestado que

---

53 AHU. Carta de Confirmação de Sesmarias. Quitéria Maria de Jesus. Códice 165, folhas 131/132.

54 AHU. Projeto Resgate. Minas Gerais. Requerimento de Ana Feliciana dos Santos. CD 049 151 0441.

55 AHU. Projeto Resgate. Minas Gerais. Requerimento de Antonio Gonçalves de Figueiredo CD 044 0524.

confirmasse que haviam sido cumpridas as determinações régias referentes à medição e demarcação das terras solicitadas em sesmarias.

Qual a razão para desconfiar dos pareceres de juízes e tabeliães em relação ao cumprimento de medição e demarcação? Não estariam eles a fazer jus aos seus cargos, atentos aos procedimentos relativos à ação de medir e demarcar?

Se lembrarmos das ilações de Francisco de Sousa Coutinho podemos ao menos desconfiar da eficácia daquelas demarcações. Os pareceres anexados aos pedidos muitas vezes apenas informavam que foi feita a medição e demarcado o território, mas não havia qualquer indicação de que havia sido utilizada técnica já conhecida pela geometria, no sentido de precisar a área a ser demarcada. Assim, os documentos revelavam uma intenção, ou melhor, o cumprimento de um dever que cabia ao juiz, mas não a geômetras. O que Francisco de Sousa Coutinho havia discutido era que mesmo que a determinação régia fosse cumpriada, ela não era capaz de discriminar as terras doadas das ainda livres ou já concedidas a outrem.

Alguns governadores procuravam discutir a questão. Anos antes da redação da proposta de Francisco de Sousa Coutinho, Diogo Lobo da Silva, então governador de Minas Gerais, emitira um parecer, em 1764, sobre a representação dos oficiais da Câmara de Vila Nova da rainha, a respeito de sesmarias. O documento enviado ao governador revelava a pressão e as dificuldades que os oficiais encontravam quando procuraram demarcar as terras de sesmarias.[56] Um ano antes, representantes dos oficiais da Câmara da Cidade de Mariana também haviam enviado um documento pedindo esclarecimentos sobre a fronteira territorial das terras distribuída em sesmarias.[57]

Mas há ainda que se destacar os embates entre poderes que se consubstanciava na luta por fazer valer uma determinada precisão territorial. Assim, se por um lado havia pareceres informando que as medições e demarcações haviam sido realizadas, por outro havia sesmeiros que solicitavam o tombamento de suas terras, recorrendo diretamente à Coroa. No entanto, é preciso

---

56 AHC Projeto Resgate. Minas Gerais. Carta de Luis Diogo Lobo da Silva, 1764. Cx. 83, doc. 23.

57 AHC Projeto Resgate. Minas Gerais. Representação dos Oficiais da Câmara da Cidade de Mariana, 1763. Cx. 81, doc 232.

considerar que a exigência de delimitar e demarcar as terras vai estar presente em todas as sesmarias do período. Na maioria das cartas, inclusive, há clara alegação de que devem ser notificados os vizinhos. Em 25 de outubro de 1796, por exemplo, Manoel Bento da Silva Ferreira solicitou ½ légua de terra em quadra, na freguesia de S. Miguel, termo da Vila Nova da rainha, paragem Ribeirão da Boa Vista, Minas Gerais. Segundo a carta, ele era "[...] obrigado a demarcá-la dentro de um ano a contar a data desta [...] sendo para este efeito notificados os vizinhos com quem partir para alegarem o que for por bem de sua justiça".[58] Tanto nessa solicitação como em tantas outras, o requerimento recordava o estabelecido em lei, consagrado pelas Ordenações Filipinas, ou seja, "os sesmeiros que tais terras ou bens de sesmaria houverem de dar, saibam primeiro quais são ou foram os senhores delas.[59]

A segunda exigência recorrente é a do registro na Contadoria da Junta da Real Fazenda, em observância ao Alvará de 3 de março de 1770. Tal exigência expressava, sem sombra de dúvida, a intenção primeira de arrecadar impostos quando do registro da concessão.

Outra determinação evocada é a que se refere ao direito aos caminhos públicos e a preservação de madeiras para a construção de naus. Theodora Maria Alves de Oliva e seus filhos solicitaram, em 13 de setembro em 1797, terras na capitania do Maranhão, que lhe foram concedidas no ano seguinte. No entanto, assim como os outros sesmeiros, Theodora deveria dar

> [...] caminhos públicos e particulares aonde forem necessários para pontes, fontes, portos e pedreiras e havendo o sítio pedido Rio Navegável que necessite de canoa, ou barca para sua passagem ficará livre de uma das margens que tocar as terras dos suplicantes meia légua de terra para uso público que se demar-

---

58 AHU. Carta de Confirmação de Sesmarias. Manoel Bento da Silva Ferreira. Códice 165, folhas 92 a 93.

59 Ordenações Filipinas, título XLIII: Das Sesmarias, p. 823. E mais adiante: "[...] e não podendo os Sesmeiros saber quais são so senhores das ditas terras e bens, façam apregoar nos lugares onde os bens estiverem, como se hão de sar de sesmaria, declarando onde estão e as confrontações deles [...]".

cará ao tempo da posse por uma corda e braças, craveiras como é estilo e S. Majestade manda [...].[60]

Bonifácio de Oliveira Quintanilha também recebeu a informação de que deveria reservar parte de suas terras para os caminhos públicos. Em 1799, ele solicitou ½ légua em quadra no sítio do Rio Grande, freguesia de Santo Antonio de Sá, Rio de Janeiro. Antes de tomar posse dela, não somente deveria medir e demarcar judicialmente, como deveria notificar

> as pessoas com que confrontar, como deveria [preservar]as tapinhas e parobas deixando de as cortas para outro algum uso se "que não seja da construção de naus [...] e cuidar das plantações [...] naqueles mesmos lugares em que já as houverem ou forem mais próprios para a produção das mesmas".

Ele precisava também

> [...] fazer os caminhos de suas testada com Pontes e estivas onde necessário for e descobrindo-se nela rio caudaloso, que necessite de barca para atravessar ficará reserva de uma das margens dela meia légua de terra em quadra para comodidade pública [...].[61]

Outra determinação recorrente é a que se referia à riqueza do subsolo. A data de sesmaria excluía da concessão os viveiros ou minas de qualquer gênero de metal que fossem ali descobertos. As disposições expressas vinham acompanhadas de intimidações por conta do descumprimento. Assim, caso as terras não fossem confirmadas num período que variou de dois a quatro anos, seriam julgadas devolutas. Além disso, o descumprimento de tais exigências corresponderia à ameaça de transferência daquelas terras aos que haviam denunciado a irregularidade.

---

60 AHU. Carta de Confirmação de Sesmarias. Theodora Maria Alves de Oliva e menores. Códice 165 folhas 26 e 26 V.

61 AHU. Carta de Confirmação de Sesmarias. Bonifácio de Oliveira Quintanilha. Códice 165, folhas 132/133.

É possível que o leitor conclua que a ocorrência constante de exigências legais presentes nas solicitações após 1795 confirme o caráter monótono das cartas de sesmarias. No entanto, para além de sua aparente insipidez, elas nos revelam aspectos bastante elucidativos para entendermos as "leituras" possíveis da lei. É o que veremos a seguir.

Para entendermos este ponto, é preciso esquadrinhar as concessões do período mariano. Para tanto, será necessário rascunhar em primeiro lugar as diferenças regionais em relação às solicitações e explicar o encaminhamento para as concessões. A partir daí, será possível ressaltar os múltiplos interesses presentes nas cartas.

AS CONCESSÕES NO PERÍODO MARIANO: MAPEAMENTO E INDICAÇÕES REGIONAIS

No levantamento realizado junto aos livros de confirmação de sesmarias, encontramos o número aproximado de concessões para o período de 1795 a 1822, ou seja, do primeiro ao último livro do período mariano.[1] Nesse ínterim, entre as capitanias que tiveram confirmadas os pedidos de sesmarias, destacam-se:

CARTAS DE SESMARIAS CONFIRMADAS NO CONSELHO ULTRAMARINO, POR CAPITANIA (1795-1822)

Capitania	Total por Capitania
Rio De Janeiro	304
Maranhào	287
Minas Gerais	143
Piauí	61
Sáo Paulo	42
Pará	33

AHU. Livro de Registro de Cartas de Sesmarias confirmadas do Conselho Ultramarino. 1795/1798 – Códice 164. 1798/1801 – Códice 165. 1801/1804 – Códice 166. 1805 1807– Códice 167. 1807/1823 – Códice 168.

Em primeiro lugar, um alerta: a distribuição, por capitania, foi construída naquela conjuntura, e não em um processo ulterior de organização arquivística. Quando do pedido de sesmarias, o pleiteante informava o local de sua terra de forma muito vaga, perto da freguesia X e/ou no sítio Y, da comarca H, e/ou no termo XPTO. O pedido era encaminhado ao conselho por um governador de capitania e era, portanto, ele que circunscrevia a solicitação no âmbito de sua autoridade.

---

1   Discutirei o período de 1807 a 1823 no próximo capítulo, quando analisar a questão das sesmarias no processo de transferência da Corte e Independência do Brasil.

A Amazônia: uma região a ser descoberta

Não há surpresas em relação à capitania do Maranhão, tampouco as reflexões sobre ela devem estar, a princípio, separadas das relativas à capitania do Pará.[2] Nunca é demais lembrar que, como resultado da política pombalina para a capitania do Maranhão, desenvolveram-se ali novas culturas. Segundo Schwartz, a Companhia Geral do Comércio do Grão-Pará e Maranhão estimulou a produção de algodão.[3] Nesse sentido, "a combinação de produção de arroz e algodão, na sua maior parte baseada em trabalho escravo, teve o efeito de transformar o aspecto social da região".[4] Não teria sido à toa, portanto, a procura por parte de alguns sesmeiros em legalizar as propriedades ali localizadas.

É possível pensar ainda que a dinâmica econômica da capitania tenha proporcionado um incremento da produção de subsistência em terras livres, pois "a expansão do setor das exportações levou ao aumento das áreas urbanas e estas serviram como mercados internos que exigiam fornecimentos à economia rural e aos comércios coloniais".[5] Por conseguinte, é coerente supor que a ocupação por posses de lavradores pobres tenha sido mais um elemento para justificar a busca pela legalização da propriedade por alguns sesmeiros.

O caso do Piauí é particularmente interessante. No século XVII, a região estava inserida no Estado do Maranhão, que se constituía numa unidade administrativa desde 1621, compreendendo as regiões de Maranhão, Pará, Piauí e Ceará. No período, havia uma única outra unidade administrativa, o Estado do Brasil, com sede em Salvador, Bahia.

---

2   Sobre o olhar português em relação ao território da Amazônia, vide Rafael Chambouleyron. "Plantações, sesmarias e vilas: Uma reflexão sobre a ocupação da Amazônia seiscentista". *Nuevo Mundo Mundos Nuevos*, n. 6, 14 maio 2006. Disponível em: http://nuevomundo.revues.org/document2260.html.

3   Stuart Schwartz. "De ouro a algodão: a economia brasileira no século XVIII". In: Francisco Bethencourt; Kirti Chaudhuri (dir.). *História da expansão portuguesa*, vol. III: O Brasil na balança do Império (1697-1808). Lisboa: Círculo de Leitores, p. 95.

4   *Ibidem.*

5   *Ibidem*, p. 101

Em 1737, o estado do Maranhão passou a ser intitulado estado do Grão-Pará e Maranhão, e a capital foi transferida de São Luís para Belém. A capitania do Piauí foi criada em 1718, resultado do desmembramento do Maranhão. Seu governador, porém, só tomou posse em 1758. Nesse sentido, é provável que os pedidos de confirmação de sesmarias tenham sido o resultado das tentativas dos piauenses de legalizar sua ocupação, em razão dos litígios por terras ocorridos em tempos pretéritos e provavelmente reatualizados quando da necessidade de transmissão de patrimônio. Como se sabe, a extinção definitiva das capitanias hereditárias e o longo processo de reincorporaçao das terras ao patrimônio régio indicam uma dinâmica de mapeamento e controle do território e, por conseguinte, de uma política administativa mais ancorada nos interesses metropolitanos. Nesse sentido, a criação da capitania do Piauí e sua efetiva posse em 1758 pelo governador João Pereira Caldas, um português nascido em Valença, tiveram como resultado a busca do título legítimo dos potentados rurais ali localizados.

Isso significa dizer que no século XVIII, até 1772, o conjunto desta região conhecida como a Amazônia era parte integrante de uma política para a região do Norte do Brasil. As políticas pombalinas para a região, identificadas na criação da Companhia de Comércio do Grão-Pará e Maranhão, e na criação da capitania de São José do Rio Negro no mesmo ano, 1955, impulsionaram a região, impondo uma dinâmica de ocupação territorial que expressaria aos poucos intensas disputas por terras.

Destacam-se também os poucos pedidos de confirmação pelo governador da capitania do Pará – Francisco Mauricio de Sousa Coutinho. Em 20 de agosto de 1772, o Maranhão havia se tornado uma capitania independente do Pará. Nos anos seguintes, os pedidos de confirmação se adensam para aquela capitania em relação ao Pará, que se mantém com pouca presença no quadro geral das confirmações. Talvez as críticas formuladas por Francisco de Sousa Coutinho tenham correspondido a uma decisão de controlar mais efetivamente a concessão de terras na região. Afinal, ele fora ali governador entre os anos de 1790 a 1803. De qualquer forma, a capitania do Pará ainda é pouco povoada naquele período, o que também explicaria as poucas solicitações de confirmação de sesmarias.

PEDIDOS DE CONFIRMAÇÃO DE SESMARIAS – PARÁ (1790/1803 E 1804/1807)

Ano	Período	Pedido De Confirmação
1790/1803	13 Anos	16
1804/1807	4 Anos	17
Total		33

AHU. Livro de Registro de Cartas de Sesmarias confirmadas do Conselho Ultramarino. Capitania do Pará. 1795/1798 – Códice 164. 1798/1801 – Códice 165. 1801/1804 – Códice 166. 1805 1807 – Códice 167. 1807/1823 – Códice 168.

Há que se considerar ainda a questão da fronteira e o fato de que durante muito tempo o Nordeste amazônico "foi considerado como tendo um valor ecónomico nulo para os colonizadores".[6] De qualquer forma, o problema da fronteira entre regiões tinha relação direta com o jogo de poder entre Portugal e Espanha. Foi em meados do século XVIII que as duas potências ibéricas optaram por realizar transferências de territórios. Explica-se assim a "cedencia do Sacramento a troco da maior parte do Estado do Grão-Pará e por Mato Grosso, Cuiabá, e parte de Goiás".[7] Tal acordo era o resultado de uma mudança de percepção sobre o Norte Amazônico, agora visto como uma "fonte inesgotável de recursos naturais, as 'drogas do sertão' ou os frutos do Pará, bem como do interior do Brasil e das suas terras auríferas".[8]

É importante refletir ainda acerca do papel de Mauricio de Sousa Coutinho na consagração da fronteira no Pará. Segundo Ângela Domingues,

> Na geo-política de D. Francisco Mauricio de Sousa Coutinho era vital a defesa do litoral paraense e dos rios, que vindos do norte – da Caiena –, pudessem dar acesso ao território luso-brasileiro. Assim aumentou o patrulhamento da costa por ca-

---

6 Ângela Domingues. *Quando os índios eram os vassalos. Colonização e relações de poder no Norte do Brasil na segunda metade do século XVIII*. Lisboa: Comissão Nacional para as Comemorações dos Descobrimentos Portugueses, 2000, p. 203.

7 *Ibidem.*

8 *Ibidem.*

noas de flotilha da Guarda Costa, mandou reparar a fortaleza de S. José do Macapá e construir fortes na barra dos rios que desaguavam na margem setentrional do rio Amazonas, mudou a população de Mazagão para o Macapá. Paralelamente, ordenou que se procedesse ao reconhecimento e levantamento topográfico do litoral.[9]

Compreende-se assim os eensaios do governador em controlar as fronteiras, principalmente a partir do fim do século XVIII, quando da aliança entre os interesses espanhol e francês e as investidas em direção à Amazônia. Por conta disso, é razoável supor que Francisco Mauricio de Sousa Coutinho tenha sido cuidadoso na concessão de sesmarias, documento que configuraria a propriedade de determinada área. É aceitável ainda ponderar que a política do governador encaminhou-se não na concessão de sesmarias, já que "a presença europeia não seria suficiente para assegurar uma colonização estável".[10] Ao se apoiar no princípio do direito romano para legitimar suas pretensões naquelas áreas, ou seja, o direito de *uti possidetis*, a Coroa e Francisco Mauricio transformaram os índios em vassalos (transferindo-os para locais taticamente significativos, se necessário), para evocar aquele princípio romano e afirmar sua soberania e autoridades sobre o território.[11]

9   *Ibidem*, p. 209.

10   *Ibidem*, p. 212.

11   *Ibidem*.

A capitania rebelde: sesmarias em Minas Gerais

Vejamos com mais detalhes a trajetória de ocupação de Minas Gerais.

MAPA GERAL DAS SESMARIAS. MINAS GERIAS, 1768

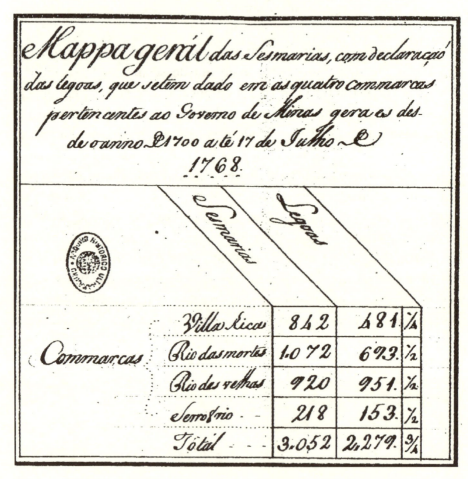

Fonte: AHU: Projeto Resgate/Minas mapa estatístico sobre demografia, sesmarias dízimos, direitos das entradas, 1768. Caixa 93, documento 58. Agradeço a Francisco Eduardo Pinto pela localização do documento.

À primeira vista, os dados acima contrariam as informações oriundas dos livros de confirmação de sesmarias do período mariano. Por aqueles livros, foram poucas as sesmarias confirmadas e provavelmente chanceladas pelo rei. Um olhar mais atento reforça a hipótese aqui delineada. As concessões dos anos anteriores eram o resultado do intenso processo de procura por ouro. Se é coerente pensar, como defende Laura de Mello e Souza, que a capitania de Minas diferia bastante das "capitanias mais antigas da América Portuguesa",[12] o processo de concessão de sesmarias não poderia seguir o rumo das demais unidades administrativas. Se ali era o mundo improvisado que desprezava tradições consagradas e reinventava procedimentos,[13] as doações correspondiam à corrida por riqueza, ao processo de inventar a legalidade de uma determinada ocupação. Explica-se assim uma consulta feita pelo Conselho Ultramarino sobre "as desordens criadas pelos ministros pela prática de dar posse das terras ao público sem as formalidades", encaminhada em 1761,[14] e o alerta de Matias Francisco Melo de Albuquerque que, como juiz ordinário da Vila Rica, emitiu um parecer sobre a ocupação ilegal de sesmarias em Minas Gerais em 1759.[15]

Pedidos de confirmação de semarias, por registro. Minas Gerais

Anos base da solicitação dos livros de registros	Pedidos de confirmação de sesmarias
1795-1798	5
1798-1801	55
1801-1804	69
1805-1807	14

FONTE: AHU. Livro de Registro de Cartas de Sesmarias confirmadas do Conselho Ultramarino. 1801/1804 – Códices 164/165/166/167.

---

12 Souza, Laura de Mello e Souza. *O Sol e a sombra*. Política e administração na América Portuguesa do século XVIII. São Paulo: Companhia das Letras, 2006, p. 148.

13 *Idem*, p. 168.

14 AHU. Projeto Resgate/Minas Gerais. Consulta do Conselho Ultramarino. 1761. Cx. 79, doc. 71.

15 AHU. Projeto Resgate/Minas Gerais. Carta de Matias Francisoc Melo de Albuquerque, 1759. Cx. 74, doc. 65.

Em seu estudo "Contribuição para a História Agrária de Minas Gerais – século XVIII e XIX", Carrara demonstrou que as concessões em Minas devem ser consideradas como garantias a posses já lançadas ou a terras já compradas. Nesse sentido,

> o objetivo da política adotada pelo governo da Capitania na década de 1730 e 1740 (Ordem Régia de 14 de abril de 1738 e Bando de 13 de maio de 1738) tornando nulas todas as posses que se lançassem depois da publicação destas normas não era outro senão o de legalizar as posses. Dever-se-ia atentar de imediato para o fato de os peticionários alegarem indistintamente ora o título de *primeiro povoador* (o que traduzia em bom português o *jus primi occupantis*), ora o ter comprado a terra de um *primeiro povoador*. Em ambos os casos, o lançamento de posses estava na origem do acesso à propriedade.[16]

O intenso processo de ocupação daquele território, intimamente ligado à descoberta de ouro, explica, ao menos em parte, por que em Minas, o direito do primeiro povoador, do ato de tomar posse, foi reconhecido e mesmo se sobrepôs à concessão de sesmarias, durante um primeiro momento, para se tornar proibitivo mais tarde. Os "caminhos das descobertas", de Antonio Rodrigues Arzão, em 1693, de Bartolomeu Bueno de Siqueira, em 1696, e de Borba Gato impulsionaram um processo imigratório de enormes proporções. Ainda que não se saiba "a data e o local exatos da descoberta do primeiro filão aurífero,[17] o certo é que a expectativa de enriquecimento levara multidões de pessoas em busca da concretização de um sonho. Além disso, o aumento da procura de escravos impulsionou e permitiu a abertura de novos mercados de cativos. Ademais, é provável que a Coroa não tenha tido interesse em esquadrinhar e controlar o processo de ocupação no período, já que a atividade mineradora, as constantes remessas de ouro e diamantes para Portugal proporcionaram "o grande reflorescimento do

---

16 Ângelo Alves Carrara, *op. cit.*, p. 11(grifos do autor).

17 Charles Boxer. *O império marítimo português, 1415-1825*. São Paulo: Companhia das Letras, 2002, p. 168.

comércio português com a colônia [e] permitiram à metrópole resolver o problema do balanço deficitário com o resto da Europa".[18]

De todo modo, é possível que as oscilações de distribuição de sesmarias em Minas Gerais tenham sido resultado do intenso processo de mercantilização da terra na região. Logo, é factível crer que desde cedo se formou na região "um extenso mercado de terras, dadas as condições peculiares da circulação monetária realizada pela mineração".[19]

Ainda segundo Carrara, as concessões de sesmarias tinham um significado diferente nos núcleos mineradores originais e os currais. No primeiro caso,

> as sesmarias foram instrumentos secundários de legitimação da propriedade, visto que a velocidade com que as terras eram compradas e vendidas diminuíam a necessidade de recurso às petições. O ritmo da mudança dos proprietários das terras ocupadas se dava em grau máximo devido à máxima circulação de moeda (ouro em pó) nessa região.[20]

Nos currais, a circulação monetária era menor, "daí o lugar diferente ocupado pelas sesmarias nessas regiões: elas consolidavam um domínio mais duradouro, na falta de outros instrumentos legais, como as escrituras de compra e venda".[21]

Talvez isso nos ajude a explicar o expressivo aumento de pedido de confirmação de sesmarias para a região de Minas nos derradeiros anos do século XVIII e início do seguinte

Em outras palavras, a decisão da Coroa em exigir a confirmação régia, via Conselho Ultramarino, teria ocasionado uma maior preocupaçao dos sesmeiros mineiros em cumprir aquela determinação. Além disso, também devemos considerar que as sesmarias não se eternizavam numa mesma família. Os pedidos são muitas vezes solicitados para áreas anteriormente pedidas e não ocupadas. Há que se levar em conta ainda a dinâmica da

---

18 *Idem*, p. 171.

19 Carrara, *op. cit.*, p. 11.

20 *Idem*, p. 12.

21 *Ibidem*.

produção de subsistência da região, um complexo abastecedor consolidado ávido por novas terras e/ou segurança em seu acesso.[22]

Há que se considerar também que nos períodos compreendidos entre 1799 a 1804 houve um expressivo aumento de concessões para Minas Gerais, apontando para uma dinâmica de ocupação muito densa, obviamente resultado do papel da capitania nos quadros da economia colonial. Apenas nos anos de 1800 e 1801 foram concedidas 65 confirmações para a capitania de Minas Gerais, assim distribuídas por regiões:

CONFIRMAÇÃO DE SESMARIAS POR REGIÕES. MINAS GERAIS (1800/1801)

Freguesia da Comarca do Rio das Mortes	São Joao del Rei	9
	Queluz	1
	São José	17
Freguesia das Zonas Mineradoras Centrais	Rio das Pedras	3
	Sabará	2
	Congonhas do Campo	2
	Mariana	6
	Itatiaia	1
Freguesia da Fronteira Ocidental e Meridional	Tamanduá	5
Não Identificado		19

Fonte: FONTE:AHU. Livro de Registro de Cartas de Sesmarias confirmadas do Conselho Ultramarino. 1801/1804 – Códice 166. A distribuição por freguesia acompanha aqui o corte alinhavado por Carrara no estudo já citado.

O processo de ocupação acompanha, obviamente, a busca por terras livres ou a recriação de "terras livres"em áreas antes ocupadas por antigos sesmeiros ou anteriormente pertencentes aos índios. Os resultados disso são também claros. Há um aumento dos conflitos pela posse da terra e disputas acerca da (i)legalidade da ocupação. É digno de nota o decréscimo, no período imediatamente posterior, de concessões para a capitania de Minas

---

22   J. Furtado. *Homens de negócio*. A interiorização da metrópole e do comércio nas Minas setecentistas. São Paulo: Hucitec, 1999.

Gerais. Entre os anos de 1805 e 1807 apenas 14 pedidos de confirmação são encaminhados para o Conselho Ultramarino.

De uma forma ou de outra, a concessão de sesmarias era uma atribuição do governador. Logo, ela também estava ligada à percepção de cada um dos governantes acerca do sistema. Expressava também os limites e as possibilidades concretas de controlar a concessão, como podemos concluir analisando a distribuição em área de ocupação antiga, como a capitania do Rio de Janeiro.

A velha capitania: o exemplo do Rio de Janeiro

O caso da capitania do Rio de Janeiro é particularmente interessante. As 304 solicitações do período mariano estão assim distribuídas, entre os anos de 1795 a 1823.

CAPITANIA DO RIO DE JANEIRO. EXTENSÃO SOLICITADA

Extensão solicitada	Número de sesmarias	Percentual do total
½ légua em quadra	150	49,34%
1 légua em quadra	44	14,47%
1 légua de testada e 2 de sertão	6	1,97%
1 légua de testada e ¾ de sertão	2	0,65%
1 légua de testada e 3 de sertãos	1	0,33%
2 léguas de testada e 3 de sertão	1	0,33%
½ légua de testada e 1 de fundos	9	2,96%
até 1000 braças de testada	21	6,90%
Sobejos de terras	4	1,31%
Outros	66	21,71%
TOTAL	304	

FONTE: AHU. Livro de Registro de Cartas de Sesmarias confirmadas do Conselho Ultramarino. Capitania do Rio de Janeiro. 1795/1798, Códice 164. 1798/1801, Códice 165. 1801/1804. Códice 166. 1805 1807, Códice 167. 1807/1823, Códice 168.

Os dados acima expressam uma tentativa de regularizar o processo numa região de ocupação muito antiga. As formas múltiplas de extensão indicam registros mais precisos, acompanhados de informações sobre os confrontantes e acidentes geográficos que, em tese, facilitariam a localização da área objeto da solicitação. No entanto, nunca é demais lembrar que os sesmeiros podiam estar dispostos a se submeter às imposições da administração lusa, conquanto elas ficassem restritas àquelas exigências mais gerais, sem a necessidade de confirmar com dados precisos os argumentos ali alinhavados.

Há, porém a manutenção de concessões para áreas enormes, como as de Campos de Goitacases. Das 304 solicitações do período, 61 são iguais ou superiores a uma légua de testada com uma de fundo. É razoável supor que muitas dessas ocupações já eram antigas e expressam apenas o desejo de garantir o patrimônio na consagração do título legítimo. Mais adiante veremos esse aspecto com mais detalhes. É também pertinente afirmar que há ainda outras cujas extensões não são tão precisas, o que poderia indicar que também eram grandes concessões. Há ainda o caso de "sobejos de terras" que de fato não são pequenas parcelas, como aquelas pedidas em 1795 por Manoel Meirinho das Neves, na região de Bacaxá, Cabo Frio.[23] Em suma, mesmo em região de ocupação tão antiga quanto a capitania do Rio de Janeiro, havia pedidos que feriam o que estava inscrito em lei.

De todo modo, não nos enganemos, as tentativas de imprimir um determinado limite territorial para a confirmação de uma sesmaria não eram comumente acompanhadas de processos de medição de terras para reafirmar cartograficamente o espaço territorial pleiteado. Ao contrário, em regiões muito antigas, o conflito de terra já era um elemento estruturante da realidade local, onde agentes sociais diversos se enfrentavam reiteradamente para reafirmar: este lugar é meu.[24]

---

23 AHU. Carta de Sesmarias. Código 164, folhas 70V a 71.

24 Para uma análise sobre conflito de terras em Campos de Goitacases, Rio de Janeiro, vide Silvia Lara. "Senhor da Régia Jurisdição. O particular e o público na Vila de São Salvador dos Campos dos Goitacases na segunda metade do século XVIII" In: Silvia Lara & Joseli Mendonça. *Direitos e justiça no Brasil: ensaios de história social*. Campinas: Ed. da Unicamp, 2006.

Uma capitania para controlar: São Pedro do Rio Grande do Sul

Há que se destacar, por fim, a pouca presença de confirmações de terras na capitania de São Pedro do Rio Grande do Sul. Resultado de complexas disputas de fronteiras entre potências, a região foi objeto de um lento processo de ocupação de lavradores, principalmente açorianos. As dificuldades da Coroa portuguesa em disciplinar o processo de distribuição de terras era flagrante. Conforme sinalizou Helen Ozório, a administração lusa reconhecia o problema:

> [...] às muitas famílias de ilhéus [açorianos] que habitam este Continente se lhe não tem dado nem terras que cultivem, nem gêneros que se lhe prometeram; e que as pessoas poderosas e que tinham de que viver eram os governadores de muitas terras, que já não há que repartir com os pobres; [...] também me certificaram que há algumas terras usurpadas que os ditos poderosos possuem, sem justo título.[25]

Fronteira ocupada por muitos e fechada por alguns, a região nasceu no processo de gestação de intensos conflitos. Em 1786, ao criticar a apropriação da terra por poucos, e com títulos duvidosos, o provedor da fazenda real do Rio Grande afirmava: "com semelhantes títulos e outros da mesma natureza está este vasto continente repartido, tendo uns tudo e outros nada".[26]

Em suas *Memórias econômico e políticas sobre a administração do Brasil*, Antonio José Gonçalves Chaves que escreveu nos anos 20 do século XIX,

---

25 Regimento que há de observar o Cel. José Custódio de Sá e Faria no Governo do Rio Grande de São Pedro. Rio de Janeiro, 23 fev. de 1764. AHRS, Livro de Registro... nº 163, fl. 168. *Apud* Helen Ozório. "Formas de vida e resistência dos lavradores-pastores do Rio Grande no período colonial" In: Márcia Motta & Paulo Zarth. *História Social do Campesinato. Formas de resistência camponesa.* Visibilidade e diversidade de conflitos ao longo da História. São Paulo: Editora Unesp, 2008, p. 43-62. Regimento que há de observar o Cel. José Custódio de Sá e Faria no Governo do Rio Grande de São Pedro. Rio de Janeiro, 23/fev/1764. AHRS, Livro de Registro... nº 163, fl. 168.

26 *Apud Idem*. Ofício do Provedor da Fazenda Real do Rio Grande ao Vice-rei. Porto Alegre, 26 de fevereiro de 1786. ANRJ, cód. 104, vol. 8, fls. 25-33.

não deixou de sinalizar de que os cartórios do Rio Grande do Sul estavam "cheios de pleitos sobre posses e limites de terras e a origem destes males data do governo do tenente-general Sebastião Xavier", que governara entre 1780 a 1801.[27]

A despeito de interesses distintos de cada potencial lavrador e de intenções diferentes dos governadores, o encaminhamento da concessão era o mesmo. Vejamos com mais detalhes esse aspecto para entendermos, a seguir, o que unia interesses tão distintos.

As filigranas das Cartas: consagração de domínios e gestação dos conflitos

A manutenção de um mesmo discurso parece confirmar a impossibilidade de se esquadrinhar as múltiplas leituras ali presentes. No entanto, elas, como já disse, anunciam razões distintas para que o sesmeiro tenha procurado legalizar a sua ocupação. Detemo-nos nesse aspecto.

Muitos sesmeiros decidiram confirmar sua sesmaria em razão da necessidade de transmitir o patrimônio. Assim, por exemplo, Theodora Maria Alves de Olivas e seus filhos solicitaram em 13 de setembro de 1797, a confirmação de duas léguas de comprido e uma de largo na testada da fazenda das Carolinas, capitania do Maranhão. Segundo o requerimento, Theodora queria ver confirmada as ditas terras como "coisa própria para eles e seus herdeiros ascendentes e descendentes sem pensão, nem tributo algum".[28] Em 9 de agosto de 1798, a fazendeira conseguiu ter confirmada sua sesmaria pelo Conselho Ultramarino.

De mesmo teor, encontramos a solicitação dos irmãos Antonio Gomes de Carvalho, Ignácio Antonio Mendes e João Rodrigues de Souza, que em 1º de dezembro de 1790 pediram a validação de uma sesmaria na freguesia de Guarapiranga, termo da cidade de Mariana, Minas Gerais. Antonio

---

27 Antônio José Gonçalves Chaves. *Memórias ecônomo-políticas sobre a administração do Brasil.* 4ª ed. São Leopoldo: Unisinos, 2004, p. 221. Discutirei com mais detalhes as memórias desse autor no próximo capítulo.

28 AHU. Carta de Confirmação de Sesmarias. Theodora Maria Alves de Olivas. Códice 165, folhas 26 e 26 V.

Gomes, "[...] por si e como testamenteiro e herdeiro de sua falecida mãe Cipriana Monteiro de Souza e bem assim os mais herdeiros seus irmãos [...]",[29] afirmava possuir um sítio na paragem chamada Cachoponé, no Rio Chapoto. Desejava, portanto, assegurar, através do documento régio em "conformidade das Reais Ordens", o registro que pudesse consagrar a transmissão do patrimônio oriundo do falecimento de sua mãe. Sua sesmaria foi confirmada um ano após o pedido inicial, em 4 de novembro de 1799.

Outro caso interessante é o do Capitão Jerônimo Pinto Neto que em 30 de setembro de 1791 solicitou a confirmação de sua sesmaria, em Campos, capitania do Rio de Janeiro:

> [...] por cabeça de sua mulher Dona Antonia Joaquina da Cruz, Francisca Maria Bellas e Jose Maria Bellas que eles por si e seus pais estão de posse há mais de 60 anos de 294 braças de terras de testada na paragem chamada Beco dos Ciganos [...] e por que pertencendo o dito seu pai que se lhe passasse carta de sesmaria das referidas terras.[30]

Em outras palavras, as terras já eram ocupadas por posse há mais de 60 anos e havia, por conseguinte, razões concretas para que o capitão decidisse assegurar legalmente aquelas terras em Campos.

Herdeiros de sesmarias concedidas em outros tempos também buscaram assegurar o seu patrimônio. É o caso, por exemplo, de Ignácia Francisca, filha única de Bento Álvares Calheiros. Seu pai havia adquirido uma sesmaria com uma légua de testada e três de sertões, em 1757, nos sertões da serra Brás Sardinha, nas cabeceiras dos rios Possiununga e Orindi. Em 13 de março de 1800, a lavradora Francisca solicitou uma nova carta de sesmaria, a fim "de requerer a sua confirmação na conformidade das Reais Ordens".[31] Um ano depois, a herdeira teve a sua sesmaria assegurada pelo

---

29 AHU. Carta de Confirmação de Sesmarias. Antonio Gomes de Carvalho, Códice 165, folhas 185 a 187.

30 AHU. Carta de Confirmação de Sesmarias. Capitão Jerônimo Pinto Neto, Códice 164, folhas 174 e 175.

31 AHU. Carta de Confirmação de Sesmarias. Ignácia Francisca. Códice 252 V a 253V.

Conselho Ultramarino. Ignácia submetia-se assim às determinações do Alvará que obrigara a medição e demarcação das terras concedidas em tempos pretéritos.

Em outros tantos exemplos, destacam-se também sesmeiros que buscavam a confirmação de sua sesmaria adquirida anteriormente por compra. Caetano Nunes Pereira, por exemplo, solicitou, em 1798, a legalização de uma sesmaria na fazenda Roça Grande, em Minas Gerais, pois "[...] se acha[va] desfrutando de uma fazenda com Engenho que foi do defunto o Tenente Coronel Francisco de Barros e junto a elas duas capoeiras que comprou de Manoel Carlos".[32]

Também foi essa a preocupação de Francisco de Abreu Guimarães[33] e do Padre Victorino da Paixão. O último solicitou em 16 de março de 1793 a confirmação de uma sesmaria na Paragem Álvaro Coelho, em Vila de São João del Rei, Minas Gerais, cujas terras "[...] se achava arranchando em suas terras de cultura [...] e a "arrematou o suplicante em Praça".[34] Em 17 de abril de 1799, foi confirmada sua sesmaria de ½ légua de terra em quadra.

Havia os que alegavam em suas petições que as terras eram ainda devolutas. Nesses casos, o solicitante procurava precisar melhor o local almejado, já que supostamente ele não havia sido ocupado. Assim sendo, Antonio Pinto Castelo Branco pediu em 16 de maio de 1793 algumas terras. Para tanto, alegou que "[...] ele possui alguns escravos os quais ocupa na agricultura e por não ter terras próprias cultiva nas de fora [...]". Segundo o solicitante, havia "[...] notícia que na ribeira do Itaipuassu, correndo rio acima da parte direita entre o campo de Pedro Martins e o de Faustino Cantanlida pela parte de Oeste com o mesmo Campo, umas terras devo-

---

32 AHU. Carta de Confirmação de Sesmarias. Caetano Nunes Pereira Códice 165, folhas 65V a 66.

33 AHU. Carta de Confirmação de Sesmarias. Francisco de Abreu Guimarães, Códice 165, folhas 31V a 32V.

34 AHU. Carta de Confirmação de Sesmarias. Padre Victorino da Paixão, Códice 165, folhas 150V/151V.

lutas nas Matas de Piquei [...]".[35] Em 5 de junho de 1798 Castelo Branco conseguiu seu desígnio, sendo confirmada sua sesmaria.

O mesmo se deu com Joaquim José de Souza Meireles, que em 9 de maio de 1797, pleiteou uma légua em quadra no local do Rio Preto, vila de Magé, Rio de Janeiro. Joaquim informava que sabia da existência de terras devolutas naquele local e que ele já as estava cultivando "[...] em benefício próprio e de sua majestade".[36] Dois anos depois, seu pedido foi atendido.

Nesses exemplos, o elemento decisivo para o pedido era a existência potencial de áreas ainda não ocupadas e os esforços de lavradores em adquirir por sesmaria terras pretensamente sem donos.

Outros sesmeiros encaminhavam a solicitação para referendar a expansão de sua propriedade. É o caso de Antonio José da Costa Barbosa, que solicita uma sesmaria no fundo da fazenda do governo do Rio de Janeiro, em 13 de maio de 1799. Barbosa afirma que "[...] é senhor e possuidor da fazenda denominada do governo no caminho de Minas Gerais, em distância de mais de 20 léguas onde tinha um engenho de fabrico de açúcar [...] e tinha notícia que no fundo dos sertões da mesma fazenda do governo [...] havia sobejos de terras".[37]

Nesse e em outros casos, uma sesmaria anteriormente adquirida abria a possibilidade de expansão da área, com a alegação de "sobras" e "sobejos" de terras limítrofes. A imprecisão dos limites é aqui flagrante e não havia disposição da Coroa em relação a estes "restos" de terra. Qualquer sesmeiro portanto tinha muitas chances de conseguir o seu intento, pois reconhecido como tal, consagrava sua carta como argumento de autoridade para legitimar sua expansão.

Havia muitos pedidos reveladores da busca por ascensão social propiciada pela concessão. Nesses casos, o sesmeiro não intentava obter apenas um título legítimo, mas também se inserir na categoria social de sesmeiro, em contraponto ao universo de lavradores, sem títulos de propriedade.

---

35 AHU. Carta de Confirmação de Sesmarias. Antonio Pinto Castelo Branco, Códice 165, folhas 28 a 29.

36 AHU. Carta de Confirmação de Sesmarias. Joaquim Jose de Souza Meireles, Códice 165, folhas 80 V a 81 V.

37 AHU. Carta de Confirmação de Sesmarias. Antonio Jose da Costa Barbosa, Códice 165.

João Pinto Coelho de Souza solicitou, em 26 de junho de 1798, terras devolutas na freguesia de Inhomerim, Rio de Janeiro. Segundo dizia, ele morava na fazenda do governo e não possuía terras próprias em que

> [...] arranchasse com sua família e trabalhar com 18 escravos que possui[a] e se acha[va] agregado na dita fazenda e por que tinha notícias que nos fundos da sesmaria que tirava o falecido Antonio Cordeiro da Silva, nos sertões do Rio Piabanha para a parte oriental da dita Freguesia de Inhomerim se achavam terras devolutas na quadra da dita sesmarias, queria se lhe conceder por sesmaria uma légua de terras de testada com outras de sertão para os fundos para nelas se estabelecer cultivando e criando toda a qualidade de criação [...]".[38]

João Pinto é atendido em seu pedido, ganhando ½ légua em quadra, em 23 de agosto de 1799. Uma situação parecida é a de José Pereira Gurgel, morador de Maricá, Rio de Janeiro. Dizia ter 10 filhos e 18 escravos

> [...] com os quais estava trabalhando em terras alheias de que pagava excessivos forros por não ter próprias e por que tinha notícias que na freguesia de Ihomerim distrito da serra acima da parte oriental da Vila de Magé se achavam terras devolutas onde acaba a sesmaria concedida a Francisco José Vieira [...].[39]

Foi ouvida a Câmara de Magé, que autorizou a concessão de ½ légua em quadra, confirmada pelo Conselho Ultramarino em 8 de junho de 1799.

O mesmo fez André de Castro Gomes que, em 20 de dezembro de 1796, solicitou sesmaria em Cabo Frio, na freguesia de Santo Antonio de Sá, Rio de Janeiro, alegando que era "[...] casado há bastante anos e ter não menos de 7 filhos sendo pequena a data de terra que comprara para os encargos de tão grande família e possuir 18 escravos com quem podia fazer

---

38 AHU. Carta de Confirmação de Sesmarias. João Pinto Coelho de Souza. Códice 165, folhas 146V/147.

39 AHU. Carta de Confirmação de Sesmarias. José Pereira Gurgel. Códice 165, folhas 166 a 167.

conveniência em terras de maior largueza".[40] Castro Gomes teve mais sorte, pois viu confirmada uma concessão de uma légua em quadra, em oito de junho de 1799.

Nesses casos, a solicitação de sesmarias poderia referendar a ascensão desejada, inserindo o lavrador nos quadros da categoria social de sesmeiro. Muitos haviam iniciado seus cultivos em terras de outrem, outros iniciaram suas atividades agrícolas a partir de ocupação de terras devolutas, supostamente sem donos. Ao rogar por uma sesmaria, eles podiam se diferenciar de seus pares, arrendatários e lavradores submetidos ou não aos grandes fazendeiros da região.

Em outras ocasiões, ainda mais raras, um grupo de lavradores – provavelmente parentes – solicitava uma sesmaria coletivamente. Foi o caso de João Pedro Braga e mais 17 pessoas que, em 4 de novembro de 1799, pediram sobejos de terras no Rio de Janeiro,

> [...] Rio Caçaraubu, para parte da fazenda do colégio e Paucaia, freguesia de Nossa Senhora do Rio Bonito, termo da vila de Santo Antonio de Sá [...] eles se acham estabelecidos nas sesmarias das Sardinhas por compra, herança, aonde vivem bastantemente apertados pela pouca quantidade de terras que possuíam com grande família.[41]

A sesmaria relativa "aos sobejos que se acharem" foi confirmada em 20 de outubro de 1801. No ano seguinte, João Pedro recebeu a Chancela em 22 de janeiro,[42] assegurando legalmente os tais *sobejos de terras*. Em 8 de fevereiro de 1810, João Pedro foi acusado de ter adentrado na fazenda do capitão Henrique José de Araújo, "[...] que era do suplicante e de seus antecessores há mais de cem anos, na Vila de Santo Antonio de Sá, lugar cha-

---

40 AHU. Carta de Confirmação de Sesmarias. André de Castro Gomes. Códice 165, folhas 165 a 166.

41 AHU. Carta de Confirmação de Sesmarias. José Pedro Braga e outros. Códice 166, folhas 61v a 62 v.

42 ANTT. Chancelaria de D. Maria. João Pedro Braga e outros. Livro 66, p. 94 a 95.

mado Colégio".[43] Naquele momento, pouco importava se João Pedro havia conseguido legalizar a sua ocupação, recebendo, inclusive a chancela real.

É certo que a carta de sesmaria continha em seu interior procedimentos formais para o encaminhamento da concessão, como vimos no capítulo anterior. É certo também que ela visava atingir objetivos múltiplos, em relação ao interesse do potencial sesmeiro de assegurar uma parcela de terra. É certo ainda que ela era o resultado de uma série de alvarás e decretos sobre a concessão de sesmarias, contendo para tanto uma rotina de procedimentos formais, aparentemente estéreis.

Mas mesmo aí, há claras evidências de conflitos, o que nos mostra que, ao cumprir a determinação régia, os sesmeiros também traziam à luz a potencialidade de embates no acesso à terra.

Alguns sesmeiros, como Salvador da Silva Fidalgo, foram bastante cuidadosos. Ele solicitou, em 1798, uma légua em quadra em Cachoeira de Macacu, Rio de Janeiro, "confrontando e partindo por onde convier e for mais cômodo com outra sesmaria de meia légua concedida a Tenente José da Silva Fidalgo e pela mesma direção das sesmarias mais antigas daquele terreno".[44]

Quitéria Maria do Nazaré também solicitou no mesmo lugar

> uma légua de terra de sesmaria em quadra nas ditas cachoeira, confrontando por um lado com a sesmaria de Salvador da Silva Fidalgo, pela parte de cima com quem pertencer, segundo o mesmo rumo das sesmarias mais antigas daquele terreno ou pertencendo a da suplicante por onde se achar terra devoluta, sem prejuízos de terceiros.[45]

---

43 AN; Tribunal de Justiça do Rio de Janeiro/Juízo da Corregedoria do Cível da Corte. Código: 5237, Cx. 448 G C, Código de Fundo 77, Seção de Guarda: CDE. Autor: Capitão Henrique José de Araújo, sua mulher Maria Bibiana de Araújo, e sogra Maria Feliciana Cordovil. Réu: João Pedro Braga. 08/02/1810 – 03/08/1816. Local: Cidade do Rio de Janeiro/Sítio Vila Santo Antonio de Sá.

44 AHU. Carta de Confirmação de Sesmarias. Tenente José da Silva Fidalgo. Códice 165, folhas 130 e 131.

45 AHU. Carta de Confirmação de Sesmarias. Quitéria Maria de Jesus. Códice 165, folhas 131 e 132.

As disputas ou não entre as áreas pertencentes a Salvador, Quitéria e outros confrontantes seriam o resultado dos jogos de poder na região, culminando num acordo para a decisão das partes de cada um ou em ações mais dramáticas para as demarcações.

Esse também foi o caso de Antonio José Ferreira de Abreu que, em 1796, solicitou

> uma légua de testada com outra de sertão nos Sertões do Rio Preto, Magé, Rio de Janeiro onde [...] havia terras devolutas onde acabavam as sesmarias que tinham pedido os doutores Francisco Nunes Pereira e Jose de Arede Neves queria o suplicante em nome de Sua majestade se lhe conceder uma légua de terra de testada e outra de sertão da dita terra principiando onde acabam as ditas sesmarias.[46]

Mais uma vez, a decisão estaria a cargo dos sesmeiros e dos representantes mais próximos da Coroa.

A potencialidade do conflito esteve presente também no pedido, feito em 9 de agosto de 1795, por Antonio Jose Pereira Maya, que demandou terras na Vila de Nossa Senhora da Conceição de Guapemirim, Espírito Santo. Elas confrontavam

> pelo Rio da povoação de Itapemirim acima termo da V. de Nossa Senhora de Guarapemirim há muitas terras devolutas e por que o suplicante se quer estabelecer com fazenda da agricultura e não tem terras próprias onde o possa fazer, para o que tem posse e cabedal [...] uma légua em quadra, sendo meia testada de cada um dos lados do referido rio de Itapemirim, começando onde acabar a data dos últimos donatários, a quem até o presente a tenha concedido as últimas sesmarias com légua de fundo de uma a outra parte do dito Rio.[47]

---

46 AHU. Carta de Confirmação de Sesmarias. Antonio José Ferreira de Abreu. Códice 165, folhas 141 e 142.

47 AHU. Carta de Confirmação de Sesmarias. Antonio Jose Pereira Maya Códice 165, folhas 95 V a 96 V.

Um exemplo ainda mais significativo é o pedido feito por Matias Álvares de Brito de uma sesmaria no Rio Bacaxá, Cabo Frio, Rio de Janeiro. Em 1788 ele alegou que era

> possuidor de uma légua de terra no Rio Bacaxá, cujas terras foram concedidas por sesmaria a Luiz Francisco de Souza no ano de 1726 [...] como para evitar uma má verilancia (sic!) podia ocasionar algumas desordens para o que pretendia se lhe conceder por sesmaria todas as voltas e enseada do Rio correspondente a testada que o suplicante se achava de posse [...].[48]

Por alguma razão, somente em 1794, Matias conseguiu o seu intento, mas é plausível pensar que o atraso na concessão daquelas terras tenha sido o resultado das "desordens", nos embates oriundos de limites territoriais imprecisos.

Outro exemplo ainda mais explícito é o do capitão João Rodrigues de Carvalho, que solicitou, em 1777, uma sesmaria em terras que

> houve por título de penhora e arrematação [...] e como lhe faltava o primordial título era provindo do sesmeiro e heréos daquele campo que por antiquíssimo senão de posse e por evitar dúvidas e contendas para o futuro queria haver por sesmaria as ditas terras" [...] que poderia ter 600 braças mais ou menos de testada com os fundos que se acharem até a serra de Itaoca.[49]

A potencialidade do conflito também é evidente quando analisamos as sesmarias pertencentes a Antonio José dos Santos. Em 8 de março de 1803, ele demandou meia légua em quadra em Campos dos Goitacases, Rio Muriaé. Seguindo seu pedido, ele desejava obter terras "por detrás da sesmaria de Bento Gonçalves Canellas e de José Gonçalves Teixeira [que] se achavam devolutas,

---

48   AHU. Carta de Confirmação de Sesmarias. Matias Álvares de Brito. Códice 164, folhas 22 a 22 V.

49   AHU. Carta de Confirmação de Sesmarias. Capitão João Rodrigues de Carvalho. Códice 164, folhas 32 a 33 V

servindo unicamente de Quilombos os escravos que fogem e de onde vem roubar os animais e lavouras dos moradores da margem do dito Rio".[50]

Em suma, a despeito da intenção da carta, de seu vocabulário e dos seus procedimentos mais formais, havia indícios que chegavam ao Conselho Ultramarino acerca da potencialidade dos conflitos, oriundos de demarcações fluidas. Muitos desses embates eram originários do fato incontestável de que as concessões eram "em demasia" ou em terras potencialmente já ocupadas. Nesse sentido, a despeito das tentativas de limitar a expansão e controlá-la via procedimentos régios, havia casos que o documento de sesmaria servia para assegurar a incorporação de enormes limites territoriais a uma mesma família, em retribuição aos serviços prestados à Coroa. Se os pedidos não feriram o que estava escrito em lei, na prática ocultavam o assenhoreamento de enormes extensões de terras para uma mesma família. Contudo, mesmo nestes casos a posição da Coroa não foi única.

---

50 AHU. Carta de Confirmação de Semairas. Antonio José dos Santos. Códice 166, folhas 203 a 204 V.

A COROA INTERVÉM: AS CONCESSÓES EMBLEMÁTICAS

O pedido de provisão para o tombamento da terra era iniciado com a apresentação do solicitante, na qual era informada a extensão de suas terras, o local onde ela estavam localizadas e, na maior parte das vezes, a capitania correspondente. Em algumas ocasiões, a solicitação inicial já vinha acompanhada da indicação de que se desejavam evitar "dúvidas e contendas com heréo confinantes". A partir daí, determinava:

> Hei por bem e mando o Ouvidor da Comarca... e na sua ausência o Juiz de Fora da mesma cidade pessoalmente fazer a medição, demarcação e tombo das terras que pertencerem ao suplicante por título legítimo de compra judicial, extrajudicial e por carta de sesmaria confirmada por mim.[1]

Ou seja, o pedido era aceito, reconhecendo-se que a carta de sesmaria – quando era o caso – já havia sido confirmada.

Em muitos dos pedidos de provisão estava explícito o conflito. Em janeiro de 1796, por exemplo, Domingos José de Oliveira, fazendeiro da Comarca de Sergipe Del Rey, solicitou o tombo de suas terras, pois era

> senhor e possuidor de um engenho de açúcar com terra de extensão e confrontação indicada na escritura de venda [...] e porque parte da mesma se acham aliadas e usurpadas por várias pessoas em breve tempo virá o suplicante experimentar prejuízo.[2]

Outro caso interessante é do fazendeiro Antonio Monis de Souza Barreto Aragão. Em sua solicitação de provisão, ele informava que "era senhor e

---

1   AHU. Livro de Registro de Provisões. Códices 109 e 110.

2   AHU. Livro de Registro de Provisões. Domingos José de Oliveira, 1796. Códice 109.

possuidor de uma sorte de terra denominada Aragão, situada na comarca da Bahia, que fora concedida por Data e Sesmaria a Balthasar Barbosa Pinheiro". Segundo Barreto Aragão, ele "experimentou dos confinantes alguma inquietações de que poderão executar consideráveis desordens pela confusão de limites". Mas o fazendeiro não pedia apenas o tombo de suas terras:

> pedia fosse servida conceder-lhe Provisão para um Ministro de [?] com exclusiva dos que referia por lhes serem suspeitos, proceder o tombo e demarcação da dita sorte de terra com Jurisdição Ordinária para conhecer das causas do mesmo Tombo, sem suspensão da Demarcação, que era menos prejudicial reformar-se de qualquer defeito, do que conservar-se a confusão de limites.[3]

O fazendeiro solicitava um juiz que não estivesse envolvido nas disputas da localidade e aceitava que a medição pudesse reduzir a sua área original, visto que a confusão de limites era uma situação ainda pior. Em resposta a sua solicitação, os procuradores da Fazenda foram ouvidos e o Conselho Ultramarino consultado. O pedido do fazendeiro foi aceito.

> Hei por bem conceder ao Suplicante a Provisão que pede e outro sim ordenar, como por esta ordeno ao Governador e Capitão Geral da Capitania da Bahia nomeie Ministro da sua maior confiança, um daqueles que há pouco foram despachados para a Relação da dita cidade, ao qual confiro Jurisdição Ordinária, para que a vista dos títulos que se lhe representarem, ouvidas as partes, lhe defira [...]".[4]

Assim, conforme a decisão, a Coroa interveio diretamente no potencial conflito. Os esforços de Barreto Aragão em medir e demarcar suas terras, no entanto, continuaram. Em 24 de abril de 1799, ou seja, quase três anos depois de seu primeiro pedido, o fazendeiro voltava a solicitar uma provi-

---

3   AHU. Livro de Registro de Provisões. Antonio Monis de Souza Barreto Aragão. Códice 109, p. 148/149.

4   *Idem.*

são para o tombo de sua fazenda.[5] Havia razões ainda mais profundas para que não se conseguisse demarcar as terras de Aragão. Os jogos de poder entre sesmeiros, as dificuldades de se medir terras sem a presença de técnicos, não podiam ser solucionados por uma Coroa tão distante.

A despeito das dificuldades, não resta dúvida de que alguns fazendeiros esperavam ver resolvida a questão da demarcação de suas terras. Em 1796, muito provavelmente resultado do Alvará Régio de D. Maria I de 1795, um número significativo de fazendeiros pediu provisão de tombo. Como sabemos, entre 1795 e 1798 – num espaço de tempo de três anos –, foram pedidas 214 sesmarias. Nesse mesmo período, foram solicitadas provisões para 59 terras!

Havia, no entanto, diferenças entre as capitanias. Resultado de ritmos de ocupação distintos, as solicitações de Tombo parecem também revelar a maneira pela qual os fazendeiros de cada capitania se relacionavam com a Coroa, desnudando expectativas distintas em relação à possibilidade de intervenção do Poder.

SOLICITAÇÕES DE TOMBO POR ANO E POR CAPITANIA (1795/1806)

Ano	Capitania	Tombos
1795	Maranhão	4
1796	Maranhão	25
	Pernambuco	2
	Sergipe	3
	São Paulo	1
	Paraíba	1
	Rio de Janeiro	1
	Santa Catarina	1
	S/Identificação	2
1797	Maranhão	5
	Pernambuco	1
	Sergipe	1
	Bahia	1
	S/Identificação	2

---

5   AHU. Livro de Registro de Provisões. Antonio Monis de Souza Barreto Aragão. Códice 109, p. 152/152V.

Ano	Capitania	Tombos
1798	Maranhão	3
	Pernambuco	2
	Bahia	2
	Paraíba	1
	Para	1
1799	Bahia	5
	Pernambuco	2
	Maranhão	1
	Paraíba	1
	Rio de Janeiro	1
1800	Piauí	4
	Bahia	1
	Maranhão	1
	Paraíba	1
	Pernambuco	1
	S/Identificação	2
1801	Maranhão	6
	Bahia	4
1802	Maranhão	3
	Bahia	1
1803	Bahia	5
	Maranhão	4
	Pernambuco	3
	Paraíba	1
	S/Identificação	1
1804	Maranhão	3
	Pernambuco	3
	Rio de Janeiro	1
	S/Identificação	1
1805	Maranhão	3
	Pernambuco	1
	Bahia	1
1806	Bahia	4
	Pernambuco	3
	Maranhão	1

Fonte: AHU. Livro de Registro de Provisões. Códices 109 (1795/1802) 3 Códice 110 (1802/1807)

A presença recorrente de pedidos de provisão para a capitania do Maranhão (das 128 provisões, 59 correspondem àquela região) parece confirmar a tendência dos sesmeiros de se remeterem diretamente à Coroa na intenção de regularizar sua terra em consonância, inclusive, como a tendência de se continuar a solicitar sesmarias diretamente ao Conselho, a partir de 1808.[6]

Interesses comuns entre sesmeiros e a Coroa poderiam denotar o "fechar os olhos" para flagrantes usurpações de terra. Interesses divergentes, porém, poderiam significar discutir o direito à terra de um potentado. É o que veremos a seguir, a partir de dois casos: Ignácio Correia Pamplona e Garcia Paes Leme.

A Coroa e seus vassalos: Ignácio Pamplona e Garcia Paes Leme

Conhecido como um dos delatores da Inconfidência Mineira, Ignácio Correia Pamplona foi senhor e possuidor de extensos territórios. Um dos inconfidentes, Cláudio Manoel da Costa era juiz das demarcações de sesmarias do termo da Vila Rica,[7] mas foi o delator que conseguiu assegurar uma enorme área de terras.

Ignácio Correia Pamplona, português, nasceu em 1731 na ilha Terceira e era filho de Manoel Correia de Melo e de Francisca Xavier de Pamplona. Casou-se com Eugenia Luiza da Silva, que era mulata e filha de uma negra forra, de pai desconhecido. Com ela, Ignácio teve seis filhos: Simplícia, Rosa, Theodora, Inácia, Bernardina e Inácio Correia Pamplona Corte Real, que se tornou padre.[8]

---

6   Discuto esta informação no capítulo seguinte.

7   Há uma extensa bibliografia sobre a Inconfidência Mineira que não me cabe aqui discutir. O que importa é apenas destacar a proximidade das críticas que haviam sido feitas pelos inconfidentes à administração da Coroa, o fato de um dos inconfidentes ser juiz de demarcação de sesmarias e de um dos delatores ter conseguido confirmar grandes extensões de terra.

8   A biografia de Ignácio foi retirada da tese de doutorado de Márcia Amantino. *O Mundo das Feras*. Os moradores do Sertão do Oeste de Minas Gerais. Rio de Janeiro, Universida-

Segundo Márcia Amantino, nosso personagem fora comerciante no Rio de Janeiro, abastecendo Vila Rica e São João del Rei. Sua vida foi marcada por expedições de combate aos índios e quilombolas. Já em 1764, em razão do convite feito pelo então governador Luiz Diogo Lobo da Silva, deu início a uma das dezenas de expedições para o povoamento de Minas Gerais. Em 1765, em companhia de vários outros, adentrou pelas nascentes do Rio São Francisco. Por conta desta diligência, o governador concedeu várias sesmarias aos que participaram da expedição.[9] "A causa principal para que os requerentes pedissem terras era a que tinham participado de alguma forma na conquista do sertão devoluto do Rio São Francisco, Serra da Marcela e Quilombo do Ambrósio".[10] Segundo a autora, participaram dessa expedição: José Alves Diniz, Afonso Lamounier, José Fernandes de Lima, Antonio José Bastos, Inácio Bernardes de Souza, Simão Rodrigues de Souza, Pedro Vieira de Faria e Timóteo Pereira Pamplona. No entanto, além de Ignácio, apenas Afonso Lamounier solicitou a confirmação de sua sesmarias, em 1807, recebendo, então, três léguas de terras de sertão, no "segundo braço do Rio de São Francisco, para dentro o mesmo rio, Serra da Marcella e Quilombo do Ambrozio".[11]

Ignácio Correia Pamplona é ainda conhecido por sua decisiva participação na expedição de 1769, por ele relatada com riquezas de detalhes. Para Laura de Mello e Souza:

> O contraste entre barbárie e civilização marca todo o relato, sugerindo ser constitutivo das expedições desse gênero e mostrando uma face insuspeitada do cotidiano dos caçadores e quilombolas. Não eram apenas homens destemidos e sertanistas semifacinorosos que entravam para o sertão na busca de novos achados de ouro e mocambos de escravos fugidos, ou na esperança das sesmarias obtidas como recompensa. A comitiva tinha também um capelão – no caso, o padre Gabriel da Costa

---

de Federal do Rio de Janeiro, 2001.

9 *Idem*, p. 192.

10 *Ibidem*.

11 AHU. Carta de Confirmação de Sesmarias. Antonio Afonso Lamounier. Códice 167,

Resende – um cirurgião e uma companhia de oito músicos, dos quais um só era branco e sete eram escravos negros de propriedade do mestre-de-campo, constando-se ainda 'dois pretos tambores'; com suas caixas cobertas de encerado.[12]

A palavra sertão era sempre associada à noção de vazio, "a barbárie, e a selvageria, graças ao fato de ser um lugar habitado por índios e quilombos".[13] Como um local a ser conquistado, o sertão era o palco privilegiado para os exploradores, ciosos de ouro e riqueza das terras ocupadas por aqueles não reconhecidos como legítimos ocupantes. As expedições tinham então o sentido da conquista. Ignácio Pamplona, um dos mais destacados representantes desta visão, afirmava que o povoamento dessas terras "era uma empresa difícil e que já havia sido tentado muitas outras vezes e sem sucesso graças à oposição do gentio bravo e a de negros que por todos os lados cercavam este continente".[14] Além disso, Ignácio Pamplona expressava com clareza as ameaças representadas pelos quilombos, quando, em 1770, escreve ao conde de Valadares para informar "que os quilombolas estavam destruindo as fazendas, destruindo tudo, pondo-o em miserável estado, ultimamente levando seus escravos e escravas, sem um só lhe deixarem".[15]

Márcia Amantino também afirma que durante toda a sua vida, Ignácio Correia Pamplona conseguiu várias sesmarias, "quase todas com a extensão de três léguas em quadra. Ele também possuía a Fazenda dos Perdizes, a do Mendanha, a do Capote, e uma outra na Lagoa Dourada, freguesia dos Padros, comarca do Rio das Mortes".[16] Em razão da conquista do Bamui, Campo Grande, conseguiu ainda oito sesmarias, uma dele e as outras em

---

12 Laura de Mello e Souza. "Violência e práticas culturais no cotidiano de uma expedição contra quilombolas. Minas Gerais, 1769". In: João José Reis & Flávio dos Santos Gomes. *Liberdade por um fio*. História dos Quilombos no Brasil. São Paulo: Companhia das Letras, 1996, p. 199.

13 Márcia Amanticio, *op. cit.*, p. 45.

14 *Apud* Márcia Amantino. Arquivo Conde de Valadares. Biblioteca Nacional, Seção de Manuscritos, 18, 2, 6, documento 7.

15 *Idem*, p. 147. Arquivo Conde de Valadares. Biblioteca Nacional Seção de Manuscritos, 18, 2, 6 documento 65.

16 *Idem*, p. 193.

nome de seus filhos. Em seu testamento, de 1821, afirmou "que para conseguir medir e demarcar todas estas terras precisou fazer muitas despesas 'com pólvora, chumbo, armas de fogo, mantimentos, tropas de bestas e muitos homens".[17]

Ainda segundo Márcia Amantino, Pamplona fazia questão de resolver as pendências judiciais, prender criminosos e matar os inimigos indígenas e quilombolas".[18] Ele era ainda mestre de campo e Regente de vários distritos de Minas Gerais.

Quando, anos mais tarde, procurou legalizar suas possessões em resposta ao Alvará de 1795, reiterou o fato de que elas eram oriundas da conquista outrora realizada. Em seu pedido de confirmação de sesmarias, informou ao governador da capitania de Minas Gerais que desde 1767,

> que se achava possuindo avultoso número de escravos, gados, éguas [...] e por não ter terra de cultura e campo congruente para exercício laborioso da sua possessão, fora por isso ir ao sertão da beira do Rio São Francisco, com alguma pessoa adjunta a descobrir terra [...] a qual experimentava grandes prejuízos e fizera despesa considerável por ser sertão devoluto.[19]

Além disso, em respeito às normas régias em relação à extensão máxima a ser solicitada, Ignácio não ousou solicitar mais do que estava inscrito em lei, solicitando três léguas de terras "em atenção as distas despesas"[20] e recebeu a confirmação em 5 de junho de 1800.

Sem ferir as normas, Ignácio Pamplona, no entanto, operava com os dispositivos legais para, ao mesmo tempo, manter o seu poder sobre aquelas áreas e se submeter aos ditames da Coroa.

---

17 *Ibidem.*

18 *Ibidem.*

19 AHU. Carta de Confirmação de Sesmarias. Ignácio Correia Pamplona. Códice 166, folhas 69 a 70.

20 AHU. Carta de Confirmação de Sesmarias. Ignácio Correia Pamplona. Códice 166, folhas 69 a 70.

Assim, por meio de suas filhas ele demandou outras "três léguas" na mesma região. Theodora Correia Pamplona pediu três léguas de terras "para a conquista e povoação do sertão devoluto que fica para dentro do segundo braço do rio de São Francisco, termo da vila de São José".[21]

Sua outra filha legítima, Rosa Correia Pamplona, solicitou também, na mesma região, três léguas de terras "para a conquista e povoação do sertão devoluto que fica para dentro do segundo braço do rio de São Francisco, termo da Vila de São José".[22]

Outra filha de Ignácio, Simplícia Correia Pamplona, pediu ainda três léguas de terra "para a conquista e povoação do sertão devoluto que fica para dentro do segundo braço do rio de São Francisco, Serra de Marcella e Quilombo do Ambrozio".[23]

E ainda Inácia Correia Pamplona não deixou por menos, também solicitou na mesma área, três léguas de terra "para a conquista e povoação do sertão devoluto que fica para dentro do segundo braço do rio de São Francisco, Serra de Marcella e Quilombo do Ambrozio".[24] Todas as sesmarias das filhas de Ignácio foram confirmadas no mesmo mês e ano e era claro que havia interesse para assegurar aquela ocupação, a despeito da enorme extensão territorial incorporada pela família.

Bernardina Correia Pamplona, também filha de Ignácio, foi a única que não solicitou as três léguas, e sim " ½ de léguas de terra em quadra no sítio chamado Osaes dos corvos, "da parte de cá do Rio de São Francisco"[25] e também recebeu a chancela real. Havia ainda outro pedido, de João José Correia

---

21 AUU. Carta de Confirmação de Sesmarias. Theodoria Correia Pamplona. Códice 166, folhas 56v a 57v.

22 AHU. Carta de Confirmação de Sesmarias. Rosa Correia Pamplona. Códice 166, folhas 58 v a 59 v.

23 AHU. Carta de Confirmação de Sesmarias. Simplicia Correia Pamplona. Códice 166, folhas 66 v a 67 v.

24 AHU. Carta de Confirmação de Sesmarias. Ignacia Correia Pamplona. Códice 166, folhas 72 a 73.

25 AHU. Carta de Confirmação de Sesmarias. Bernardina Correia Pamplona. Códice 166, folhas 68 a 69.

Pamplona, provavelmente parente de Ignácio, que solicitou" ½ légua de terra em quadra na vila de São José, comarca do Rio das Mortes ".[26]

Mas não era assim tão fácil operar com os dispositivos régios. Como afirmei, tanto Ignácio como suas filhas receberam a chancela de suas sesmarias, mas o estranhamento em relação à forma como as terras eram solicitadas provocou uma mudança nos planos de Ignácio. Ele teve sua sesmaria chancelada em 16 de dezembro de 1801.[27] Rosa teve sua terra confirmada, tal como pedira, em 30 de janeiro de 1802.[28] Theodora não teve a mesma sorte, pois o documento ao vir em seguida ao de Rosa, fez ver que se tratava de uma mesma área. A Chancelaria informou então que: "Esta sesmaria é contudo o mesmo que a requerida logo acima desta, sem mais diferença que os nomes dos sesmeiros, e assim deve aqui incorporar todas até onde diz Jerônimo Jose Correia e Moura.[29]

Simplícia passou pelo mesmo problema, com a alegação de que "esta carta é de o mesmo que a requerida acima desta. Só difere nos nomes dos sesmeiros [...] com estas diferenças se deve aqui incorporar, usando do incorporamento que ela se refere".[30]

No entanto, apesar das dúvidas provocadas quando da apresentação dos documentos para a Chancelaria, não nos parece que isso tenha impedido a incorporação das terras pela família de Ignácio, pois o Conselho Ultramarino referendou a ocupação daquelas áreas, sem qualquer adendo diferente das outras concessões. A Chancelaria apenas acatava uma decisão que cabia ao Conselho e como não se havia exigido qualquer demarcação precisa dos territórios almejados, a doação régia garantia a incorporação de várias léguas para a família de Ignácio.

Como representante de ambos os interesses, o seu e o da Coroa, Ignácio Correia Pamplona, já como coronel de milícias do regimento do Sertão do Piauí, ainda requereu, em 1801, "a propriedade do ofício de escrivão

---

26 AHU. Carta de Confirmação de Sesmarias. João Jose Correia Pamplona. Códice 166, folhas 73 a 74 v.

27 ANTT. Chancelaria D. Maria, Livro 65, p. 668V.

28 ANTT. Chancelaria D. Maria, Livro 65, p. 267/268.

29 ANTT. Chancelaria D. Maria, Livro 65, p. 268.

30 ANTT. Chancelaria D. Maria, Livro 65 p. 269.

dos Órfaos ao seu filho, o padre Ignácio na cidade de Mariana "com sobre-vivências para as suas filhas e o Hábito da Ordem de Cristo para si e para seu filho".[31] Ainda nesse mesmo ano, ao se afirmar como "regente e guarda mor das terras e minerais, Ignácio solicitava a João VI o hábito de Nosso Senhor de Jesus Cristo para "seu filho e também a propriedade de ofício de escrivão de órfãos para as suas filhas".[32]

Um ano depois, Ignácio Correia Pamplona mais uma vez se apresentou como um fiel súbito do Rei ao requerer autorização para usar pistolas e fa-cas e outras armas quando andasse pelos sertões da capitania de Minas Ge-rais, despovoados e "abundantes de negros roubadores, índios traidores".[33] Aparentemente, a solicitação parece descabida, já que é eram conhecidas as expedições de Ignácio Correia Pamplona e sua fama de desbravador do sertão. É possível sugerir então que o pedido apenas tinha manifesta inten-ção de mostrar a submissão de nossa personagem num período em que ele desejava ser aceito no hábito de Nossa Senhora de Jesus Cristo.

Em novembro de 1805, o então coronel Ignácio Correia Pamplona ro-gava mercê por seus distintos serviços. Em dezenas de páginas encaminha-das para o Conselho Ultramarino, Pamplona relatava suas expedições, seu empenho para a destruição dos Quilombos e seu percurso como conquis-tador. Ele expressava assim o emblema do súdito do rei, na expectativa de ver reconhecido sua trajetória e submissão.[34]

Diversa foi a trajetória de um dos herdeiros de Garcia Rodrigues Paes. Este último fora o responsável pela abertura do Caminho Novo para Minas, pelos fundos da serra dos Órgãos. Ao descer pela trilha indígena na serra da Mantiqueira, descobriu, por volta de 1683, um remanso no rio Paraíba. Ali abriu a fazenda da Paraíba, instalando alguns de seus agregados. Acredita-

---

31 AHU. Projeto Resgate. Minas Gerais. Ignácio Correia Pamplona. Cx. 160 doc. 3. CD 047.145, 0405.

32 AHU. Projeto Resgate. Minas Gerais. Ignácio Correia Pamplona. Cx. 160, doc. 4. CD 047, 145, 0409.

33 AHU. Projeto Resgate. Minas Gerais. Ignácio Correia Pamplona. Cx. 164, doc. 37. CD 048, 149, 0342.

34 AHU. Projeto Resgate. Minas Gerais. Ignácio Correia Pamplona. Cx. 177, doc. 47. CD052, 163, 009.

ra, então, ter descoberto pedras preciosas e ouro e, em vista disso, solicitou uma ordem real para a abertura do caminho. Após inúmeras tentativas, em que não faltaram vários reveses, Garcia foi agraciado como donatário de uma vila a ser erigida no "rio das águas claras", no sertão da Paraíba, recebendo a concessão de uma grande gleba de terras oficialmente devolutas, no caminho para Minas. Assim, Garcia Rodrigues, em 14 de agosto de 1711, foi

> avantajado com uma data com a natureza de sesmarias como se houvesse de dar repartidas a quatro pessoas, nas formas das Reais Ordens, e que não seriam contíguas à Vila senão na parte em que não pudessem haver contendas e que se concederia mais a cada um de seus doze filhos uma data.[35]

No entanto, a concessão outrora feita não teria consagrado o poder inconteste de Garcia Rodrigues e de sua família. Em documento não datado, sob a guarda do Instituto Histórico e Geográfico Brasileiro, há uma extensa explanação de motivos para limitar a extensão daquelas terras.

> Dizem as pessoas [que] têm sesmarias no Caminho que vai do Rio de Janeiro para as Minas do ouro, que na picada que abriu Garcia Rodrigues, no mesmo caminho, têm os governadores daquela capitania concedido a muitas pessoas, datas de terras, tanto do princípio da Serra dos Órgãos até o Rio da Paraíba, como do mesmo Rio para cima até as primeiras minas do Rio das Mortes e da facilidade com que se tem feito as ditas muitas datas de Terra, principalmente do princípio da dita Serra até o dito Rio da Paraíba tem sucedido darem-se muitas Sesmarias de Légua de Terra em quadra, que realmente não cabem na extensão do dito caminho por serem mais as Sesmarias que as léguas que há de uma e outra parte [...].

Nos documentos, os moradores informavam sobre a antiguidade da ocupação de alguns sesmeiros e alegavam que havia os que cultivavam

---

35 C.M.P.S. Ata da Sessão de 26 de janeiro de 1836.

aqueles terras há mais de vinte anos, sem "contradição alguma, sendo o que bastava para "adquirirem o perfeito domínio". Alegavam ainda que não parecia justo que depois de terem feito consideráveis despesas para cultivar as terras e beneficiar os caminhos, outros se assenhoreassem daquelas terras. E alertavam:

> Porém, como toda a utilidade pública e da fazenda real convém e é melhor que haja muitos Sesmeiros, pois desta sorte crescem as lavouras e se aumentam os dízimos, convém e pode a respeito desta utilidade dar-se meio para o sossego dos vassalos, cômodo de todos e para cessarem pleitos que das ditas demarcações que se intentam fazer e vem a ser o dito meio parecendo a V. Majestade; mandar reduzir cada uma das Sesmarias que se achar confirmada a meia légua pelo caminho e estrada que vai para Minas e a quarto de légua e as que assim se não achassem confirmadas porque além de ser a terra que cada um pode comodamente lavrar, ficando-lhe falhas livres de uns anos para outros não tem também inconveniente em terem menos de testada pela estrada, pois aquela pelo que nela retira com a dita redução se lhe pode compensar quando V. Majestade seja servido para as ilhargas do sertão de uma e outra parte, dando-se-lhe nelas a mesma légua que têm, com o que veem a ficar com a mesma extensão de sesmaria e assim sem prejuízo algum, ficando pelo referido modo também a esmo dados os que estão povoados e têm fabricado as ditas datas à sua custa em utilidade do público e da real fazenda com a qual utilidade fica a mesma na dita redução pois como está dito de serem muitos os Sesmeiros resulta serem mais as lavouras e, em consequência muito acrescentados os dízimos pelo que para V. Majestade lhe faça mercê mandar que na demarcação e medição se reduzam as sesmarias confirmadas por V. Majestade a meia légua e as que o não estiverem, a quarto de légua e que quando se entenda que não deve diminuir nas testadas pelas ilhargas do sertão de uma e outra parte [...].

Em 9 de dezembro de 1796, Garcia Paes Leme – herdeiro de Garcia Rodrigues – dirigiu ao conde de Resende, então presidente do Conselho Ultramarino, um pedido em que solicitava mercê em remuneração aos seus serviços. O conselho deu vista ao requerimento e solicitou que ele fosse apreciado pelo fiscal das mercês. Os papéis foram então remetidos ao desembargador Francisco Feliciano Velho Costa Mesquita Castelo Branco. Seu parecer foi de que, o suplicante não apresentou "folhas corridas, requeridas pelo Regimento, enquanto aos Serviços não vinham processados nem legalizados nas Conformidades das Ordens de Vossa Majestade".[36]

Em despacho de fevereiro do ano seguinte, foi solicitado ao suplicante que atendesse às exigências para o recebimento da mercê. Os documentos foram então apresentados via Conselho Ultramarino, mostrando que Garcia Rodrigues Paes Leme era Fidalgo da Casa de Vossa Majestade, natural de Rio de Janeiro e serviu no posto de capitão de cavalos da legião dos Voluntários Reais, na capitania de São Paulo.[37]

Ademais, o suplicante alegava ter sido convocado pelo Vice-Rei Marquez de Lavradio, por ocasião da guerra do Sul, em 1795, e que ele "levantasse as suas custas" uma companhia na região e que, em fevereiro do ano seguinte, ele obtivera ordem para marchar com a sua companhia, quarenta recrutas para o continente do Rio Grande".[38]

Garcia Paes Leme também alegava ter cumprido ordens de Francisco da Cunha Menezes – que fora governador da capitania de São Paulo – e que "em todo o tempo do seu governo, o suplicante executara com toda a prontidão as suas ordens [...]".[39] O suplicante pedia assim que lhe fosse concedido por sesmaria o terreno onde estava já estabelecido e que mandasse o

> Ministro da Relação do Rio de Janeiro e o Piloto de Corda que, à custa do suplicante, achando certo que ali não há mais estabelecimento que o do suplicante e que todo o mais terreno é ermo e inculto, lhe demarque e dê posse de três léguas em quadra.[40]

---

36 ANTT. Ministério do Reino. Consulta do Conselho Ultramarino. Maço 322.

37 *Idem.*

38 *Ibidem.*

39 *Ibidem.*

40 *Ibidem.*

Ao que parece, o Conselho havia se posicionado a favor do pleiteante, pois no documento do Ministério do Reino há a indicação de que se reconhecia a justeza do pleito, em remuneração aos serviços prestados por Garcia Paes Leme. Além disso, a gratificação solicitada resultaria em "Benefício Público da Cultura daquelas terras que o suplicante diz se acham devolutas, ermas e incultas".[41]

O Conselho informava ainda que o suplicante iria agregar essa sesmaria a uma área que já possuía por partilha de patrimônio, ocorrida por falecimento de seu avô, pai e tio. Em 6 de abril de 1797, a decisão é favorável a Garcia Rodrigues de Paes Leme. Em 25 de agosto do mesmo ano, a carta de sesmaria é confirmada e se repetem os serviços prestados por Garcia, merecedor da mercê solicitada. No entanto, em 26 de novembro de 1799, o vice-rei, conde de Resende, informa ao Conselho Ultramarino que Garcia Rodrigues Paes Leme não tinha direito a sesmaria por ele obtida junto à fazenda de Santa Cruz. Ainda segundo a consulta, nosso personagem deveria devolver a carta que lhe fora concedida![42]

Em maio daquele ano, o chanceler da Relação do Rio de Janeiro, Luis Beltrão da Gouveia Almeida, havia encaminhado um ofício para o secretário do Estado da Marinha e Ultramar, D. Rodrigo, no qual expressava sua apreensão acerca das dificuldades de administrar a fazenda real, relatando o aumento do preço das terras, das vendas marcadas por irregularidades e corrupção, e encaminhando dados sobre a Fazenda Santa Cruz.[43]

Naquele ano, além dos inúmeros pedidos de sesmarias, as denúncias de conflitos chegaram ao Conselho num curto espaço de tempo. Já em março de 1799, o capitão Bernardo José Dantes solicitava que o provedor da fazenda real do Rio de Janeiro ou "qualquer ministro da Relação da mesma cidade "procedesse ao levantamento dos marcos de seu engenho Joary, na freguesa de Campos de Goitacases.[44]

---

41 *Ibidem.*

42 AHU. Rio de Janeiro, cx. 179, doc. 47. Consulta do Conselho Ultramarino ao príncipe regente D. João sobre o requerimento de Garcia Rodrigues Pais Leme.

43 AHU. Rio de Janeiro, cx. 177, doc. 5. Ofício do chanceler da Relação do Rio de Janeiro, Luís Beltrão de Gouveia de Almeida.

44 AHU. Rio de Janeiro, Requerimento do capitão Bernardo José Dantas, cx. 173, doc. 37, cx. 180, doc. 36.

Em setembro do mesmo ano, no distrito de Campos dos Goitacases, o capitão Manoel Antonio Ribeiro de Castro queixava-se da ausência de foro próprio e relatava as "dificuldades em torno da espoliação das terras de sua mulher."[45]

Ainda no mês de setembro, o tenente do primeiro regimento de Milícias do Rio de Janeiro, Antonio Nunes Aguiar, encaminhou um requerimento ao príncipe regente pedindo providências quanto à demarcação de sua sesmaria no distrito de Macaé, invadida por seu vizinho e seus respectivos escravos que nela destruíram casas e plantações; "tendo este sido preso, foi solto, em razão da sua amizade com o desembargador da Relação, tendo voltado ao mesmo delito". O tenente informava ainda que seu desafeto havia usurpado parte de suas terras.[46]

Em novembro, foi a vez de Domingos de Freitas Rangel, morador da cidade do Rio de Janeiro. Ele demandava que fosse passada provisão para que o ouvidor da comarca medisse e demarcasse as suas terras, na freguesia de São João de Itaboraí.[47]

Ainda em dezembro daquele ano, um ofício da Câmara da vila dos Campos dos Goitacases era dirigido a D. Rodrigo de Sousa Coutinho, comunicando as queixas dos moradores dos subúrbios e distritos daquela vila, contra os abusos cometidos pelos administradores das terras do visconde de Asseca.[48]

Tais denúncias ou pedidos alertavam ao Conselho sobre os resultados mais nefastos da concessão de sesmarias. A sobreposição de terras, as disputas nas fronteiras, a discussão sobre a legalidade da ocupação passavam a estar "na ordem do dia".

Compreende-se assim porque em fins daquele ano o pedido de sesmaria feito por Garcia Rodrigues Paes Leme foi colocado em suspeição. Num documento oriundo do fundo do Registro de Consulta Mista há a infor-

---

45 AHU Rio de Janeiro, 1799. Ofício do capitão Manoel Antônio Ribeiro Castro, cx. 176, doc. 32.

46 AHU Rio de Janeiro, 1799. Requerimento de Antonio Nunes de Aguiar, cx. 176, doc. 34.

47 AHU Rio de Janeiro, 1799. AHU – Requerimento de Domingos de Freitas Rangel, cx. 180, doc. 7.

48 AHU Rio de Janeiro, 1799. AHU Ofício da câmara da Vila de São Salvador dos Campos dos Goitacazes.

mação de que caberia ao vice-rei comparar o documento apresentado por Garcia Paes Lemes.

> Como parece e o conselho expressa ao Vice-Rei convenientes Ordens que me consultasse não só para fazer repor na Secretaria daquele governo a Carta de Sesmarias que obteve o suplicante, mas ainda para examinar e comparar a cópia do requerimento que se processa no Conselho e mais papéis que se hão de remeter ao mesmo Vice-Rei, autorizando também para que proceda e obre da Consulta ao Conselho. O conselho deve ficar na inteligência que as sesmarias no Brasil só se devem dar-se na forma que tendo estabelecido e que semelhantes ordens só as mando expedir pela competente repartição, exceto quando por ordem especial for servido.[49]

O conselho respondia a uma consulta do vice-rei e capitão geral de Terra e Mar do Estado do Brasil, José Luiz de Castro, 2º conde de Resende, onde aquele afirmava que "Isto não só para que este conselho possa estar ciente da sua Real Resolução sobre este objeto, mas para que fique prevenido, afim de não atender semelhantes requerimentos".[50] Segundo o documento, Garcia Rodrigues Paes Leme havia solicitado três léguas de terras em remuneração a seus serviços. Em aviso de 9 de dezembro de 1796, expedido pela Secretaria de Negócio da Marinha e Domínios Ultramarinos de que "sob a cópia da soberana presença de V.A.R contemplada em outro anterior aviso de 12 de abril de 1796 e finalmente baixou resoluta com a portaria número 3, que expediu ao Conselho o secretário de Estado que foi da repartição do Reino Jose de Seabra da Silva".

Ainda segundo o documento, a consulta que o conselho redigiu ao trono afirmava que era comum darem-se terras vagas a "indivíduos que não têm qualidade alguma de serviços", não sendo o caso do pleiteante Garcia Rodrigues. Assim sendo, na certeza de que a mercê pedida não prejudicava quaisquer terceiros em seus direitos, muito menos a Real Fazenda "que

---

49 AHU. Consultas Mistas, códice 27.

50 *Idem.*

nenhum lucro podia esta receber de umas terras incultas e abandonadas naqueles sertões", vira ser útil ao suplicante, conveniente ao Público e interessante à Real Fazenda"[51] a mencionada concessão.

A questão que se colocava a partir do requerimento enviado pelo vice-rei era o fato de que não se podia assegurar que as terras recebidas por Garcia Paes Leme eram as mesmas das que já "estavam na possessão de outros terceiros tais quais são a fazenda real e qualquer outro que estão desfrutando com título ou sem ele [...]". Por esta razão, o Conselho emitia o parecer segundo o qual o vice-rei deveria remeter à Secretaria a

> a Carta de Sesmaria que obteve o sobredito Garcia Paes. E que o mesmo Vice-Rei remeta sua cópia do Requerimento que se processou neste conselho promovam e motivam aquela Mercê acompanhando-a outra igual cópia da Portaria quem manda lavrar a dita carta, para que combinando um e outros papéis se possa ver no conhecimento se são as mesma terras, de que ele Vice-Rei tratou no dito seu Ofício, Autorizando a V.A.R para que ele sendo as mesmas no todo ou em parte faça logo caçar e averbar todos os registros que ali se houverem feito da dita Carta.[52]

O caso de Garcia Paes Leme anuncia e denuncia as possíveis intervenções em questão de terras. Em fins do século XVIII, resultado de um intenso processo de ocupação de terras, a concessão se torna aos poucos marcadamente territorial, antes de política. Não à toa, como vimos, entre os anos de 1795 a 1806 foram solicitadas 128 provisões relativas à demarcação. Ainda que o número pareça insignificante, no conjunto de terras já incorporadas (lembremos aqui que só no período de 1795 a 1823 foram concedidas 1024 sesmarias), elas revelam o ensaio de alguns em solucionar ou evitar conflitos. Em quase todas elas, o pedido de demarcação vinha acompanhado por informações relativas às questões pendentes entre os confrontantes.

---

51 *Ibidem.*

52 *Ibidem.*

Do alargamento da concessão e territorialidade

Em suas disputas para ser reconhecido como o legal ocupante daquelas terras, Garcia Paes Leme ajudava a trazer à luz a face mais interessante da concessão de sesmarias em fins do século XVIII. Elas poderiam ser dadas aos "indivíduos que não tem qualidade alguma de serviços", revelando, portanto, o reconhecimento de uma dinâmica de ocupação marcadamente intensa e a propagação dessa concessão. Nesse sentido, a flagrante e óbvia diferença entre os cultivadores – alguns senhores e possuidores de três léguas, enquanto outros, donos de algumas braças – não inibia o fato incontestável de que os sesmeiros ou potenciais sesmeiros desejavam um título legítimo, um porto seguro, num mar de conflitos e disputas pelo acesso à terra. Os pequenos lavradores percebiam haver cumprido as determinações elementares para a concessão de sesmarias. Eles eram cultivadores de pequenas parcelas de terras, e podiam assim fazer jus ao título desejado. Os que tinham assenhorado enormes extensões de terras também se sentiam em crédito com a Coroa. Não somente eles haviam cultivado ao menos parte daquelas terras, como serviram a Coroa e, portanto, estavam ansiosos por receber tal mercê.

Se lembrarmos das ilações de Dom Rodrigo,[53] discutidas páginas atrás, podemos compreender como as sesmarias tornaram-se um objeto desejado e passível de ser conseguido por distintos estratos sociais. Muitos dessas concessões eram, como vimos, uma estratégia de sesmeiros para estender sua ocupação para além de hipotéticos limites originais. Mas havia também os que a pediam pelo que elas eram de fato, ou seja, restos de terra, pedaços ainda livres, fronteiriços a outras concessões e fazendas. Assim sendo, é possível afirmar que já não havia, em fins do século XVIII, uma relação direta entre a mercê – sesmarias – e o *ethos* nobiliárquico. Os dados abaixo parecem confirmar o raciocínio. Vejamos com mais detalhes esta última informação.

---

53 "Também aqui consta que muitas vezes se tem dado no Brasil sesmarias a pessoas que não têm meios, nem indústria para tirar partido delas, e que depois perpetuam em si um direito que nada lhes é vantajosos, e que vem ao contrário a prejudicar ou aos vizinhos das mesmas sesmarias, ou aos outros que têm cabedais e que as poderiam tomar".

INFORMAÇÕES SOBRE OS TÍTULOS DOS SESMEIROS QUANDO DA SOLICITAÇÃO DE SESMARIAS (1795/1823)

Títulos	Número	Percentual
Capitão	14	
Alferes	09	
Tenente	06	
Padre	04	
Tenente-Coronel	02	
Capitão-Mor	01	
Sargento-Mor	01	
Guarda-Mor	01	
Ajudante	01	
Coronel	01	
Sem Indicação	257	86,53%
Total	297	

FONTE:AHU. Livro de Registro de Cartas de Sesmarias confirmadas do Conselho Ultramarino. Capitania do Rio de Janeiro. 1795/1798 – Códice 164. 1798/1801 – Códice 165. 1801/1804 – Códice 166. 1805/1807 – Códice 167. 1807/1823 – Códice 168. Ministério da Justiça. Arquivo Nacional. Relação de Algumas Cartas das sesmarias Concedidas em Território da Capitania do Rio de Janeiro. 1714/1800. Rio de Janeiro, 1968.

Ainda que os dados acima possam estar subestimados, é mais que razoável supor que os serviços militares não eram uma "via decisiva para o recebimento desta mercê", no caso, as sesmarias.[54] É coerente afirmar ainda que nos territórios coloniais "intitular-se senhor de uma terra era uma distinção que conferia uma graduação nobiliárquica, evocativa de outros tempos, e mantinha a sua eficácia simbólica e social",[55] mas – ao contrário do que defende Nuno Monteiro – tal título estava intimamente ligado a um exercício prático, ou seja, em poder se auto-intitular senhor e possuidor de terras, tendo como base uma mercê que lhe conferia um título legítimo.

---

54 Apoio-me aqui nas considerações de Nuno Monteiro, mas sigo outra direção de análise. Nuno Gonçalo Monteiro "O Ethos Nobiliárquico no final do Antigo Regime: poder simbólico, império e imaginário social". In: *Almanack Braziliense*, n. 2, novembro de 2005, p. 4-12.

55 *Idem*, p. 13.

Além disso, em fins do século XVIII, o Império adquiria uma territorialidade marcante e tal processo implicava o reconhecimento das inúmeras gradações de cultivadores, de perspectivas distintas na ação de ocupar. A partir da chancela real, é possível que muitos passassem a almejar outras mercês, sentindo-se concretamente privilegiados em relação a uma maioria que apenas se amparava no auto-reconhecimento de ser um legítimo ocupante, mas que não podia usufruir de um título de domínio em eventuais querelas com seus confrontantes. Havia ainda os que, a despeito da ausência de um documento suficientemente legítimo para referendar sua ocupação, passasse a ver como não menos legítimo o emprego da violência na consagração de sua posse em detrimento de outrem. Em suma, o que desejo afirmar é que se intitular senhor de uma terra, chancelada como mercê, era uma distinção que mantinha não apenas sua eficácia simbólica, mas – enquanto honraria – produzia a diferença concreta entre aquele que tinha o título e aquele que não o tinha.

Parte 4
Sesmarias e a trajetória da Independência do Brasil

Direito e visão sobre sesmarias nos anos vinte

A concessão de sesmarias na territorialização da Coroa (1808/1824)

DIREITO E VISÃO SOBRE SESMARIAS NOS ANOS VINTE

As duas primeiras décadas do século XIX representaram, para Portugal, um dos momentos mais dramáticos de sua história. Ocupado pelas forças francesas, submetido à decisão de transferência da família real para o Brasil, o país vivenciava a degradação do regime senhorial, por questionamentos e críticas de várias direções. Aqueles anos afetaram a vida de múltiplos agentes sociais, em busca de solução para os problemas já antes presentes, mas agravados por uma conjuntura ainda mais drástica: marcada, entre outros, pela retração do mercado externo e pelo fortalecimento dos interesses ingleses. Nesse ínterim, a questão da propriedade da terra passaria a ser mais um dos inúmeros embates políticos e sociais daqueles trágicos anos.

Dois autores portugueses produziram textos sobre as sesmarias na ocorrência do fim da ocupação francesa e na decisão, no final do ano, de conferir ao Brasil uma nova posição em relação a sua antiga metrópole, ao criar, em 12 de dezembro de 1815, o Reino Unido de Portugal, Brasil e Algarves: Esteves de Carvalho e Homem de Carvalho. Um terceiro e importante autor luso escreveu sobre o tema em 1822: Francisco Manuel Trigoso de Aragão Morato. Vejamos, em primeiro lugar, os apontamentos dos Carvalhos.

Esteves de Carvalho e Homem de Carvalho

Não se sabe as razões pelas quais Esteves de Carvalho e Homem de Carvalho decidiram escrever sobre sesmarias, se eles pautaram suas ilações apenas na realidade rural portuguesa ou se buscaram contribuir para os desdobramentos da legislação em território colonial, já que a lei de sesmarias só foi revogada, no Brasil, em 1822.

Bacharel em Direito e correspondente da Academia Real de Ciências de Lisboa, Esteves de Carvalho produziu em *Observações Históricas, e Críticas sobre a Nossa Legislação Agrária, Chamada Comumente das Sesmarias*, uma extensa crítica a esta legislação.[1] Ao defender de forma contundente a propriedade privada plena, Carvalho coroou – a partir de sua crítica à sesmaria – toda uma trajetória de pensamento que vinha produzindo discursos legitimadores da propriedade sem constrangimento algum, e de crítica à utilização das terras em pastos comuns.

Para Esteves de Carvalho, a legislação agrária de D. Fernando não era merecedora dos louvores da filosofia, pois ela atacava a propriedade individual e, nesse sentido, "tudo o que ataca a propriedade, por uma parte indispõe e irrita os ânimos, e por outra afrouxa a actividade, e indústria dos proprietários".[2] Para o autor, a forma mais justa e acertada de conseguir a prosperidade da agricultura não seria constranger os proprietários a cultivar as suas terras e de puni-los na ausência do cultivo. A melhor maneira era "fazer-lhes encontrar na sua boa cultura o seu próprio interesse".[3] Por conseguinte, a sesmaria estaria pautada em meios violentos de coação, contrariando a própria natureza humana.

Profundamente marcado por uma visão liberal em relação ao direito à terra, imbuído da crença de que a liberdade e a não intervenção do governo são os caminhos mais rápidos para se obter o progresso desejado, Carvalho estava convicto da necessidade de se condenar aquela lei. Em consonância aos princípios do liberalismo, o autor considerava que a liberdade, no caso a dos proprietários, expressava-se na afirmação da autonomia do indivíduo e sua independência em relação à autoridade política, revelada, por exemplo, na indicação de que cabia à Coroa punir os sesmeiros de terras não cultivadas.[4]

Esteves de Carvalho apontava ainda que

> é certo que os proprietários podem muitas vezes deixar de cultivar as suas terras, não por falta de vontade, mas de meios, e

---

1 Vicente Esteves de Carvalho. *Observações históricas e críticas sobre a nossa legislação agrária, chamada commumente das sesmarias.* Bacharel formado em Leis, e Correspondente da Academia Real das Sciencias de Lisboa. Lisboa: Impressão Régia, 1815 (p. 1-50).

2 *Idem*, p. 14.

3 *Idem*.

4 André Vachet. *L'ideologie liberale: l'individu et sa propriété.* Ottawa: Les Presses de l'Université d'Ottawa, 1988.

como é igualmente certo que esta falta de meios pode provir-lhe de muitas causas culpa sua, a lei do Senhor D. Fernando parece fazer necessário o estabelecimento de uma Censura para indagar os meios, que cada proprietário teria para cultivar, e as razões, porque deixava de os empregar.[5]

Esteves de Carvalho duvidava ainda que a lei teria sido um bem verdadeiro, como alegavam seus admiradores, pois – para ele – "os verdadeiros bens são sólidos e duráveis", e as vantagens da legislação eram de fato efêmeras e não permanentes.[6] Na defesa de seu ponto de vista, o autor procurava inclusive encontrar as razões pelas quais alguns autores continuavam a elogiar a lei. Para ele,

> os elogios à legislação agrária do senhor D. Fernando, fizeram-se-lhe principalmente, depois que pelas descobertas de novas terras, e progressos de uma navegação demasiadamente extensa para um país com tão pequena população, como Portugal, além de outras causas, os progressos da agricultura se virão entre nós paralisados. Era natural que em tais circunstâncias se desse grande valor, que se exagerasse mesmo valor de qualquer medida tendente a sustentar a nossa decadente agricultura.[7]

Para Esteves de Carvalho, se, por um lado, a lei impedia o mau uso que os proprietários faziam dos seus bens, por outro, se "abusar não é uma das faculdades, cujo agregado constitui a propriedade, e que por isso não pode qualquer proprietário licitamente abusar das suas coisas", isso não implica afirmar que caberia ao legislador civil sempre atalhar, e proibir os excessos praticados pelos proprietários pois, afinal, "muitas cousas há que a Moral reprova, e proíbe, que a prudência legislativa julga dever permitir, ou tolerar".[8] Em outras palavras, era possível expressar uma censura moral

---

5   *Idem*, p. 26.

6   *Ibidem*, p. 27.

7   *Ibidem*, p. 39-40.

8   *Ibidem*, p. 37.

àquela atitude de deixar a terra sem cultura, mas tal condenação não justificaria uma lei inibidora do abuso.

Ao discutir as normas de procedimento para a concessão de terrenos de sesmarias, o autor apresentava todo o processo de encaminhamento burocrático, mas ainda empregava o termo sesmeiro para se referir ao responsável pela distribuição de terra, e não seu receptor. Ele retomava assim a concepção original da palavra.

> Aquele, que pertende lhe sejam dados alguns bens de sesmaria, requer ao Sesmeiro. Este requerimento, que deve conter a declaração da qualidade desses bens, da sua situação, e confrontações, e dos nomes dos seus proprietários, sendo conhecido, deve ser a seu tempo autuado, começando por ele o breve processo, que sobre tal pertençam deve fazer-se. O Sesmeiro, à vista de semelhante requerimento, faz citar na própria pessoa o dono, ou donos dos bens assim pedidos, e suas mulheres, para num espaço de tempo conveniente (que a Lei não fixa, e por isso deve ficar ao arbítrio do sesmeiro) virem alegar os motivos, que tem para não darem de sesmaria.[9]

Ao procurar transcrever o processo para discutir sua visão negativa sobre a lei, Esteves de Carvalho anunciava o quanto era difícil levar a cabo o procedimento para a concessão pois, se a lei facultava que os proprietários das terras abandonadas deveriam ser ouvidos antes da nova concessão, isso expressava que suas alegações abriam novas querelas, "causas legítimas para se darem ou não àquelas terras". No entanto, havia lugares em que os antigos donos não eram conhecidos. Sendo assim, os sesmeiros [os que estão doando as terras] deveriam

> fazer apregoar nos lugares, em que tais bens são situados, que se hão de dar de sesmaria, declarando a sua particular situação, e confrontação: e além disso, farão por editos de trinta dias, em

---

9   *Ibidem*, p. 46.

que se declare, que os donos no espaço de um como os aproveitem, sob pena de se darem de sesmaria.[10]

Ou seja, sua crítica também se direcionava ao fato de que havia uma série de procedimentos a serem cumpridos antes da concessão final. A não observância de tais procedimentos provocava várias demandas, pois era preciso estar atento a um rol de detalhes relativos à localização da terra, aos nomes de seus prováveis donos.

Daí provinha, para Esteves, a questão da legitimidade ou ilegitimidade da concessão, para ele "se, dadas as sesmarias, se mover litígio se são bem dadas ou não, pertence o conhecimento aos Almoxarifes nas terras foreiras, ou tributários do Rei, ou à Coroa, e nas isentas, aos Juízes Ordinários dos lugares, onde os bens forem situados".[11]

Atacar o sistema de sesmaria adquiria agora um novo propósito para a consagração da defesa da propriedade. Afinal, tal concessão esteve sempre pautada na obrigatoriedade do cultivo o que contrariava os princípios liberais. Destituí-la de sentido seria então uma forma clara de romper com o elo que a prendia ao passado agrário do país: o cultivo como elemento legitimador de um direito, o direito de dizer que é dono de terras. Esteves de Carvalho não falava nenhum absurdo, quando fazia referências explícitas aos problemas originados pela concessão. Mello Freire já havia anos antes, apontado o problema.[12] Mas agora não bastava apenas destacar esse ponto, e sim relacioná-lo a uma crítica de fundo, que se consubstanciava na condenação do cultivo como elemento primeiro para a consagração de uma propriedade.

Assim, mais um costume se destruía para a defesa da propriedade: era preciso dissociar propriedade e exigência do cultivo, transformando a primeira em princípio absoluto e a segunda, numa consequência desejável, mas não mais obrigatória.

---

10 *Ibidem*, p. 48.

11 *Ibidem*, p. 49.

12 Vide capítulo 1.

Porfírio Homem de Carvalho escrevera também em 1815, suas *Primeiras Linhas do Direito Agrário deste Reino*.[13] O livro foi oferecido ao Senhor Dom Miguel Pereira Forjaz, do conselho do príncipe regente:

Desconheço as razões pelas quais Porfírio Homem de Carvalho decidiu oferecer sua obra a um dos representantes do conselho do Príncipe Regente, pois pouco se conhece sobre o próprio autor. Sabe-se apenas que foi formado na Faculdade de Direito da Universidade de Coimbra e escreveu algumas outras obras, incluindo *Primeiras Linhas do Direito Comercial deste Reino*, também em 1815.

Naquele pequeno livro, Homem de Carvalho procurou delinear o que são terras do soberano e o que são terras dos vassalos: os senhorios, capelas, prazos, os morgados, os bens alodiais e as terras livres, remetendo o leitor às disposições concernentes a cada tipo, nas Ordenações Filipinas.

Ao se referir às demarcações das terras, afirmara que ela "não só é útil aos senhores delas; por que os livra dos litígios, mas também ao Soberano para a boa recepção dos tributos". E continuava: "as penas aos que arrancam marcos são necessárias",[14] revelando em suas linhas uma estratégia por disputas de terras entre confrontantes.

Ao dedicar um capítulo especial para sesmarias, diferenciando-as, portanto, das terras dos vassalos, Homem de Carvalho resgatou a definição contida nas Ordenações e explicitou que elas não são bens da Coroa, "posto que lançados nos livros dos Próprios". Diferentemente de Esteves de Carvalho, Homem de Carvalho se eximiu de realizar uma crítica direta a essa forma de concessão e pareceu estar ciente dos procedimentos de confirmação destacando, ainda, que a confirmação de sesmaria era uma atribuição da Mesa do Desembargo do Paço, sem fazer referência ao papel outrora desempenhado pelo Conselho Ultramarino. Ademais, o mesmo autor estava atento às determinações em relação às terras dos índios Botecudos, referindo-se à Carta Régia de 1808 que determinou que fossem consideradas devolutas as terras resgatadas dos índios, que não haviam sido ainda cultivadas e demarcadas numa concessão anterior. Homem de Carvalho

---

13 Porfírio Hemetério Homem de Carvalho. *Primeiras linhas do direito agrário deste reino*. Edição de José Antônio Cardoso Veloso, Colecção "Scientia Ivridica". Braga: Livraria Cruz, 1965.

14 *Idem*, p. 8.

estava informado também da determinação de conceder sesmarias aos estrangeiros residentes no Brasil.[15]

Ao contrário do primeiro Carvalho, este último autor se propôs a desenhar os contornos das formas de concessão de terras e procurou estar atento ao que acontecia no Brasil. Ficou, a bem da verdade, no meio do caminho, pois desconsiderou ou ignorou as questões mais cruciais acerca das sesmarias. De qualquer forma, a ausência de uma crítica direta ao sistema de sesmaria nos faz lembrar que não havia uma uniformidade de opiniões em 1815 no que se refere à defesa de por término essa forma de concessão.

Ambos os Carvalhos preocupavam-se em discutir acerca de uma lei que não era mais aplicada ao território português, mas continuava referência obrigatória nas discussões sobre o direito e o limite imposto à propriedade territorial. Naqueles anos, porém, as consequências oriundas da transferência da Corte portuguesa para o Brasil e o ulterior processo que consolidou o Reino Unido não eram de todo propícios para o estudo mais aprofundado sobre o sistema de sesmarias. De todo modo, os Carvalhos traziam à cena considerações sobre um sistema de doação de terras que era o ponto fulcral da realidade do que se convencionou se chamar Brasil. No entanto, ainda em Portugal, nos anos vinte, outro autor seria contundente em suas críticas à lei de D. Fernando; tratava-se de uma importante personagem daquele conturbado período.

Francisco Manuel Trigoso de Aragão Morato e o vintismo

Francisco Manuel Trigoso de Aragão Morato nasceu em Lisboa em 1777 e morreu em 1838. Doutor e lente da Faculdade de Direito Canônico da Universidade de Coimbra e deputado às Cortes Constituintes de 1821. Foi também ministro e secretário de Estado em 1826, conselheiro de Esta-

---

15   Veremos mais detalhes deste aspecto mais adiante.

do, par do reino e vice-presidente da respectiva Câmara em 1833. Foi ainda sócio e vice-presidente da Academia Real das Ciências de Lisboa.[16]

Em suas memórias, que foram revistas e coordenadas por Ernesto de Campos Andrada, este último afirmou:

> Este sábio foi, na verdade, um notável exemplo das vicissitudes a que estão sujeitos os homens e as suas ciências. Respeitado e aplaudido no Ministério de El Rei D. José, por ter sido o primeiro que ensinou e defendeu vigorosamente os princípios do Direito Público Eclesiástico [...] sofreu uma contradição e perseguição surda, mas dolorosa, no reinado da Rainha D. Maria I [...] e aumentou de tal maneira aquela perseguição, que a Academia das Ciências não se atreveu a conceder-lhe a honra do elogio histórico, que ele tanto merecia, até pelos serviços feitos à Sociedade.[17]

Como inserir as reflexões de Morato sobre a lei de sesmarias, apresentadas na Assembleia Pública de 24 de junho de 1822?[18] O texto é lido menos de um mês antes da revogação da lei no Brasil, em 17 de julho do mesmo ano,[19] mas Morato não faz qualquer menção ao que ocorria no Brasil, nas várias decisões a respeito, promulgadas antes da decisão final de por fim ao sistema. Nosso personagem escreve numa conjuntura de crise, resultado da Revolução do Porto de 1820 e da convocação das Cortes.

Segundo Lucia Neves e Humberto Machado, dois pontos eram fundamentais para a vitória do movimento. Em primeiro lugar, o desejo em

---

16 Innocencio Francisco da Silva. *Diccionario Bibliographico Portuguez*. Lisboa: Imprensa Universitária, MDCLLLX. Tomo V, p. 459.

17 Ernesto de Campos de Andrada (revisão e coordenação). *Memórias de Francisco Manuel Trigoso de Aragão Morato, começadas a escrever por ele mesmo em princípios de Janeiro de 1824*. Coimbra: Imprensa da Universidade, 1933, p. 97.

18 Franciscio Manoel Trigoso d' Aragão Morato. "Memória Sobre a Lei das Sesmarias". In: *História e Memorias da Academia real das Sciencias de Lisboa*. Lisboa: Typografia da mesma Academia, 1823, p. 223-231.

19 Resolução de 17 de julho de 1822. Na Provisão de 22 de outubro de 1823, reafirmava-se a proibição de novas concessões de sesmarias até que a Assembleia Geral Constituinte regulasse a matéria. *Apud* Junqueira Messias. *O instituto brasileiro das terras devolutas*. São Paulo: Lael, 1976, p. 69. Retornarei à questão mais adiante.

transformar as antigas Cortes consultivas do absolutismo em Cortes deliberativas, encarregadas de elaborar uma nova Constituição. Em segundo, era urgente reformular as relações econômicas do império, fortalecendo Portugal nos quadros do Reino Unido.[20] Ainda segundo os autores, nas discussões que se seguiam, os reclamos em relação à liberdade estariam atrelados à consagração do direito de propriedade, e não como expressão de um direito inalienável do ser humano.[21] Ademais, as Cortes também expressavam a ideia de "uma sociedade em que deveriam reinar os homens ilustrados, cujo papel era o de orientar a nascente opinião pública".[22]

Em *Ideologia e Temporalidade*, Pedro Martins procurou entender a trajetória política de Morato em relação ao conservadorismo da época, suas ações políticas, pautadas pelo pragmatismo e realismo. Para Martins, Morato tinha um profundo respeito pela Constituição recentemente jurada.[23]

É preciso, portanto, entender suas reflexões acerca das sesmarias inserindo-as na visão de um homem ansioso por contribuir para a consagração de uma nova ordem, apoiada numa Carta Magna.

Em primeiro lugar, ele faz uma acusação à lei de sesmarias, tal como Carvalho havia feito anos antes. Desta feita, no entanto, a crítica é ácida e direta: era preciso destruir aquela lei. Apelidada de "santíssima", segundo Morato por um "avisado Escritor" que ele não nomina, e referida por outro escritor que "ela cuidosamente observada basta para fazer florescer a agricultura,[24] Morato se propõe a tarefa de responder:

> será este juízo ligeiramente proferido, e sem lhe preceder um exame bem refletido da dita lei? E talvez um efeito da respectuosa impressão quem em nós costumam fazer as antigas

---

20   Lúcia Neves & Humberto Machado. *O Império do Brasil*. Rio de Janeiro: Nova Fronteira, 1999, p. 68-69.

21   *Idem*, p. 72.

22   *Ibidem*.

23   Pedro Miguel Páscoa Santos Martins. *Ideologia e temporalidade*. As ideias políticas de Francisco Manuel Trigoso (1777-1838). Lisboa: Universidade Nova de Lisboa. Dissertação de mestrado em História Cultural e Política, 1995.

24   Morato, *op. cit.*, p. 223.

instituições pátrias, e os costumes dos nossos maiores? Ou será pelo contrário o resultado da convicção íntima em que estão aqueles Escritores da justiça desta lei, e da utilidade prática que da sua renovação se poderia seguir?[25]

O autor reconhecia, porém, que a lei de sesmarias era talvez a lei agrária mais antiga de Portugal e reproduzia em seu discurso as determinações nela contidas. Não negava que a lei tinha algumas indicações positivas, como as que se referiam ao preço do gado para os lavradores necessitados, taxado por preços cômodos pela justiça dos lugares. Também destacava a obrigatoriedade de que a profissão de lavrador fosse hereditária, e as disposições relativas aos vadios e mendigos. Entretanto, afirmava:

> ao mesmo tempo que merece todo o louvor a sabedoria com que a lei considerou conexos e ligados entre estes objectos, a saber, a cultura das terras, e a abundância de gados, e concorrência de jornaleiros que ela de necessidade exige; não se compreende bem como se pudesse promover num país a criação dos gados com uma lei que aterrava os criadores [...].[26]

Morato destacava ainda as diversas modificações a ela feita pelos sucessivos soberanos após D. Fernando, encontrando uma incoerência na sua última redação. Considerava justo o perpétuo domínio que a lei concedia aos que recebiam as terras em sesmarias. O que era injusto era

> tirar a um proprietário a sua terra quando se vê nas tristes circunstâncias, por causas a ele estranhas, de a não poder cultivar por si ou por outrem; ou castigar um filho, e reduzi-lo à desgraça pela só culpa de um pais estragado e indolente, ao qual aliás as leis mandam dar curador para obstar a dissipação dos seus bens.[27]

---

25 *Idem*.

26 *Ibidem*, p. 225-226

27 *Ibidem*, p. 227.

Em suma, ele atacava o princípio da lei que impunha a obrigação do cultivo como consagração da propriedade, lançando mão dos problemas de herdeiros empobrecidos privados de terras, já que as não cultivadas deveriam retornar com bem à Coroa, pelo espírito original daquela lei.

O autor ainda destacava que, a despeito de ter sido cuidada por tanto soberanos, ela nunca teve plena execução. Ao contrário, pois as leis nunca "se executaram em toda a sua extensão, nem delas se seguiu a esperada utilidade: pois apesar de tantas providências a agricultura continuou a decadência em que tinha caído desde o reinado do Senhor D. Fernando".[28]

Para Morato, a lei de sesmaria era por si mesma danosa e sua ineficácia não era resultado do estado político do reino, das desordens civis, das guerras e das conquistas que teriam prejudicado a agricultura. Ela era prejudicial, pois obrigava os proprietários a cultivar, sem atenção à qualidade das terras. Além disso, ela feria o "precioso direito de propriedade".

Morato apontava ainda que a lei após a Restauração teria caído insensivelmente no esquecimento, até que ficou em inteiro desuso. E lembrava:

> É verdade que nas Cortes de 1641 pediram os povos a El Rei D. João IV que se guardasse a ordenação e leis das sesmarias, as quais o mesmo Soberano declarou que não estavam revogadas e quis que de novo se observassem.[29]

E continua: "mas não se seguiu daqui efeito algum: e aquela determinação parece ter sido a última, que se publicou até os nossos dias acerca das sesmarias.[30]

Ao "esquecer" sobre as dezenas de determinações relativas ao sistema após 1641, Morato não mostrava ignorância; antes disso, operava com a simplificação da trajetória histórica da lei para fortalecer o argumento de que ela deveria ser abolida.

Nosso autor falava assim sobre uma lei que não era mais utilizada para a ocupação das terras do reino e insistia na sua abolição. Por quê? Que sen-

---

28 *Ibidem*, p. 227.

29 *Ibidem*, p. 233.

30 *Ibidem*.

tido podemos encontrar num discurso que fazia a defesa da revogação de uma lei não mais utilizada nas terras de Portugal?

Não nos parece que o autor estivesse particularmente interessado em problematizar acerca da concessão de sesmarias em terras coloniais, pois não fez qualquer alusão aos problemas suscitados pelo sistema. É digno de nota que tanto ele como os Carvalhos não fizeram qualquer referência ao Alvará de 3 de maio de 1795, do reinado de D. Maria, cujo teor era o de discutir precisamente o sistema sesmarial no Brasil, impondo limites à forma de concessão. Importa-nos, no entanto, destacar que Morato, ao escrever esse texto trazia a nu, os aspectos mais importantes sobre a questão da propriedade, numa conjuntura na qual tudo que era sólido poderia desmanchar no ar.

Não resta dúvida que a historiografia portuguesa ainda não chegou a um consenso acerca do papel da reação antissenhorial dos anos vinte. Não se pode negar que os abusos e conflitos dos senhorios no exercício das jurisdições e direitos sem disporem de títulos legítimos, ou mesmo seus esforços em impor novas obrigações, estão na origem de uma reação, malgrado o peso que ela teria tido no desmantelar do Antigo Regime.

A visão clássica e consolidada a partir do estudo pioneiro do historiador francês Silbert, segundo a qual a revolução liberal portuguesa não foi seguida por uma agitação camponesa,[31] é atualmente posta à prova. Assim sendo, a noção de que a crise do Antigo Regime não foi acompanhada de uma crise de carestia, o que teria construído para inibir a ocorrência de revoltas antissenhoriais é hoje revista, a partir de um entendimento mais denso acerca das múltiplas formas de contestação que estiveram presentes ao longo daquela conjuntura. Segundo Monteiro, se por um lado o movimento penitenciário não pode ser identificado como um exemplo de movimento camponês, por outro é um exagero identificá-lo como uma burguesia rural "ligada a formas 'capitalistas' de exploração agrária".[32] Um olhar mais atento acerca do movimento penitenciário de 1821 permitiu àquele autor vis-

---

31 Albert Silbert. *Le probléme agraire portugais au temps des premières cortes liberales (1821-1823)*. 2ª ed. Paris: Fundação Calouste Gulbenkian, 1985.

32 Nuno Monteiro. "A Geografia das Petições e dos Conflitos (1821-1824)". In: *Elites e Poder. Entre o Antigo Regime e o Liberalismo*. Lisboa: Instituto de Ciências Sociais da Universidade de Lisboa, 2003, p. 211.

lumbrar as expectativas suscitadas pelo projeto dos liberais em sua relação com realidades regionais distintas e expectativas diversas de agentes sociais envolvidos nas petições.

Uma leitura das petições recolhidas e publicadas por Albert Silbert[33] nos permite afirmar que, malgrado a diversidade das reclamações, das expectativas atualizadas pela propagação da noção de que se instituía uma nova ordem, havia o desejo de alguns de que fossem mantidos o direito de pasto comum e a primazia do cultivo.

Muitas das reclamações relativas ao excessivo pagamento de foros faziam referências explícitas aos problemas oriundos das confrontações e ao fato de que havia muitas terras incultas, contribuindo para o empobrecimento dos cultivadores. Outras enfatizavam o desejo de manter os maninhos e pediam providência para que lhes fossem assegurados tais direitos. Na petição da freguesia de Santa Maria D'Ancora, termo da vila de Vianna, província do Minho, os moradores solicitavam a manutenção dos maninhos

> dos quais tiravam os moradores os precisos matos para adubos de suas terras, bem como as águas com as fertilizavam [...] pois que com esta apropriação de um pequeno número de particulares, que se tem apossado, ficarão os ditos gados privados dos precisos logradouros para a sua pastagem e criação, com grave e escandaloso prejuízo do vivificante ramo da lavoura e criação dos gados.[34]

Havia os que coletivamente reclamavam de pagamento de direitos a outrem sem a devida apresentação de "uma lei ou foral a que tal os obriguem", como fez a maior parte dos moradores de São Pedro da Vargia.[35] Nesses casos, por exemplo, a ausência de um foral já era percebida pelo juristas como uma prova de ilegalidade.[36]

---

33 *Apud* Silbert, *op. cit.*

34 *Apud* Silbert. Maço 37, documento 18, p. 53-55.

35 *Apud* Silbert. Maço 37, documento 4, p. 45-46.

36 Concordo aqui com a nota 2, página 45, do livro de Silbert. O autor apoia-se, por sua vez, nos escritos de Manoel d'Almeida e Sousa discutidos no primeiro capítulo.

Também existia o desejo de muitos lavradores pela preservação das matas de suas respectivas vilas. Em 1821, os lavradores de Salvaterra e de Benavente, escreveram uma petição a respeito da publicação de editais públicos sobre o clarejar da mata chamada Garrocheira. Segundo a petição, a existência das matas permitia o aproveitamento da madeira para a agricultura e embarcação e era ainda o único abrigo e sustento de seus gados. Ainda segundo a petição, era possível abrir a vala, com o auxílio dos lavradores, "sem que seja preciso perder-se aquela mata, tão importante e digna de conservar-se perpetuamente, ou com guarda, ou sem ela.[37]

Mas havia ainda petições cujo teor era o de consagrar a propriedade privada, numa clara condenação aos costumes de pastos comuns. Eram petições individuais, de proprietários como Domingos Pires Caldeira e Maria Pires Leitoa, ambos da comarca de Castelo Branco, que apontaram as injustiças do direito ao pasto comum, creditando seu uso um prejuízo à agricultura.[38]

Assim sendo, as petições eram embates sobre o direito à terra, os limites que deveriam ser impostos ou não à propriedade. Entende-se assim por que Morato inicia o seu discurso numa condenação taxativa às sesmarias. Ela era uma lei antiga, já não mais aplicada em Portugal, mas ela também simbolizava um limite à propriedade plena, pois impunha como condição primeira, a obrigatoriedade do cultivo. Pode-se supor que ela se tornara um ponto de discórdia, entre os defensores da propriedade privada em toda a sua plenitude e os que – ao resgatar o passado – acreditavam que a propriedade deveria estar submetida àquela obrigatoriedade.

Os liberais vivenciam uma "obsessão pelas origens" dos direitos.[39] Nesse sentido, seriam duas "as origens remotas das formas de posse vitalícia e/ ou hereditária da terra: por um lado os forais régios medievais [...] e por outro os aforamentos coletivos". E ainda, havia a tendência de reconhecer que os forais eram uma doação régia, revogável em qualquer tempo. Compreende-se então que nos debates dos deputados vintistas havia um claro

---

37 *Apud* Silbert. Maço 37, documento 54, p. 86-88.

38 *Apud* Silbert. Maço 38, números 21, a e b., p. 135-144.

39 Nuno Monteiro. "A questão dos forais" na conjuntura vintista". In: *Elites e Poder. Entre o Antigo Regime e o Liberalismo*. Lisboa: Instituto de Ciências Sociais da Universidade de Lisboa, 2003, p. 189.

esforço de "compatibilizar o ataque ao regime senhorial com a consagração do direito de propriedade".[40]

Assim sendo, Morato se colocara contrário ao sistema de sesmaria, não por que ele estivesse discutindo as anteriores tentativas da Coroa em submeter os sesmeiros a sua determinação, impondo limites aos abusos e demandos dos proprietários de terra coloniais, como fizera Francisco Mauricio de Sousa Coutinho. A meu ver, ele se colocava contrário à lei, porque ela guardava em seu bojo a submissão da propriedade da terra à obrigatoriedade do cultivo. Destruí-la e deslegitimá-la era a forma de destruir e deslegitimar aquele alicerce para consagrar um novo direito à propriedade; um direito natural e absoluto, cuja liberdade estava relacionada à capacidade de usufruí-la sem qualquer constrangimento, dela dispôr sem limite, de poder vendê-la, comprá-la ou herdá-la. Ao romper com uma tradição que remontava aos tempos de D. Fernando, garantia-se um futuro cuja propriedade da terra seria reconhecida em toda a sua plenitude. A propriedade é então consagrada pela Constituição de 1822 enquanto "um direito sagrado e inviolável".[41]

Morato expressava então uma crítica profunda, num período particularmente de crise da sociedade portuguesa. Os anos de 1807 a 1820 foram os anos "mais dramáticos da história de Portugal".[42] A Revolução do Porto foi o culminar de um processo iniciado quando da transferência da Corte portuguesa para o Brasil. Queixas, angústias, dúvidas tornaram-se recorrentes em relação a um governo que a partir de 1808 já não estava ali, mas sim do outro lado do Atlântico, numa colônia, elevada, em 1815, como parte integrante do Reino Unido de Portugal e Algarves.

---

40 *Ibidem*, p. 195.

41 J. Joaquim Gomes Canotilho. "As Constituições". In: José Mattoso. *História de Portugal*. 5° vol.: *O Liberalismo* (coordenação de Luís Reis Torgal & Roque João Lourenço). Lisboa: Estampa, 1998, p. 126.

42 Miriam Halperm Pereira. "Introdução Geral. A crise do Antigo Regime e as Cortes Constitucionais de 1821-1822". In: Benedicta Maria Duque Vieira. *O problema político português no tempo das primeiras cortes liberais*. Lisboa: Edições João Sá da Costa, 1992, p. 1. Miriam Halperm Pereira (dir.). *A crise do Antigo Regime e as cortes constituintes de 1821-1822*, vol. V. Lisboa: Edições João Sá da Costa, 1992.

As cortes e a discussão sobre Sesmarias

Naquela revolução e no seu mais importante desdobramento, a instalação das Cortes, o movimento peticionário canalizou expectativas para um Congresso que chamava para si a responsabilidade de construir um novo país.[43] Expectativas diversas também nos dois lados do Atlântico. Tensões e angústias diferenciadas ainda nos distintos territórios que compunham a América Portuguesa.

Segundo Márcia Berbel, 45 parlamentares eleitos em distintas regiões do Brasil foram para Portugal para, juntamente com os outros eleitos constituir a nação portuguesa".[44] Resultado da Revolução do Porto, a Constituinte trazia a nu interesses distintos e perspectivas diferentes sobre a consolidação das marcas do liberalismo luso.

Não é possível omitir que o "nacionalismo vintista excluía, a princípio, o Brasil".[45] No entanto, os "negociantes do Porto e de Lisboa estavam dispostos a reaver os privilégios comerciais com as capitanias do Brasil.[46] As diversas leituras a respeito da revolução eram a face mais visível dos múltiplos interesses das capitanias em aderir à Constituição. Talvez houvesse um objetivo comum que unia os deputados do Brasil: a preservação da unidade portuguesa consubstanciada a partir de 1815 que, completasse, ao mesmo tempo, os diversos interesses de cada região.[47]

---

43   Não é possível, nos limites deste trabalho, discutir a cultura política do período, tampouco as interpretações sobre alguns conceitos operados naquele conjuntura. Para uma análise sobre o tema, remeto o leitor a um livro fundamental sobre o tema: Lúcia Maria Bastos Pereira das Neves. *Corcundas e Constitucionais*. A Cultura Política da Independência (1820-1822). Rio de Janeiro: Revan/Faperj, 2003. Sobre o papel da Imprensa no processo de Independência do Brasil, vide Isabel Lustosa. *Insultos Impressos*. A Guerra dos Jornalistas na Independência. 1821-1823. São Paulo: Companhia das Letras, 2000.

44   Márcia Regina Berbel. *A nação como artefato*. Deputado do Brasil nas cortes portuguesas. 1821-1822. São Paulo: Hucitec, 1999, p. 17.

45   Márcia Berbel, *op. cit.*, p. 55.

46   *Idem*, p. 56.

47   Entre tantos trabalhos sobre o período, destaco, Andréa Slemian & João Paulo Pimenta. *O "nascimento" político do Brasil*. Rio de Janeiro: DP&A, 2003.

A capitania do Pará, já em 1º de janeiro de 1821, aderiu aos apelos do outro lado do Atlântico, reconhecendo ali em Portugal o poder. Aquela capitania subordinava-se diretamente ao governo de Portugal e desconhecia a presença da Corte no Rio de Janeiro.[48] Bahia foi a segunda capitania a unir-se. Além disso, os deputados eleitos de Pernambuco pertenciam, em sua maioria, à facção vencida na revolta de 1917.

> Nas regiões Norte e Nordeste, portanto, o movimento de adesão às Cortes contou com reações diferenciadas dos governadores locais, todos ligados à Corte joanina. Ao processo do Pará, em janeiro de 1821, e da Bahia, em fevereiro, que implicaram a destruição dos governos do Antigo Regime, seguiu-se o de Pernambuco, que contava com as tentativas de controle do governador, fiel interventor de D. João VI.[49]

Contudo, se por um lado, o reconhecimento da futura Constituição e a adesão de alguma capitanias expressavam seu alinhamento ao governo de Lisboa, por outro a permanência do príncipe "mantinha estatuto especial para a antiga sede da Monarquia e preservava a qualidade de Reino ao Brasil ".[50] Além disso, com a pressão para a partida de D. João, gestava-se ainda – a partir da formação da Junta Provisória em São Paulo – "uma proposta de continuidade do Brasil como Reino Unido" que adquiriu, segundo Márcia Berbel, "conteúdo programático, defendido posteriormente nas Cortes de Lisboa".[51]

---

48 Berbel, *op. cit.*, p. 57. Nota de rodapé. O vice-presidente da Junta era o juiz de fora da cidade, Joaquim Pereira de Macedo, e tinha como vogais os coronéis João Pereira Vilaça, Francisco José Rodrigues Barata e Geraldo José de Abreu, o tenente-coronel Francisco José de Farias, o negociante Francisco Gonçalves Lima e os agricultores João da Fonseca Freitas e José Rodrigues de Castro Góis.

49 *Idem*, p. 64. "No geral, as eleições do Norte e Nordeste expressaram, portanto, a vitória do movimento constitucional. A maioria dos deputados alinhava-se ao liberalismo das Cortes, fosse em razão das ligações regionais mais intensas com Lisboa, como no caso do Pará, fosse em função das reivindicações não satisfeitas em 1817" (p. 65).

50 *Ibidem*, p. 68.

51 *Ibidem*, p. 72. Ainda segundo Márcia Berbel: A junta elaborou o único programa político que pensava a organização da *União*, do *Reino do Brasil* e da *Província de São Paulo*. Tudo

No diário das Cortes é possível encontrar algumas referências diretas ao sistema de sesmarias. Há que se considerar que os debates relativos à propriedade envolviam, em sua maioria, o problema da propriedade vinculada e os reclamos pela abolição dos morgadios.[52] No entanto, "os reformadores não ousaram enfrentar a enfiteuse, nem o arrendamento a longo prazo, e quando se tornou premente atingir os sagrados direitos dos proprietários recorreram sub-repticiamente às sesmarias".[53] Ainda segundo a autora, os reformadores não teriam explicado a razão do ataque às sesmarias. Um olhar mais atento, porém, encaminha uma resposta para a decisão de concentrar esforços na deslegitimação de um sistema tão antigo quanto a sesmarias. Vamos por partes.

A lei de sesmarias, como vimos na primeira parte, havia se instituído para fazer face à crise da agricultura do século XIV e condicionava a doação de terras à obrigatoriedade do cultivo. Há sólidos vestígios de que, desde cedo, o que se transmitia – em grande parte das doações – era um domínio perpétuo e alienável.[54] Ao mesmo tempo, ela se tornara o instituto jurídico que sedimentou a propriedade legal das terras aos desbravadores dos territórios do Ultramar, tornando-se com o tempo o "título legítimo", o documento que referendava a propriedade de alguns, em detrimento de outros. Entende-se assim por que muitos sesmeiros continuaram a solicitar a confirmação de sua sesmaria pelo Conselho Ultramarino, enquanto outros direcionavam seu pedido para a Mesa do Desembargo do Paço, instalada no Rio de Janeiro, em 1808. Mas antes de discutir esse aspecto, vejamos a mais importante proposta que chegou às Cortes. Em outras palavras, na conjuntura daqueles complexos e decisivos anos, se tornava premente legalizar a ocupação e ao menos um dos deputados ousou discutir o sistema naquele período: Domingos Borges de Barros. Ele foi além da mera crítica. O deputado fez uma proposta

---

indica que a autoria é de José Bonifácio.

52 Para tanto, vide: Benedicta Maria Duque Vieira. *A justiça civil na transição para o Estado Liberal. Estudos e Documentos*. Miriam Halperme Pereira (dir.). *A crise do Antigo Regime e as cortes constituintes de 1821-1822*. Vol. V. Lisboa: Edições João Sá da Costa, 1992.

53 *Idem*, p. 47-48.

54 Virgínia Rau. *Sesmarias medievais portuguesas*. Lisboa: Editorial Presença, 1982.

inovadora ao reatualizar o sistema, adequando-o a uma realidade rural composta não somente por lavradores em seu sentido lato, mas também por índios e cativos.

É possível afiançar que a primeira proposta de intervenção da estrutura fundiária foi feita por José Bonifácio de Andrada e Silva, quando da Convocação dos representantes brasileiros à Corte portuguesa, no conturbado ano de 1821.[55] Naquela ocasião, ele escrevera o texto *Lembranças e apontamento do governo provisório da província de São Paulo para os seus deputados.* Em trabalho anterior, eu já apontava que aquele personagem baseou-se nos mesmos pressupostos da legislação sobre sesmarias para defender que as terras dadas por aquele sistema, mas não cultivadas, deveriam retornar "à massa dos bens nacionais, deixando-se somente aos donos das terras, meia légua quadrada, quando muito, com a condição de começarem logo a cultivá-las".[56] Em relação às terras tomadas por posse, José Bonifácio afirmava que seus donos também deviam perdê-las, excetuando-se o terreno já cultivado e "mais 400 geiras acadêmicas, para poderem estender a sua cultura, determinando-se para isso, tempo fixo".[57] Seu projeto incluía também uma política de venda de terras e a proibição de novas doações, a não ser em alguns casos específicos. Ou seja, segundo as determinações defendidas por Bonifácio, o dinheiro advindo da venda de terras deveria ser empregado para "favorecer a colonização de europeus pobres, índios, mulatos e negros forros, a quem se darão de sesmarias pequenas porções de terreno para cultivarem e se estabelecerem".[58]

Como também já afirmei, a despeito do projeto jamais ter saído do papel, "era uma proposta de intervenção pública na distribuição de terras e, portanto, limitava o poder dos *senhores e possuidores* de terras que, pelo

---

55 Para uma análise sobre o papel de José Bonifácio de Andrada e Silva no processo que culminou com a Independência Política do país, vide Emília Viotti da Costa. "José Bonifácio: mito e história". In: *Da monarquia à república: momentos decisivos.* 3ª ed. São Paulo: Brasilisense, 1985, p. 55-118.

56 "Lembranças e apontamentos do Governo Provisório da Província de São Paulo, para os seus Deputados. Instruções redigidas por José Bonifácio de Andrada e Silva. 1821" *apud* Messias Junqueira. *O instituto brasileiro das terras devolutas.* São Paulo: Lael, 1976, p. 67-68.

57 *Ibidem.*

58 *Ibidem.*

projeto, estariam submetidos aos interesses mais gerais da Coroa.[59] Fruto de uma conjuntura política bastante ambígua, herdeiro de anteriores ensaios de intervenção na política de terras, o projeto sobre a questão de terras de José Bonifácio inseria-se, segundo Emília Viotti, num projeto maior para o desenvolvimento do Brasil.[60] A proposta inscreve-se ainda em todo um conjunto de propostas de José Bonifácio "para superar os entraves ao desenvolvimento da indústria e da agricultura e, principalmente, para a integração à sociedade de índios e negros libertos".[61]

Ainda mais contundente e impressionante é a proposta apresentada às Cortes por Domingos Borges de Barros, um dos deputados baianos que fora a Lisboa, juntamente com Francisco Agostinho Gomes, Luis Paulino de Oliveira, Marcos Antonio de Souza, Alexandre Gomes Ferrão Castelo Branco e Pedro Rodrigues Bandeira. Domingos Borges de Barros era formado em Direito pela Universidade de Coimbra, tornou-se mais tarde Visconde da Pedra Branca e foi senador do império do Brasil entre 1833 a 1855.[62]

Segundo informações do Senado, aquele deputado escrevera ao longo da vida ao menos quatro obras sobre a questão da terra: *Memória sobre a plantação e fabrico de urucum; Memória sobre o café, sua história, cultura, amanho, Memórias sobre os meios de desaguar ou esgotar as terras inundadas;* e *Memórias sobre os muros de apoio ou muros que servem para sustentar a terra.*[63]

---

59 Discuto este projeto em *Nas fronteiras do poder, conflito e direito à terra no Brasil do século XIX*. Rio de Janeiro: Arquivo Público do Estado do Rio de Janeiro/Vício de Leitura, 1998, especialmente capítulo 4.

60 "Sugeriam, as *Lembranças e Apontamentos*, a instalação de um governo geral executivo no reino do Brasil, a que se submeteriam as províncias; falava na criação de colégios e de uma universidade, sugeria a fundação de 'uma cidade central no interior do Brasil' com o fito de desenvolver o povoamento, fazia recomendações sobre o desenvolvimento da mineração, apresentava sugestões sobre o tratamento dos índios e sobre a colonização; pleiteava enfim a igualdade de direitos políticos e civis". Emília Viotti da Costa. "José Bonifácio: mito e história". In: *Da monarquia à república: momentos decisivos*. 3ª ed. São Paulo, 1985, p. 58.

61 Miriam Dolhnikoff. "Introdução". In: *José Bonifácio de Andrada e Silva. Projetos para o Brasil.* São Paulo: Companhia das Letras, 1998, p. 27.

62 Os dados biográficos foram recolhidos no site do Senado e retirados em 4 de jan. de 2007. http://www.senado.gov.br/sf/senadores/senadores_biografia.asp?codparl=1583&li=2&lcab=1830--1833&lf=2.

63 *Idem.*

Em 18 de março de 1822, Domingos Borges apresentou sua proposta às Cortes Gerais e Extraordinárias da Nação Portuguesa, no desejo de promover a "povoação, civilização e cultura do vasto Reino do Brazil".[64] O texto era, de fato, um projeto de intervenção e de estímulo à emigração para o Brasil. Assim sendo, garantia-se a liberdade religiosa e de opinião aos que para cá viessem. Em cada província, se formaria uma junta composta de cinco membros, "eleitos entre os cidadão ilustrados" e interessados no bem público com o intuito de criar uma "caixa de colonização, destinada a suprir as despesas das colônias que se estabelecerem e das aldeias para os índios".[65]

Havia ainda a intenção de propagar a medida, uma vez que se propunha que o governo estabelecesse comissários[66] em alguns países da Europa, para que pudessem, em nome do governo, "ajuntar e embarcar para o Brasil o número de famílias, ou colônias, que lhes forem encomendadas pelas juntas de colonização".[67]

Ainda segundo o projeto:

> As colônias, que primeiro chegarem ao Brasil à custa das juntas da colonização, e as famílias, que à própria custa passarem aquele país, e se apresentarem às mesmas juntas, serão estabelecidas nas terras, que se acharem baldias, e incultas, nas vizinhanças das cidades e vilas, e povoações existentes, ou nas margens de rios, e grandes estradas, que facilitem o transporte dos produtos para os mercados. E para que a colonização principie inalteravelmente por entes lugares, e as juntas possam ter explorado, e preparado de antemão as terras indicadas, o Governo provincial

---

64 http://debates.parlamento.pt/mc/c1821/shpg_c1821.asp, Diário das cortes gerais e extraordinárias da nação Portuguesa, p. 538-542. Retirado em 4 de janeiro de 2007.

65 *Ibidem*.

66 *Ibidem*. "Estes comissários arbitrar-se-ão ordenados fixos e moderados, pagos a quartéis nos lugares em que se acharem, e certas gratificações proporcionadas à capacidade, sexo, e idade de cada colono que mandarem, pagas no Brasil à vista da relação do desembarque" Os capitães dos navios que transportassem os colonos também "seriam protegidos pelo Governo que fará efetiva a observância de tal ajuste".

67 *Ibidem*.

apresentar-lhes-á com a possível brevidade uma relação exata delas, ou sejam fora de posse, ou possuídas por alguém. *Sendo possuídas por título lucrativo, ou sesmarias, as juntas farão intimar aos sesmeiros, que as cultivem dentro do tempo, que lhes foi marcado nas datas, sob pena de reverterem para o listado, e serem dadas gratuitamente aos colonos;* e sendo por título oneroso, serão intimados os seus proprietários para que as aproveitem dentro de dois anos, sob pena de serem aforadas a colonos por um foro razoado, que pertencerá aos respectivos proprietários.[68]

O projeto do deputado baiano pretendia esquadrinhar a ocupação de terras livres. Nesse sentido, sua proposta implicava a seção de uma légua quadrada de terras, dividida em porções de duzentas braças em quadro para cada família, sendo, no total, cem famílias ou seiscentas pessoas por légua. Assim sendo,

Cada família da colônia que se dedicar à lavoura, terá uma destas porções; e das restantes serão destinadas umas para assento da vila, e logradouro comum, outras para colonos, que de novo chegarem, e algumas para os membros da junta, que estabelecerem a colônia, em prêmio de tão importante serviço; havendo cuidado em deixar-se junto a cada povoação uma porção da mata, que se conservará sempre como tal.

Cada família receberia sementes, aves e "algum gado" e seria sustentada por quatro meses. A junta daria ainda um título da porção de terra e o chefe da família assinaria "uma obrigação de pagar a junta por quotas anuais estipuladas o preço da sua passagem, mantimentos e mais capitais que se lhe tiver adiantado".[69] A unidade familiar teria a obrigação "de abrir sua terra dentro de quatro meses, pena de a perder".[70]

Havia ainda a determinação de diferenciar a colônia financiada pela junta e aquela criada por um empreendedor. Neste caso, seria dado "o

---

68 *Ibidem.* Grifo do autor.

69 *Ibidem.*

70 *Ibidem.*

dobro de terras [...] as quais serão divididas em duas partes, uma para o empreendedor e outra para ser subdividida pela famílias".[71] Reconhecia-se também a opção de algumas famílias com mais de seis pessoas migrarem para o Brasil, "levando consigo instrumentos e mais capitais necessários para a lavoura".[72] Nestes casos, seriam dados 500 braças em quadrado.

Domingos Borges sinalizava para o reconhecimento dos colonos como cidadãos portugueses, sendo desobrigados do serviço militar e de qualquer tributo durante os primeiros cinco anos. Após esse período, os colonos pagariam o "dízimo para a caixa de colonização"e só então ficariam sujeitos aos encargos comuns a todos os portugueses.[73]

Intentava-se ademais uma intervenção na política indigenista.[74] As juntas de colonização e protetora dos índios seriam também responsáveis pela fundação de novas aldeias para os índios, assim como "em reparar as antigas, que se acharem arruinadas e decadentes nas vizinhanças das cidades, vilas e povoações civilizadas".[75] A junta distribuiria terras necessárias para cada aldeia, na mesma proporção das dadas aos colonos estrangeiros. Seriam nomeados os diretores das aldeias, com a responsabilidade de inspecionar as escolas e oficinas, bem como a distri-

---

71 *Ibidem.*

72 *Ibidem.*

73 *Ibidem.* E ainda: "Todos os colonos, que se estabelecerem no Brasil, ou à custa das juntas, ou à de particulares, ou a própria custa, poderão voltar livremente para as terras do seu nascimento logo que tenham preenchido quaisquer obrigações, que hajam contraído no país e não pagaram, assim como os nacionais, direitos alguns de saída por suas pessoas. E para que conste o número, nação, sexo, idade, e profissão dos colonos que entrarem nas diferentes províncias, e daqueles, que saírem delas, as juntas farão publicar cada três meses uma exacta relação de uns e outros, extraída dos livros de registro, que para isso deverão ler."

74 *Ibidem.* "Fica em todo o seu vigor o diretório dos índios, dado aos 17 de agosto de 1758, suprimidos os artigos desde o 27 até ao 34, e desde o 56 até 70, que serão tidos por nulos, e por consequência as novas povoações isentas do dízimo, e quaisquer outros direitos, por tempo de 10 anos, e para sempre do 6, que pagavam aos directores (de cujo benefício gozarão também as povoações existentes que o pagarem) e finalmente extinta a prática de se obrigar os índios a trabalharem nas fazendas de diversos senhores, o que farão, se, e quando quiserem."

75 *Ibidem.*

buição dos instrumentos de lavoura que seriam fornecidos para aqueles que tivessem meios de os comprar.

No intuito de civilizar os índios, a proposta incluía a responsabilidades dos diretores de marcarem

> certos dias, e principalmente aqueles em que houver batizado ou casamento na aldeia, para as festas e danças, e alegrias decentes, de que os índios mais apaixonados forem, e finalmente procurarão com todo o desvelo, e por intervenção dos índios civilizados, em quem maior confiança tiverem, aliciar os errantes e selvagens, os quais serão hospedados com afabilidade, quando venham às alheias, comprando-se quanto a elas trouxerem, e dando-se-lhes em troco as mercadorias que escolherem, e de que haverá na aldeia o necessário provimento, e encomendando-se-lhes coisas do país, que precisem de manipulação, como peixe salgado, para o que se lhes dará sal, e ensinará o modo de salgar.[76]

A intenção de civilizar os lavradores e controlar o acesso à terra eram acompanhadas pelo desejo de criação de uma sociedade de agricultura, "composta por cidadãos mais interessados no progresso desta nobilíssima arte".[77] No espírito de muitos dos textos da Academia de Ciências de Lisboa, o deputado argumentava que aquela sociedade teria como função

> promover pelos meios que julgar convenientes, todos os ramos da apicultura da província, e levar ao conhecimento do Governo quais os tributos, monopólios, e exclusivos, que retardam o progresso da lavoura; quais as pontes, estradas, e encanamentos, que mais precisos forem; quais as terias, que se acham

---

76 *Ibidem*. "Ao índio, que do mato passar à aldeia, e nela se quiser estabelecer, dar-se-á uma porção de terra, e os necessários capitais, para que a cultive, ou em separado, ou em comum, qual mais quiser, e ajudar-se-lhe-ha a edificar sua casa. O que for assim estabelecido gozará dos direitos e isenções concedidas aos novos colonos". E ainda: "Aquele, que chegar à aldeia em estado de receber educação e aprender algum ofício, será admitido nas escolas e oficinas, no que os diretores deverão ter muito particular cuidado".

77 *Ibidem*.

incultas, sendo susceptíveis de colonização, e cultura, ou por sua vantajosa situação, ou por sua fecundidade; quais os lavradores, que mais se distinguirem no aproveitamento das terras; e finalmente quanto for a bem da prosperidade dos campos.[78]

O plano em tela aproximava ainda a política de emigração ao espinhoso tema do tráfico de escravos, estabelecendo otimisticamente o prazo de seis anos para o término daquele comércio, "contado do dia que se promulgar a Constituição no Brasil".[79] Ele estabelecia ainda que

> Os governos das províncias do Brasil, convidando a filantropia nacional, estabelecerão caixas de resgate para libertarem no dia do aniversário da sua respectiva regeneração aqueles escravos, que por alguma ação virtuosa, ou conduta, que sobressaia, como seja a obediência, e bons serviços prestados a seus senhores, se fizerem dignos da liberdade; competindo a cada um dos referidos governos o modo de formar as ditas caixas, e organizar a companhia, que as deve administrar, dá estabelecer os regulamentos precisos para seu bom regime, e de empregar aqueles escravos, que cada ano impreterivelmente deve libertar, que não tiverem ofícios, a fim de evitar a ociosidade.[80]

O deputado defendia ainda que o escravo que apresentasse o seu valor "granjeado por meio lícito [seria] libertado".[81] Caso o senhor fosse contrário à libertação de seu cativo, "deverá ser obrigado a entrar para a caixa do resgate com a quinta parte do valor em perda sua, e proveito da liberdade".[82]

---

78 *Ibidem.*

79 *Ibidem.*

80 *Ibidem.*

81 *Ibidem.*

82 *Ibidem.* Havia ainda outras disposições sobre os cativos: "Será livre o filho, e a escrava que o tiver de seu senhor; ficando este obrigado a fazê-lo aprender ofício, de que possa subsistir: e livres serão também os escravos que nas doenças forem abandonados pelos senhores, uma vez que se prove que o senhor não costuma tratá-los nas enfermidades. "O escravo que for seviciado por seu senhor, provando-o, poderá requerer mudança para senhor de sua escolha; e o seu preço terá arbitrado por avaliadores".

É possível supor que a proposta de Domingos Borges estivesse ancorada no papel desempenhado pela Bahia no reconhecimento de Lisboa como centro político do império. Ademais, o próprio deputado tinha ciência de que o Brasil não era uma unidade monolítica, ao contrário:"O Brasil não deve olhar-se como um só país, são tantos países diferentes quantas as províncias".[83] Assim sendo, ele buscava unir trajetórias desiguais ao esquadrinhar uma intervenção que, ao mesmo tempo, organizaria o território estimulando a atividade agrícola, e daria um norte para a abolição do tráfico negreiro. Se é fato que a Bahia tinha um lugar estratégico "na manutenção da unidade política do Norte do Brasil", é provável que a intervenção de Domingos Borges tenha sido a proposta reformista possível nos quadros de uma sociedade fundamentada nos engenhos e baseada na mão de obra escrava. Assim, ao reatualizar o sistema de sesmarias, nosso autor não ousou discutir os fundamentos da propriedade de antigos ocupantes, tampouco tocou na delicada questão dos litígios de terras. Ele redefiniu o sistema, trazendo para o centro do debate o seu fio condutor maior: a obrigatoriedade do cultivo. Por conta disso, o projeto era um plano para o futuro, omitindo, portanto, um passado marcado por querelas e dúvidas acerca da eficácia do sistema de sesmarias como fundamento da propriedade nas terras coloniais.

Mas havia os que, apesar de menos ousados, estivessem dispostos a criticar o sistema de sesmarias. Em 14 de setembro de 1822, um dos deputados, Domingos da Conceição, ao discursar sobre a situação da agricultura no Piauí, afirmava que ela se achava em "grande atraso" em razão das inúmeras "sesmarias incultas dadas a particulares, com notável prejuízo das rendas nacionais".[84] Domingos propunha ainda que "todo o cidadão que não tiver enchido o fim, pelo qual lhe foi concedida a sesmaria, seja

---

"Os senhores deverão animar, e favorecer o casamento entre seus escravos. A escrava casada, que apresentar seis filhos vivos, terá carta de alforria; ficando o senhor obrigado a sustentá-la durante a criação do último filho".

83 *Apud* Thomas Wisiak. "Itinerário da Bahia na iIdependência do Brasil (1821-1823). In: István Jancsó (org.). *Independência: história e historiografia*. São Paulo: Hucitec/Fapesp, 2005, p. 456.

84 http://debates.parlamento.pt/mc/c1821/shpg_c1821.asp. Diário das cortes gerais e extraordinárias da nação Portuguesa, p. 435, n. 37. Retirado em 04 de janeiro de 2007.

considerado por este mesmo facto devoluta".[85] Ele pedia também ao governo que fizesse cessar a concessão de terras por sesmarias e advogava que as Câmaras deveriam ser autorizadas a conceder porção de terrenos devolutos "para serem imediatamente cultivadas, a porção de 100 braças quadradas por indivíduo ou família, preferindo sempre aqueles que atualmente as tiverem desfrutando com lavoura ou casa sua permanente habitação".[86] Domingos da Conceição desnudava assim o que em muitas ocasiões se tentava ocultar: a concessão de sesmarias não estimulava a agricultura em sua região.

No ano seguinte, o deputado português Borges Carneiro[87] expôs suas considerações sobre a agricultura em Portugal:

> Para ser instaurada a sua antiga cultura não há mais que remover as causas que a destruiram. São mais de uma: porém convindo que não se retarde por mais tempo este grande objecto, eu me limito hoje a considerar uma só, que é a principal que se póde emendar mui facilmente[...][88]

E afirmava: "Esta causa, Senhores, vós o sabeis, é a falta de propriedade nos cultivadores".[89] Para ele,

---

85 *Idem.*

86 *Idem.*

87 Para uma análise da trajetória de Borges Carneiro, vide http://www.arqnet.pt/dicionario/borgescarneirom.html. Borges Carneiro era um profundo conhecedor do Direito Português. Entre suas obras, destacam-se: *Extracto das leis, avisos, provisões, assentos e editaes publicados nas côrtes de Lisboa e Rio de Janeiro, desde a epocha da partida d'El-rei nosso senhor para o Brazil em 1807 até Julho de 1816*, Lisboa, 1816; *Appendice do Extracto das leis, avisos etc., desde 1807 até Julho de 1816*, Lisboa, 1816; *Additamento geral das leis, resoluções, avisos etc., desde 1603 até o presente*, Lisboa, 1817; *Segundo additamento geral das leis, resolucões etc., desde 1603 até 1817*, Lisboa, 1817; *Mappa chronologico das leis e mais disposições de direito porluguez, publicadas desde 1603 até 1817*, Lisboa, 1818. *Direito civil de Portugal*. Lisboa, 2ª ed., Typ. Maria da Madre de Deus, 3 volumes, 1858.

88 Diário das cortes gerais e extraordinárias da nação Portuguesa. 1821-10-23, p. 2747.

89 *Idem.*

> O homem assim no estado da natureza, como ainda mais no da sociedade sempre foi, é e há de ser sujeito a inúmeras dependências e desigualdades; inúmeras vezes há de perder o livre uso de si e das suas coisas. O bem particular está subordinando ao bem geral: este é a lei suprema: debaixo desta condição é que a sociedade garantiu o direito da propriedade individual.[90]

E perguntava: "Teriam então sido injustas as ditas leis do Sr D. José, as das sesmarias e outras antigas e modernas, que tanto restringem e às vozes tiram o direito de propriedade e são contudo as eternas bases da boa agronomia"?[91]

A lei perdia assim sua legitimidade enquanto uma norma jurídica que estabelecia a obrigatoriedade do cultivo em Portugal, no período em que ao menos dois deputados brasileiros, os Domingos, estiveram preocupados em discutir aquele princípio para fundamentar a propriedade de terras no Brasil. Em Portugal, rompia-se o elo que a prendia ao passado, como uma lei que visava, antes de tudo, estimular a agricultura lusa. Ela havia sido também transposta como instituto jurídico na América Portuguesa. Aqui, fora operada de múltiplas formas por muitos lavradores, em busca da consagração de um título legítimo capaz de ao menos inibir as querelas jurídicas sobre quem tinha direito a determinada parcela de terras. Para dirimir dúvidas, muitos daqueles lavradores se submeteram à Coroa, se sujeitaram à determinação do Alvará de 1795 e tentaram "legalizar" sua propriedade, operando com alguns dispositivos daquela lei. Ao se subjugarem, reconheciam que a Coroa tinha o direito último de dizer: isso é seu.

Na conjuntura dos anos vinte, no entanto, era perigoso explicitar os problemas oriundos dessa forma de concessão, desnudando explicitamente os conflitos gestados por aquele sistema. Era preferível, portanto, apostar no futuro, construir mecanismos que reatualizassem a lei para ser operada em terras livres, ainda incultas. Nesse sentido, os deputados presentes nas Cortes não falavam nenhum absurdo. Eles sabiam do empenho da Coroa instalada no Brasil de controlar a concessão e as inúmeras disposições régias a respeito de sesmarias. A aposta no futuro explicitada nos textos de José

---

90 *Ibidem.*

91 *Ibidem.*

Bonifácio, Domingos Borges de Barros e Domingos da Conceição omitia aquelas determinações, exatamente porque elas revelavam a incapacidade da Coroa, instalada no Brasil, de pôr fim aos dilemas. No entanto, a trajetória da destruição do sistema não foi linear. No processo de transferência da Corte para o Brasil até 1822, quando o sistema é abolido e o país se torna independente, buscou-se, mais uma vez, reatualizar o sistema para controlar a concessão de terra e perscrutar a ocupação em várias partes do território brasileiro. É possível supor, inclusive, que as propostas de Domingos Borges fossem a expressão maior das preocupações em "arrumar a casa", ordenar o sistema, retomando o controle sobre a concessão, sem revelar os conflitos subjacentes àquela forma de doação. Ao acompanhar as propostas legislativas sobre o sistema da transferência da Corte até a Independência, poderemos ter condições de avaliar quais eram as direções tomadas pelo governo, agora instalado no Brasil, na busca de soluções para o controle e legalização do acesso à terra no país. É o que veremos a seguir.

A CONCESSÃO DE SESMARIAS NA TERRITORIALIZAÇÃO DA COROA (1808/1824)[1]

Já há algum tempo, os estudos de Luiz Felipe de Alencastro deitaram raízes na historiografia sobre o processo de constituição do Brasil, em seus múltiplos e complexos desdobramentos. Ao destacar a força dos interesses mercantis ligados ao tráfico de escravos, o autor introduziu, nas palavras de Wilma Costa, "uma espécie de 'fronteira invisível' na formação do Estado Nacional, onde a extraterritorialidade do mercado de trabalho aparecia como elemento estratégico do acordo das elites em torno da monarquia unitária".[2] Para Alencastro,

> a continuidade colonial não se confunde com a continuidade do território da Colônia. Na verdade, os condicionantes atlânticos, africanos – distintos dos vínculos europeus –, só desaparecem do horizonte do país após o término do tráfico negreiro e a ruptura da matriz espacial colonial, na segunda metade do século XIX.[3]

Como explicar então as disputas e querelas sobre as terras coloniais, nos marcos de uma fronteira invisível? Se o mercado de trabalho era extraterritorial, a produção escravista, baseada no trabalho cativo, tinha que estar inevitavelmente calcada num determinado espaço. Nesse sentido, como experiência de luta, os lavradores estiveram cada vez mais cientes da necessidade de consagrar sua territorialidade, o que implica a manutenção de seu interesse a partir da busca de "um título legítimo", no caso, as sesmarias. É correto afirmar, como nos lembra István Jancsó, o perigo de se atribuir a

---

1   As discussões a seguir são marcadamente influenciadas pelo exemplar trabalho de Maria Odila Dias. *A interiolização da metrópole e outros estudos*. São Paulo: Alameda, 2008

2   Wilma Peres Costa. "A Independência na historiografia brasileira". In: István Jancsó (org.). *Independência: história e historiografia*. São Paulo: Hucitec/Fapesp, 2005, p. 105.

3   Luiz Felipe de Alencastro. *O Trato dos viventes*. Formação do Brasil no Atlântico Sul. São Paulo: Companhia das Letras, 2000, p. 21.

um dono de engenho "mais atributos que o de proprietário", pois "naquela sociedade não havia *estrita* correspondência ente hierarquia das riquezas materiais e hierarquias de condições, isto é, *status*.[4] A análise anteriormente feita sobre a concessão de sesmarias em sua relação com títulos parece confirmar a assertiva de Jancsó.

A busca de um título legítimo, os jogos instaurados pelos esforços de legalização da propriedade, incorporação legítima de terras pelo sistema de posses e invasão das áreas de outrem, traziam a nu a territorialidade subestimada e oculta sob os interesses mercantis voltados para a compra e venda de escravos, "vetor produtivo das riquezas coloniais".[5] Compreende-se assim como era possível que os críticos do sistema de sesmarias em Portugal continuassem a desconhecer – quase que completamente – os problemas oriundos da concessão de sesmarias no Brasil.

As legislações no Brasil (1808/1822)

O que era encoberto por interesses econômicos mais vultosos é, aos poucos, desnudado quando da transferência da Corte Portuguesa para o Brasil. Uma das primeiras medidas tomadas pela Coroa quando aqui instalada foi a criação do Tribunal da Mesa de Desembargo do Paço e da Consciência e Ordens, pelo alvará de 22 de abril de 1808. Segundo o alvará, o Tribunal teria a atribuição de decidir sobre todos os negócios que eram da competência da Mesa do Desembargo do Paço e do Conselho Ultramarino. Nesse mesmo ano, o decreto de 22 de julho autorizou o Tribunal a realizar a confirmação de sesmarias.

> Desejando estabelecer regras fixas desta importante matéria, de que muito depende o aumento da agricultura, e povoação, e segurança da propriedade; Hei por bem ordenar que daqui em diante continuem a dar as Sesmarias nas Capitanias neste Estado do Brasil os Governadores e Capitães-Gerais delas, de-

---

4   István Jancsó. "Independência, Independências". In: István Jancsó (org.), *op. cit.*, p. 29.

5   Alencastro, *op. cit.*, p. 34.

vendo os sesmeiros pedir a competente confirmação à mesa do Desembargo do Paço.[6]

Em 24 de setembro de 1808 a Coroa cria uma norma para dirimir algumas dúvidas "relativas a Concessão em Terrenos neutrais, indecisos e avançados na última guerra, na capitania de São Pedro do Ro Grande do Sul.[7]

Merece menção ainda o Decreto de 25 de novembro de 1808, que permitiu a concessão de sesmarias a estrangeiros residentes no Brasil, "sendo conveniente ao meu real serviço, e ao bem público aumentar a Lavoura e população, que se acha diminuta neste Estado".[8] A Coroa já havia decidido abrir os portos ao comércio com as nações estrangeiras, pela carta régia de 28 de janeiro de 1808. Por aquele decreto, também permitia o acesso legal à terra por estrangeiros aqui residentes.

A preocupação em construir mecanismos para assegurar a propriedade expressou-se também em cinco de janeiro de 1809. O príncipe regente registra em alvará as formas de nomeação dos juízes para a confirmação de sesmarias. Segundo o documento, intentava-se,

> remediar o abuso de se confirmarem as Sesmarias sem proceder a necessária medição e demarcação Judicial das terras concedidas, contra a expressa decisão do Decreto de 20 de outubro de 1753 e de muitas ordens minhas, que o proibiam, e que da transgressão delas provinha a indecência de se doarem terras, que já tinham Sesmeiros e a injustiça de se dar assim ocasião a pleitos e litígios, e a perturbação dos direitos adquiridos pelas anteriores concessões.[9]

6　Decreto de 22 de julho de 1808. Autorizando a Mesa do Desembargado Paço para confirmar sesmarias. http://www.iuslusitaniae.fcsh.unl.pt/. Retirado em 5 de janeiro de 2007.

7　DEI 39/1808 (Decisão do Império) 24/09/1808. https://legislacao.planalto.gov.br/legislacao.nsf/fraWeb?OpenFrameSet&Frame=frmWeb2&Src=%2Flegislacao.nsf%2FFrmConsultaWeb1%3FOpenForm%26AutoFramed. Retirado em 2 de janeiro de 2007.

8　Decreto de 25 de novembro de 1808. Permite conceder-se aos Estrangeiros sesmarias no Brasil. http://www.iuslusitaniae.fcsh.unl.pt/. Retirado em 5 de janeiro de 2007

9　Alvará de 5 de janeiro de 1809. Sobre a Confirmação de Sesmarias, forma de nomeação de Juizes e seus Salários http://www.iuslusitaniae.fcsh.unl.pt/. Retirado em 5 de janeiro de 2007.

O alvará, portanto, relembrou o decreto de 1753 para, mais uma vez, registrar os problemas oriundos do processo de confirmação de sesmarias. Havia ali a tentativa de promover e assegurar a manutenção "dos sagrados direitos de propriedade".[10] Para tanto, instituiram-se vários encaminhamentos para a confirmação. Em primeiro lugar, tanto a Mesa do Desembargo do Paço como os governadores e capitães-gerais foram proibidos de "passar carta de concessão "sem que apresentem os que a requerem medição, demarcação judicial feita e ultimada legalmente com citação dos confrontantes".[11]

Para fazer jus à proposta, a Coroa determinou a obrigatoriedade de que em cada vila houvesse um juiz de sesmarias, nomeado para um período de três anos. No Rio de Janeiro, a Câmara deveria propor três nomes à Mesa do Desembargo do Paço; nas demais capitanias, as Câmaras deveriam remeter o mesmo número de nomes aos governadores e capitães-gerais. As pessoas escolhidas para o cargo tinham que ser preferencialmente bacharéis formados em Direito ou Filosofia, na falta desses, os de maior "probidade e saber".[12] Uma vez escolhidos, os juízes de sesmarias

> darão apelação e agravo para os Ouvidores das Comarcas, dos quais se recorrerá para as Relações do Distrito na forma da Lei do Reino. E quando as partes quiserem antes requerer as demarcações aos Juízes Ordinários ou de Fora ou aos Ouvidores das Comarcas, estes lhes deferirão, indo fazer-lhes, pois não fica privativa a Jurisdição do Juiz de Sesmarias, serão porém eles obrigados a aguardar o que vai disposto neste Regimento.[13]

O alvará determinava ainda que cada vila deveria ter um piloto para as medições e demarcações, ocupando o cargo também por um período de três anos. O escrivão seria o "tabelião mais antigo ou que mais desocupado estiver e ao Juiz mais hábil para semelhantes diligências".[14]

---

10 *Idem.*

11 *Ibidem.*

12 É interessante notar a manutenção da primazia do Direito, contrariando, portanto, os argumentos alinhavados por Francisco Mauricio de Sousa Coutinho.

13 *Ibidem.*

14 *Ibidem.*

O alvará instituía também o ritual do processo de medições. Em primeiro lugar, elas seriam feitas concomitantemente, "começando umas nas quadras das outra, sem se deixarem terrenos intermédios ou devolutos", com exceção das estradas, serventias gerais e as fontes públicas. A medição pressupunha o conhecimento das terras concedidas, "ainda que pela configuração e situação topográfica do terreno não possa haver quadra perfeita e regular".[15]

Cada meia légua corresponderia a mil e quinhentas braças, sendo necessária, inclusive, a especificação dos marcos e balizas encontradas nos terreno como "vertentes, rios, morros, e semelhantes".[16] Deveria também ser anotada a existência de "campinas, serras e matas virgens e de todas as qualidades notáveis que ao Juiz parecer que podem concorrer para bem assinalar a sesmarias, que se vai medindo e demarcando".[17]

Ao término da medição, caberia ao piloto a feitura de uma planta do terreno, em que "se desenhará a sua configuração, lugar dos marcos, as balizas que tem notáveis, os rios, ribeirões, pântanos e o mais que se puder figurar".[18] Tal planta seria guardada na Mesa do Desembargo do Paço para que, "por meio dela se poderem decidir algumas dúvidas que ocorrerem".[19]

Para cada medição, independente dos dias a serem gastos para a realização da tarefa, o juiz receberia vinte mil réis; o piloto, doze mil réis e o ajudante de corda, seis mil reis. Além disso, eles obteriam por cada seis léguas pelo caminho de ida e volta: dois mil réis o juiz; mil e duzentos réis, o piloto e seiscentos réis o ajudante de corda.[20]

Não há dúvida, portanto, de que, no intricado processo de transferir uma Corte, foi preciso construir mecanismos para que o governo operasse o seu poder, consagrando a ideia-força de que a ele cabia decidir quem era o verdadeiro dono de uma determinada parcela de terra. Havia ainda a imperiosa necessidade de instituir procedimentos para a reafirmação de títulos

---

15 *Ibidem.*

16 *Ibidem.*

17 *Ibidem.*

18 *Ibidem.*

19 *Ibidem.*

20 *Ibidem.*

legítimos. Era preciso atender aos interesses dos súditos, tranquilizá-los em relação aos seus direitos, fundamentar a propriedade e controlar a ocupação.

Nos anos seguintes, uma série de procedimentos aponta para reiteradas tentativas de regulamentar a situação. Pela carta régia de 13 de julho de 1809 é permitido que os colonos do Rio Doce tenham dez anos para medir suas sesmarias, permitindo a isenção para a efetivação da cultura de trigo e linho na capitania do Espírito Santo.[21] Em 27 de outubro do mesmo ano, mais uma vez a Coroa intervém naquela região, procurando regular a forma de distribuição de sesmarias.[22]

Ainda naquele ano de 1809, em carta régia, a Coroa estabelece o prazo de dez anos para distribuição por sesmarias dos terrenos resgatados das incursões dos Botocudos.[23] Ao que parece, esse documento era o resultado da guerra declarada no ano anterior por outra carta, a de 13 de maio. Por aquele documento estabelecia-se que os botocudos "fossem reduzidos aos termos de sua sujeição; que se formasse um corpo de soldados pedestres para lutar contra os 'bárbaros'; que o terrenos 'infestado' fosse distribuído em seis distritos'".[24]

Dois anos depois, a Coroa concederia terras de sesmarias na capitania do Rio Grande de São Pedro do Sul para estabelecimento de uma colônia de irlandeses.[25]

---

21 Carta régia permitindo aos colonos do Rio Doce, 10 anos para a medição das respectivas sesmarias. 13 de julho de 1809. http://www6.senado.gov.br/sicon/ExecutaPesquisaBasica.action. Retirado em 29 de dezembro de 2006.

22 Carta régia declarando o Direito que poderia competir aos colonos do Rio Doce e regulando a maneira da Distribuição de Sesmarias e data. 27/10/1809. https://legislacao.planalto.gov.br/legislacao.nsf/fraWeb?OpenFrameSet&Frame=frmWeb2&Src=%2Flegislacao.nsf%2FFrmConsultaWeb1%3FOpenForm%26AutoFramed. Retirado em 2 de janeiro de 2007.

23 Carta régia. Marca o prazo de dez anos para distribuição por sesmarias dos terrenos resgatados das incursões dos botocudos. 13 de julho de 1809. *Ibidem.*

24 Izabel Missagia de Mattos. *Civilização e revolta.* Os botocudos e a catequese na Província de Minas. Bauru: Edusc, 2004, p. 78.

25 Concede Terras de Sesmarias na Capitania do Rio Grande de São Pedro do Sul para o estabelecimento de uma colônia de Irlandeses. 23 de setembro de 1811. *Ibidem.*

Em 1814, ela intervém no Espírito Santo, autorizando a concessão de sesmarias e isentando de pagamento de dízimos os lavradores que tivessem cultivando trigo e linho.[26]

Em setembro de 1817, a Coroa estabelece as diligências que deveriam ser feitas para a regularização da concessão das sesmarias na capitania do Ceará.[27] Logo depois, ela também determina a remessa de relações dos proprietários de terrenos por sesmarias, compras, posses.[28] Dois anos depois, declara nula a concessão de sesmaria das terras da aldeia de Valença, destinada para vila dos índios coroados.[29] Ainda neste mesmo ano, 1819, cria-se o ofício de escrivão privativo das medições e demarcações das sesmarias da vila de Porto Alegre e seu termo.[30]

As sucessivas legislações, normas para a regulamentação do acesso à terra num território de dimensões continentais e com marcantes diferenças regionais não eram capazes de fazer tábula rasa de um passado recente, com disputas e querelas que chegavam, muitas vezes, aos tribunais. Em vários quinhões do país, as rivalidades batiam às portas da justiça, não sendo possível, em muitos casos, decidir quem era o "verdadeiro"dono da área ocupada.

É preciso sinalizar também que as querelas jurídicas são apenas uma "ínfima parte de todos os conflitos de interesses cuja resolução se possa conceber pedir ao tribunal e uma parte ainda menor do conjunto dos litígios que se produzem na sociedade".[31] No entanto, reconhecer que os tribunais "desempenham um papel limitado na resolução de conflitos" não

---

26   Carta Régia. Autoriza a Concessão de sesmarias e isenta do pagamento dos dízimos às cultura do Trigo e Linho da Capitania do Espírito Santo. 17de janeiro de 1814. *Ibidem*.

27   Decisão do Império Determina as Diligências, a que se deve proceder para a concessão das sesmarias na Capitania do Ceará. 11 de setembro de 1817. *Ibidem*.

28   Alvará para a remessa de relações dos proprietários de terrenos por sesmarias, compras, posses etc. 21 de outubro de 1817. *Ibidem*.

29   Decisão do Império. Declara nula a concessão de sesmaria das terras da aldeia de Valença destinada para vila dos índios coroados. 26 de março de 1819. *Ibidem*.

30   Alvará. Cria o ofício de escrivão privativo das medições e demarcações das sesmarias da vila de Porto Alegre e seu termo 9 de agosto de 1819. *Ibidem*.

31   Marc Galanter. "A Justiça não se encontra apenas nas decisões tribunais". In: António Manuel Hespanha. *Justiça e litigiosidade: história e prospectiva*. Lisboa: Fundação Calouste Gulbenkian, 1993, p. 68.

significa afirmar que os tribunais desempenham um papel menor na matéria.[32] Os estudos acerca dos conflitos que chegam aos tribunais de justiça são importantes, posto que suas decisões fornecem um substrato de normas e de processos, "uma base para as negociações e para a regulamentação das relações de natureza privada, bem como de natureza administrativa.[33]

Como vimos na Parte Três desse livro, João Pedro Braga e mais 17 pessoas solicitaram em 4 de novembro de 1799 sobejos de terras no Rio Caçaraubu, na freguesia de Nossa Senhora do Rio Bonito, para "parte da fazenda do colégio". A solicitação foi confirmada nos Livros de Confirmação de Sesmarias em 20 de outubro de 1801.[34] No ano seguinte, João Pedro recebeu a chancela real, em 22 de janeiro, assegurando – ao menos em tese – seus "sobejos de terras.[35]

O que parecia um documento legal que fundamentava seu direito à terra tornou-se insuficiente para assegurar a ocupação em 1810. Naquele ano, o capitão Henrique José de Araújo, sua mulher Maria Bibiana de Araújo e sua sogra Maria Feliciana Cordovil bateram às portas do Tribunal de Justiça do Rio de Janeiro para afirmar que João Pedro Braga "adentrou uma fazenda que era do suplicante, e de seus antecessores há mais de cem anos, na Vila de Santo Antonio de Sá, [no] lugar chamado Colégio [...] cortando-lhe vários paus e mandaram serrar para fazer taboados".[36] Entre as testemunhas do autor, dois se destacavam: Simão Antonio Roza,"que vive de piloto de medir terras, morador do Catete"e, Antonio Luiz, também piloto de medir terras e morador em Rio Bonito, lugar da querela.

O caso de João Pedro é um exemplo das disputas originárias das imprecisões dos limites, no processo de concessão de terras pelo sistema de sesmarias. Ele e seus colegas haviam recebido uma chancela real em relação "aos sobejos

---

32 *Idem*, p. 69

33 *Ibidem*.

34 AHU. Carta de Confirmação de Sesmarias. José Pedro Braga e outros. Códice 166, folhas 61v a 62 v.

35 ANTT. Chancelaria de D. Maria. João Pedro Braga e outros. Livro 66, p. 94 a 95.

36 AN. Tribunal de Justiça do Rio de Janeiro/Juízo da Corregedoria do Cível da Corte. Código: 5237 cx 448 G C Código de Fundo: 77 Seção de Guarda: CDE. Autor: capitão Henrique José de Araújo, sua mulher Maria Bibiana de Araújo e sogra Maria Feliciana Cordovil. Réu: João Pedro Braga. Data: 8/02/1810 a 3/08/1816. Cidade do Rio de Janeiro/Sítio Vila Santo Antonio de Sá.

de terras" naquela região, mas isso não assegurou o seu direito à terra alguns anos depois. Nesse sentido, é possível supor que as querelas não eram dirimidas pelas tentativas em reordenar a forma de concessão, ainda que as várias disposições legislativas acima sinalizadas confirmem que se buscava uma alternativa no processo de territorialização da Coroa, em terras coloniais.

Havia situações mais dramáticas, como as de roubos de documentos. Em janeiro de 1821, o capitão Jose Joaquim Freire Souto queixou-se à Santa Madre Igreja:

> do cartório de José Pereira Lisbio [...] desapareceram uns autos de medição de terras sentenciadas pelo Dr João Pedro de Souza Carias, que na dita medição serviu de juiz, cuja medição foi feita na fazenda de Santa Ana do Camisão; como se tem procurado no dito cartório do dito Rodrigues, e não se acha, pede a quem souber ou tiver notícia lhe descubra, aliás promete tirar carta de excomunhão.[37]

As disputas muitas vezes incluíam as chamadas terras da Igreja, pois em várias regiões, havia os que questionavam o direito das ordens religiosas sobre algumas terras. Na região de Maricá, no Rio de Janeiro, por exemplo, as disputas por terras eram muito antigas. Em 1797, os beneditinos procuraram registrar cartograficamente a extensão de suas sesmarias, num mapa intitulado *Mappa em que se mostra as Terras que São Bento possua em Maricá e as que aferia possuir e alguns dos Ereos introduzidos nellas sem legítimo título no terreno por Simão Antonio da Roza Pinheiro*.[38] Nessa representação, há todo um exame cartográfico para delimitar as terras pertencentes ao Mosteiro de São Bento e questionar visualmente a legalidade da ocupação de outrem. A data de 1797 é significativa, já que o alvará de 1795 havia estabelecido a obrigatoriedade dos registros de sesmarias, e isso incluía os bens da Igreja. Não à toa, o Mosteiro de São Bento manifestava

---

37 IHGB. "Documento Ecclesiastico". Revista do Instituto Histórico e Geográfico Brasileiro. Tomo 47, parte II, vol. 68, ano 1884, p. 121.

38 Eu exploro as dimensões dos conflitos nas terras da Igreja ao longo do oitocentos, no artigo intitulado: "Terras da Igreja: arrendamentos e conflitos no Império do Brasil". In: José Murilo de Carvalho. *Nação e cidadania no Império: novos horizontes*. Rio de Janeiro: Civilização Brasileira, 2007, p. 421-443.

sua contrariedade na produção de um mapa, com informações sobre invasões de áreas que considerava como legitimamente suas.

Em 16 de setembro de 1817, D. João Vl procurou regularizar a propriedade e a posse das ordens. Se a princípio tal medida visou pôr fim os processos de denúncias que permitiam às pessoas comuns requererem as terras dos religiosos, os embates na justiça continuaram a existir. Além disso, a mencionada lei "impunha a obrigação do pagamento dos direitos de chancelaria referentes às licenças com as respectivas avaliações para a confirmação das posses".[39] Isso significa dizer que, se por um lado, o governo procurava salvaguardar as terras da Igreja, por outro, cobrava um controle mais rigoroso acerca de suas concessões. Ao impor o pagamento dos direitos de chancelaria, o governo exigia que as terras fossem avaliadas, o que implica dizer, medidas.

Assim sendo, o processo de territorialização da Coroa significou encontrar mecanismos para reordenar o território, contrariar interesses para salvaguardar o seu poder, como instância que podia referendar as normas jurídicas determinantes da propriedade. Isso abria brechas para novas tensões e expectativas de direito então sublimados. Em 1821, a Coroa atendeu aos pedidos feitos por vários lavradores de Pernambuco que solicitavam ser conservados em suas terras, pois haviam sido de lá expulsos em razão das sesmarias ali concedidas posteriormente. Para tanto, a decisão referia-se a ordens anteriormente promulgadas acerca do mesmo problema.[40]

Um ano depois, uma nova solicitação, desta vez de lavradores da vila São João do Príncipe, Pernambuco, levou a uma nova decisão, de 14 de março de 1822, reafirmando o direito dos mais antigos sobre as terras que fossem dadas posteriormente por sesmaria.

> Hei por bem Ordenar-vos procedais nas respectivas medições e demarcações, sem prejudicar quaisquer possuidores que tenham efetivas culturas nos terrenos, porquanto devem eles

---

39 Fania Fridman. *Donos do Rio em nome do rei*. Uma história fundiária da cidade do Rio de Janeiro. Rio de Janeiro: Zahar/Garamond, 1999, p. 69.

40 Decisão de 10 de janeiro de 1821. *Coleção de Leis do Império do Brazil*. A decisão referia-se ao decreto de 3 de janeiro de 1781, as ordens que foram expedidas, respectivamente, ao Vice-Rei do Rio de Janeiro em 14 de abril de 1789 e ao governador da capitania de São Paulo, em 4 de novembro do mesmo ano.

ser conservados em suas posses, **bastando para título as Reais Ordens, para que as mesmas posses prevaleçam às sesmarias posteriormente concedidas.**[41]

Finalmente, em 17 de julho de 1822, durante a regência de D. Pedro, foi revogada a concessão de sesmarias. A resolução objetivou responder à demanda encaminhada pelo lavrador Manuel José dos Reis,

> em que suplica[va] ser conservado na posse das terras em que vivia por espaço de 20 anos com sua numerosa família de filhos e netos, não sendo jamais as ditas terras compreendidas na medição de algumas sesmarias que se tenha concedido posteriormente.[42]

Se, por um lado, havia todo um conjunto de procedimentos da Corte portuguesa para reinaugurar o controle sobre a concessão de terras, por outro, isso não significava afirmar que todos os sesmeiros ou potenciais sesmeiros estivessem dispostos a seguir tais procedimentos. Talvez por isso, e em algumas capitanias, houvesse os que continuavam a encaminhar sua solicitação de confirmação de sesmarias para o Conselho Ultramarino. Nestes casos, os lavradores desconsideravam o papel a ser desempenhado pelo Desembargo do Paço, criado no Rio de Janeiro e o poder da Coroa aqui presente. Retomemos então a discussão, agora com a preocupação de desnudar as expectativas dos sesmeiros naquela difícil conjuntura. É o que veremos a partir do Livro de Confirmação de Sesmarias, para os anos de 1808 a 1823, do Conselho Ultramarino e, os pedidos de confirmação, sob a guarda do Arquivo Nacional. Qual a direção para consagrar um título?

Uma análise do *Livro de Confirmação de Sesmarias para os anos de 1807 a 1823* pode nos ajudar a ao menos levantar algumas respostas acerca da opção de alguns sesmeiros de se dirigirem ao Conselho Ultramarino.

---

41 Decisão de 14 de março de 1822. *Coleção de Leis do Império do Brazil.* Mais uma vez a decisão baseava-se no decreto e nas ordens anteriormente citada.

42 Resolução de 17 de julho de 1822. Na provisão de 22 de outubro de 1823, reafirmava-se a proibição de novas concessões de sesmarias até que a Assembleia Geral Constituinte regulasse a matéria. *Apud* Messias Junqueira. "O instituto brasileiro das terras devolutas". São Paulo: Lael, 1976, p. 69.

CONFIRMAÇÃO DE SESMARIAS POR CAPITANIA – 1807-1823

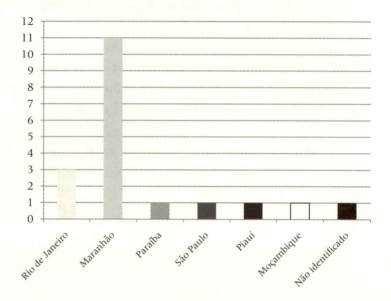

AHU. Livro de Registro de Cartas de Sesmarias confirmadas do Conselho Ultramarino. 1807/1823. Códice 168.

Como já foi dito, a transferência da Corte portuguesa representou o deslocamento das decisões da Coroa para a confirmação régia. O Decreto de 22 de julho de 1808 afirmava que não se havia continuado a conceder sesmarias, que até aquele momento eram dadas pelos vice-reis do Brasil e os governadores reais, confirmadas pelo Conselho Ultramarino. A interrupção do processo é respondida com a criação do Desembargo do Paço, no Rio de Janeiro, com a finalidade de proceder a confirmação para o "estabelecimento de regras fixas desta muito importante matéria, de que muito depende o aumento da agricultura e povoação, e segurança da propriedade".[43] O decreto estabelece ainda que os sesmeiros devem solicitar a confirmação no Desembargo do Paço, precedendo "as informações necessárias e diligências determinadas nas minhas reais ordens".[44] Alguns, porém, mantiveram a

---

43 Decreto de 22 de julho de 1808, autorizando a Mesa do Desembargado Paço para confirmar sesmarias. http://www.iuslusitaniae.fcsh.unl.pt/. Retirado em 5 de janeiro de 2007.

44 *Idem.*

decisão de pedir a confirmação no Conselho Ultramarino, provavelmente porque os processos haviam sido iniciados antes da transferência da Corte.

No caso do Rio de Janeiro, dois dos três pedidos referiam-se às terras das Novas Minas do Serão de Macacu e um era referente ao distrito de Campo Grande. Neste último caso, Estevão da Silva Monteiro havia pedido essas terras em 1789, "no fundo dos hereos possuidores da Serra de Bangu, correndo para a serra do Camarim [onde] se achavam bastante terras e sertões devolutos incultos, sem algum outro senhorio que o da real Coroa".[45] As três solicitações foram confirmadas entre 3 e 28 de julho de 1807. As confirmações referentes às capitanias de São Paulo, Paraíba e Piauí se deram entre outubro e novembro de 1807. Nesses casos, elas foram sacramentadas no período das discussões da chamada Convenção Secreta de Londres, que estabelecia o auxílio britânico no processo de transferência da Corte, em troca de acordos comerciais vantajosos para aquela potência. Em outras palavras, parece que, nesses casos, o pedido de confirmação se deu numa conjuntura de incertezas.

Destaca-se aqui a manutenção dos pedidos de confirmação de sesmarias para o Maranhão, uma das últimas províncias a aderir à Independência do Brasil, somente em 28 de julho de 1823. Após o 7 de setembro de 1822, ainda chegaram ao conselho cinco solicitações, todas pedindo confirmação de suas sesmarias em fins de 1822 e ao longo do ano de 1823.[46] Francisco de Assis Oliveira foi ainda mais determinante em sua tentativa de regularizar seu acesso no além-mar. Em junho de 1826, passados três anos do término do sistema no Brasil, ele requeria ao rei D. Pedro IV a confirmação da sua carta de sesmarias "junto ao rio Turiaçu, em terreno da vila de São José de Guimarães".[47]

---

45 AHU. Carta de Confirmação de Sesmarias. Estevão da Silva Monteiro. Ano de 1807. Códice 168, folhas 3 a 4.

46 AHU. Livro de Registro de Cartas de Sesmarias confirmadas do Conselho Ultramarino. 1807/1823. Códice 168. Caio Boschi (coord.). *Catálogo dos Manuscritos Avulsos Relativos ao Maranhão existentes no Arquivo Ultramarino.* Cx. 171, doc. 12.458; Cx. 173, doc. 12.563; Cx. 175, doc. 12.682; Cx. 175 doc. 2.698; Cx. 175; doc. 12.701; Cx. 176, doc. 12.725.

47 Caio Boschi (coord.). *Catálogo dos Manuscritos Avulsos Relativos ao Maranhão existentes no Arquivo Ultramarino.* Cx. 178, doc. 12.949.

Isso não significa que todos os sesmeiros olhassem em direção ao poder do outro lado do Atlântico e continuassem a solicitar a confirmação de sesmarias ao Conselho Ultramarino. O encaminhamento do pedido indicava a leitura dos lavradores sobre qual a instância que poderia de fato consagrar o título legítimo. Para além dos interesses dos que apoiavam ou não o desligamento do Brasil em relação a Portugal, havia intenção manifesta de assegurar o seu pedaço de terra, da possibilidade legal de dizer: "isso é meu". O quadro abaixo, no entanto, relativiza qualquer conclusão em relação aos fazendeiros da província do Maranhão e demonstra também em que regiões do Brasil a Coroa teve algum sucesso no processo de confirmação das sesmarias.

CONFIRMAÇÃO DE SEMARIAS POR CAPITANIA (1808/1822)

Ano	MG	RJ	SP	PA	MA	RS	AL	CE	ES	MT	PE	BA
1808		4	5		3							2
1809	4		3	1	7							2
1810				7	2			1				1
1811			2	1	13	1		1	1	2		9
1812			5		3		1			2		2
1813			4		14					1		3
1814	4		2	1	2	37		1	4		1	2
1815			4	1	4	12			2		1	2
1816			2	1		7	1		2			3
1817	1	1		2	5	4		2			1	
1818			1	5	2		1		2	1		
1819	1	1	4	1	1			1	2			
1820	3		6		1				1		2	
1821	4		6			1				2	2	
1822		1			2	3		1	1	1		
1823					1			2	1		2	

Para elaborar esta tabela utilizei os inventários do fundo [Sesmarias] do Arquivo Nacional do Rio de Janeiro, sendo um deles somente para o Rio e o outro para os demais estados. Nos catálogos constam a natureza do processo (demarcação, confirmação etc.), o(s) nome(s) do(s) envolvido(os), a localização da sesmaria, o tempo de tramitação do processo (datas-limite) e a data da concessão da carta de sesmaria (este dado não consta para todos os processos). Foi com base na data da carta de sesmaria que fiz a contagem.

Alguns sesmeiros poderiam se sentir mais seguros em submeter-se à Coroa, agora instalada no Brasil, e apresentar seu pedido de confirmação de sesmarias na Mesa do Desembargo do Paço; outros, talvez tivessem iniciado o processo antes da conjuntura política que precipitou a independência e se via numa situação delicada para confirmar suas terras no outro lado do Atlântico na conjuntura de uma ruptura política. Outros ainda podiam até mesmo pedir a confirmação nas duas instâncias, pensando operar com um lastro maior de certeza numa conjuntura de incertezas reveladas.

De todo modo, é pertinente afirmar que a Coroa tinha particular interesse em resolver os problemas oriundos da concessão de sesmarias na província do Rio Grande do Sul. Como vimos no capítulo anterior, havia fortes indícios acerca das concessões outrora feitas pelo governador tenente-general Sebastião Xavier", que governara entre 1780 e 1801.[48]

> Este homem, cheio de si, de suas fidalguias e capricho militar atropelou absolutamente os direitos mais sagrados e de pacíficos e laboriosos colonos, tomando-lhes muitas vezes a terra que eles, com seu consenso tácito, tinham povoado e cultivado depois de a conquistarem aos espanhóis, bugres e feras, para a dar a seus validos; para o que, muitas vezes mandou lançar por terra estabelecimentos de bastante importância e carregar de ferros a muitos proprietários que se atreviam oferecer qualquer repugnância em perder os seus trabalhos, a ponto de que houve muitas famílias que, por casos semelhantes, fugiram para os espanhóis.[49]

A despeito das denúncias sobre a irregularidade das concessões, foram poucas as terras confirmadas no Conselho Ultramarino entre 1795 e 1807 para a capitania do Rio Grande do Sul, mas é sintomático que no ano, de sua saída, aquele governador encaminhara a confirmação de sete sesmarias.

---

48 Antônio José Gonçalves Chaves. *Memórias ecônomo-políticas sobre a administração do Brasil.* 4ª ed. São Leopoldo: Unisinos, 2004, p. 221.

49 *Idem.*

Ano	Número de sesmarias confirmadas
Ant 1795	1
Ant 1796	3
Ant 1801	7
Ant 1802	2
Ant 1803	5
Ant 1804	4
Ant 1805	3
Ant 1806	2
Ant 1807	3

Fonte: Osório, Helen e outros. Catálogo de Documentos Avulsos referentes à capitania do Rio Grande do Sul existentes no Arquivo Histórico Ultramarino, Lisboa.

Pelo mesmo quadro, podemos perceber também que os sesmeiros do Rio Grande do Sul não continuaram a solicitar confirmação de sesmarias ao Conselho Ultramarino após 1807. Ao contrário, a solicitação passou a se dar via Mesa do Desembargo do Paço, revelando uma marcante territorialização da Coroa na decisão sobre a propriedade da terra naquela região. Mas isso também significava que ela operava com o poder privado ali estabelecido, reconhecendo a propriedade da terra aos que estivessem dispostos a defender o território contra as pretensões do Estado espanhol.[50]

A despeito de interesses diversos, havia uma expectativa de direito de alguns sesmeiros em assegurar a legalidade de sua ocupação. É sintomático ainda perceber que na área de ocupação recente as querelas por terra eram postas a nu, revelando o que antes se desejava minimizar. Os conflitos tornavam-se rotineiros, demonstrando concepções de injustiça na distribuição das terras nos confins do país. Detemo-nos nesse ponto.

---

50 Helga Piccolo. "O processo de Independência numa região fronteiriça". In: István Jancsó (org.), op. cit., p. 578.

Rio Grande do Sul: área conquistada, área de conflito

Área de fronteira, cunhada por disputas de limites e querelas sobre a qual potência pertencia, a região "nascera" enquanto unidade política marcada por dúvidas originárias das concessões pretéritas, como as expressas no texto de Antonio José Gonçalves Chaves. O autor não se furtava ainda de explicitar as consequências advindas do encaminhamento outrora feito pelo governador Xavier:

> Daqui vem a confusão entre as posse e reconhecidas demandas, que desde então se têm multiplicado e agravado escandalosamente, porque o dito governador, longe de limitar, como devia, com justiça e retidão, as pretensões de alguns, assinando com autenticidade o que cada um devia possuir e aproveitar, cuidou em exaltar a ambição dos mais poderosos seus validos para se sustentarem em grandes extensões de terra: pôs em dúvida, sempre que convinha a seus fins, a legitimidade das posses, e assim os favoreceu sempre, permitindo-lhes até introduzirem-se nas mesmas terras já roteadas ou tiradas do primitivo estado da natureza por difíceis e aturados trabalhos dos primeiros ocupantes, reduzindo-os a diminutas quantidades e muitas vezes a total abandono.[51]

Antonio Chaves informava ainda que o sucessor do governador Xavier teria sido o brigadeiro Francisco João Roscio, que governou entre 8 de janeiro de 1801 e 30 de janeiro de 1803. Segundo nosso autor, ao longo de sua gestão, o brigadeiro procurou ordenar a concessão, mas nada pôde fazer num curto espaço de tempo. Em seguida, foi a vez de Paulo José da Silva Gama, que "deixou tudo correr como dantes". Posteriormente, assumiu o governo D. Diogo de Souza, conde do Rio Pardo, que, ao escrever um bando, datado de 29 de dezembro de 1810, pôs a nu a violência oriunda daquela forma de concessão e as propostas para remediar os problemas dali advindos.

---

51 Chaves, *op. cit.*, p. 222.

O bando escrito por D. Diogo de Souza, que governou a região entre 1807 e 1811, impunha a obrigatoriedade dos sesmeiros de confirmarem suas terras na Mesa do Desembargo do Paço e estabelecia uma série de procedimentos a serem seguidos pelos lavradores da região. O governador era incisivo em seus argumentos e mostrava estar ciente das rotineiras violências ocasionadas por disputas por terras:

> Sendo notória as violência com que várias pessoas poderosas, de seu *motu* ou capeadas de despachos informes, têm expulsado de muitas terras os primeiros possuidores delas e sucessores destes, posto que as houvessem sem título sólido; e sendo igualmente manifesto o escandaloso comércio que têm manejado, apropriando-se de diferentes terras por aqueles ou diversos modos que a sagaz ambição lhes suministra, para venderem umas e conservarem outras.[52]

As palavras contundentes de Antonio Chaves, reveladas nas *Memórias de Antonio José Gonçalves Chaves*, escritas a partir de 1817 e publicadas no Rio de Janeiro entre 1822 e 1823, elucidavam os problemas oriundos daquela concessão, apontando, mais uma vez, algumas das questões discutidas em outros tempos. A obra – na verdade, um conjunto de cinco memórias – foi escrita por aquele que era um português de Trás-os-Montes que chegara ao Brasil nos primeiros anos do século XIX, tornando-se comerciante, industrial, charqueador e estancieiro. O livro foi publicado às suas custas, numa conjuntura em que seu autor aderira à Independência do Brasil.

A primeira memória de 1821, *Sobre a necessidade de abolir os capitães-gerais*. A segunda, *Sobre as municipalidades, compreendendo a união do Brasil com Portugal*, foi escrita provavelmente antes da Independência. A terceira *Sobre a escravatura*, foi redigida em 1817. Seu teor, marcadamente liberal, impressiona não somente pelo conhecimento da economia política moderna, como também pelo fato de seu autor ser então um

---

52 *Idem*, p. 127.

escravocrata. Ao condenar o cativeiro, Chaves apoiava-se inclusive nas ilações de A. Smith e do ilustrado português Francisco Soares Franco.[53]

A quarta memória, *Sobre a distribuição de terras no Brasil*, foi escrita em 1823 e oferecida aos membros da Assembleia Geral Constituinte e Legislativa do Brasil, instalada em maio de 1823 e dissolvida em dezembro daquele ano. Fazer conhecer as propostas de Antonio Chaves, no momento em que a questão era discutida na Constituinte, nos permite demonstrar o culminar de um processo de críticas ao sistema, imediatamente após o seu fim, em 17 de julho de 1822, reafirmado na provisão de 22 de outubro de 1823, até "que a Assembleia Geral Constituinte regulasse a matéria".

A Memória de Antonio José Gonçalves Chaves e as discussões na Constituinte de 1823

A memória *Sobre a distribuição de terras no Brasil* é composta de cinco capítulos. No primeiro, *Emancipação do Brasil vista pelo lado do interesse de ambos os Estado. Ela se operou de fato em 1807,* o autor elucida as razões pelas quais a Independência do Brasil era legítima, pois o país havia sido oprimido por três séculos, "teve seus trezes anos de opressor" e chegava a hora de reconhecer que a emancipação era recíproca.[54] Nos capítulos seguintes[55] reafirma-se a legitimidade da independência do Brasil, a partir de uma discussão sobre a palavra emigração e a nação nascida da experiência emigratória. Nesses textos, o autor preocupa-se também em demonstrar que Portugal não tinha direito de dominar o Brasil.

---

53 Para uma análise sobre as críticas de José Gonçalves Chaves à escravidão, vide: Antonio Penalves Rocha: "Ideias antiescravistas da Ilustração na sociedade escravista brasileira". *Revista brasileira de História*, vol. 20, n. 39, São Paulo, 2000. http://www.scielo.br/scielo.php?pid=S0102-01882000000100003&script=sci_arttext. Retirado em 30 de janeiro de 2007.

54 Chaves, *op. cit.,* p. 108-109.

55 "O Brasil emancipado de direito desde as primeiras colonizações portuguesas; Continuação do mesmo objeto"; "As colônias das nações modernas da Europa são de fato escravas, mas de direito e sua origem, livres; e têm direitos incontestáveis a organizarem-se em corpo da nação."

São, no entanto, nos capítulos seguintes[56] que Antonio Chaves elucida suas contundentes críticas ao sistema de sesmarias, demonstrando que suas percepções não se resumiam apenas à experiência da ocupação do Rio Grande do Sul, discutidas na quinta e na mais extensa das memórias, anteriormente mencionada: *Sobre a Província do Rio Grande de São Pedro em particular*.

Nosso autor reconstrói a experiência legislativa do sistema de sesmarias, demonstrando uma aguda percepção das variadas e contraditórias disposições ali presentes:

> A par da usurpação da soberania do Brasil, a qual toca aos povos dele desde sua origem, [...] foi também usurpada a propriedade particular, e nem sabemos de outro modo explicar as pasmosas concessões de terras no Brasil por títulos assinados pelo soberando em que se diz: *Hei por bem conceder ao Suplicante tal e tal porção de terras*.[57]

Além disso, ele reconhecia que os índios eram os originários proprietários das terras, não se podendo destruir "esta regra sem subversão do direito natural".[58] Profundamente influenciado pela economia política moderna sobre as noções calcadas na hierarquização do homem em estágios diversos de civilização, Chaves indicava que os índios pertenciam à primeira classe de homens, dos povos caçadores. Assim sendo, "tais povos se julgam incapazes de sair do seu estado por si mesmos e daí vem um direito aos povos cultos [os portugueses] de se intrometerem a seus preceptores".[59] No entanto, alertava que isso não significava que os homens oriundos "das classes mais nobres da espécie humana" tivessem o direito de tomar as terras dos índios. Ao contrário, "as colônias [de portugueses] tinham obrigação de comprar os terrenos para seus estabelecimentos no Brasil aos povos ori-

---

56 Os capítulos diretamente ligados ao tema das sesmarias e da ocupação de terras são: "Viciosa distribuição de terras"; "Originária possessão das terras no Brasil: direito de propriedade"; "Sistema de distribuição e partilhagem das terras convinhável ao Brasil".

57 *Idem*, p. 120 (grifo do editor).

58 *Ibidem*.

59 *Ibidem*, p. 121.

ginários e proprietários deles, ou fazerem com eles alguma convenção que lhes passasse o domínio".[60] E afirmava:

> Todavia, se a nação brasileira não foi tão justa em sua origem como o devia ser, não se pode dizer que foi destruído o direito de propriedade sobre o terreno que ocupa [...] Nossa nação presente acha-se possuidora de uma imensa superfície de terreno, mesmo excessivamente desproporcionada 1ª sua população, e por isso temos obrigação e possibilidade de respeitar os direitos dos aborígines que ainda existem em muitas matas do Brasil.[61]

Chaves reconhecia assim um direito pretérito, ainda que insistisse no caráter bárbaro dos índios e na necessidade de ajudar. Acreditava na possibilidade de se publicar um dia "um plano para o progresso da civilização dos índios no Brasil".[62]

Nosso autor se preocupava, sobretudo, em demonstrar "quanto é absurdo nosso sistema de distribuição das terras no Brasil" e denunciava a concessão de sesmarias acima do limite de três léguas, ao arrepio das disposições legais a respeito. E dizia mais:

> Para mais demonstração do absurdo sistema que combatemos, e quanto nos tenha prejudicado, mencionaremos os seguintes fatos, conhecidos de todos que têm visto o Brasil.
>
> 1º fato. Nossa população é quase nada em comparação da imensidade de terreno que ocupamos há três séculos;
>
> 2º fato. As terras estão quase todas repartidas e poucas há a distribuir que não estejam sujeitas a invasões dos índios.
>
> 3º fato. Os abarcadores possuem até vinte léguas de terreno e raras vezes consentem a alguma família estabelecer-se em alguma parte de suas terras, e mesmo quando consentem, é sempre temporariamente e nunca por ajuste que deixe ficar a família por alguns anos.

---

60 *Ibidem*, p. 122.

61 *Ibidem*.

62 *Ibidem*, p. 123.

4º fato. Há muitas famílias pobres – pobres vagando de lugar em lugar segundo o favor e o capricho dos proprietários de terras e sempre falta de meios de obter algum terreno em que façam um estabelecimento permanente.

5º fato. Nossa agricultura está em o maior atraso e desalento a que ela pode reduzir-se entre qualquer povo agrícola, ainda o menos avançado em civilização.[63]

Nessa memória, o português Antonio José Gonçalves Chaves desvelava os nefastos resultados da maneira pela qual o sistema de sesmarias havia sido operado no Brasil. Rico proprietário, dono da charqueada São João, onde recebera o viajante Saint Hilaire,[64] Chaves era um atento analista dos problemas oriundos da distribuição de terras no país e sabia que discutir a questão era mais do que divagar sobre os efeitos daquele sistema. Como disse, ele havia pagado os custos da edição de seu livro e a quarta memória havia sido feita para se entregue aos constituintes. Ele estudara a questão, pois não deixou em citar Arthur Yong, economista e agrônomo inglês que fizera muitas observações sobre a agricultura inglesa. Parece-me que ele foi bastante influenciado por aquele autor, pois também se preocuparia em demonstrar que havia três classes de terras partilháveis no Brasil:

1ª – Terras estranhas, que são as das nações indianas [sic] ou indígenas e só a nação as pode dividir ou partilhar depois de as ter adquirido por alguma transação justa e legar.

2ª – Terras já distribuídas e que por comisso voltem à massa geral da grande propriedade ou terreno nacional, que ficam no mesmo caso.

---

63 *Ibidem*, p. 125.

64 Saint Hilaire escrevera: "Os pobres que não podem ter títulos, estabelecem-se nos terrenos que sabem não ter dono. Plantam, constroem pequenas casas, criam galinhas e quando menos esperam aparece-lhes um homem rico, com o título que recebeu na véspera, expulsá-os e aproveita o fruto do seu trabalho". Auguste Saint Hilaire. *Segunda viagem do Rio de Janeiro a Minas Gerais e São Paulo*. São Paulo: Edusp; Belo Horizonte: Itatiaia, 1974, p. 23-24.

3ª – Terras totalmente devolutas, que não tem sido distribuídas e são compreendidas nos terrenos nacionais.[65]

Chaves ia além. Dessa feita, ele tinha expectativas claras a respeito da possibilidade de que as terras fossem medidas e demarcadas por peritos. Defendia, por conseguinte, que as Câmaras Provinciais tivessem oficiais para a demarcação de terras incultas, dando-lhes os instrumentos necessários para "marcar e partilhar essas terras entre si por divisas e marcos permanentes".[66]

As terras deveriam ser distribuídas "a quem tem posse para as aproveitar".[67] Retomava assim a noção de que elas não poderiam ser deixadas sem cultivo, mas tinha clareza de que eram de fato "distribuídas somente a parasitas, sedentários e poderosos".[68] E continuava:

> Destes abusos inevitáveis se conclui claramente que por tal sistema consome a sociedade sua propriedade comum sem favorecer aos consórcios, aniquila a igualdade civil, entendida somente pela justeza dos bens sociais [...] como ofensa dos princípios de todo o pacto social bem ordenado, e tudo isso com manifesto desalento da agricultura.[69]

E alertava:

> Quantas vezes se arruínam casas bem ricas por causa das controvérsias que entre eles se alevantam [sic], nascidas da presunção de direitos a terrenos em que nada mais têm senão a velhacaria de alguns outros que enganaram os contendores! Quantos exemplos destes poderíamos nós citar nesta só província.[70]

---

65 *Ibidem*, p. 127.

66 *Ibidem*, p. 127-128

67 *Ibidem*, p. 130.

68 *Ibidem*.

69 *Ibidem*, p. 131.

70 *Ibidem*.

As expectativas de Antonio Chaves eram grandes. Nas últimas linhas desta quarta memória ele pedia que a Assembleia "tomasse em consideração tão importante matéria como esta de que acabamos de tratar: a distribuição e partilhagem das terras incultas".[71] É difícil saber quais eram as razões que mobilizaram este portugues para redigir um texto tão contundente, mas é fato que suas esperanças caíram por terra, já que a Constituinte pouco discutiu o tema. Vejamos esse aspecto com mais vagar.

A Constituinte de 1823

Em 3 de maio de 1823, deputados de várias províncias estiveram reunidos para dar início a primeira Constituição do Império Brasileiro. Era sentida a ausência de representantes de algumas províncias, como Bahia, Maranhão e Pará que ainda não haviam aderido à proposta separatista do Brasil. Naquele momento, porém, não era preciso criar apenas um Estado, mas também construir uma nação. Era preciso, assim, configurar "uma identidade política *brasileira* por meio de sua alteridade *portuguesa*".[72] Naquela conjuntura, portanto, era temerário para os constituintes desnudar os fundamentos da propriedade territorial no Brasil, já que muitos deles eram proprietários ou parentes de grandes potentados rurais. Era mesmo complicado consagrar um Estado e, ao mesmo tempo, trazer à luz a ilegalidade da ocupação de fazendeiros, das percepções de injustiça que chegavam aos tribunais. A questão, no entanto, não estava de todo ausente. Ela aparecia aqui e ali, sem que fosse possível fazer justiça às palavras esperançosas do português Chaves. Nada de concreto foi decidido nos debates daquele ano. Na sessão de 20 de junho de 1823, quando os deputados discutiam os meios para estimular a produção agrícola e industrial da nova nação, e antes mesmo da promulgação da provisão que reafirmou o fim do sistema de sesmarias, o deputado Pereira da Cunha expôs suas críticas àquele sistema.

---

71 *Ibidem.*

72 Andréa Slemina & João Paulo Pimenta. *O "nascimento político" do Brasil.* Rio de Janeiro: DP&A, 2003, p. 103

Noto por exemplo a agricultura do Brasil, para a qual se fizeram Leis agrárias especiais, porém com restrições que tolhiam o exercício do Sagrado Direito de Propriedade. [...] Lembro igualmente as Sesmarias que sendo um objeto da mais transcendente importância, porque delas depende a aquisição do domínio útil de todos os terrenos possuídos no Brasil, apesar de alguma providências a este respeito estabelecidas, se tem abusado tanto do poder de os distribuir, que além das demandas infinitas com que se tem fatigado seus possuidores, se vê a desigualdade, e desproporção com que se tem procedido estas divisões que eram de mero arbítiro dos Governadores como se fossem sua propriedade.[73]

As falas de Pereira da Cunha expressavam também uma aguda percepção das consequências advindas das concessões de sesmarias, mas ela não era compartilhada por todos ali presentes. Sua proposta pautava-se no estímulo da agricultura e nas atribuições dos governos provinciais. Mas isso não era consenso. O deputado Manoel José de Sousa França ao discutir as atribuições dos conselhos dos governos provinciais defendia que as propostas alinhavadas eram muito vagas para fomentar a agricultura, a indústria e as artes do país. Relembrava também as experiências portuguesas em relação à agricultura "mandando-lhes [o lavrador] arrancar as vinhas, e obrigando-os a aplicar as terras outros gêneros da agricultura".[74] E dizia ainda: "alguns historiadores predigalizaram elogios ao ministério do marquês de Pombal por este suposto benefício que fizera a sua pátria. Eu pelo contrário estremeci sempre de semelhante despotismo".[75] E se mostrava contrariado em relação à proposta então em voga sobre a obrigatoriedade de se plantar mandioca.

Em sessão de 14 de julho de 1823, os deputados estiveram novamente reunidos para discutir as atribuições dos conselhos das províncias. Manoel França alertava então que uma de suas atribuições era a divisão de terras devolutas e explicitava os problemas resultantes da distribuição

---

73 Diário da Assembleia Geral e Constituinte e Legislativa do Império da Brasil. 1823. Tomo I. Brasília: Senado Federal, 2003, p. 256.

74 *Idem*, p. 257.

75 *Ibidem*.

de terras. O aditamento proposto era que, entre as atribuições do conselho, "se deve assinar a concessão de sesmarias ou divisão das terras entre a classe agricultora: incubindo ao Presidente os despachos preparatórios para a concessão de sesmarias".[76]

O debate girava em torno da responsabilidade de conceder sesmarias. O Sr. Arouche Rendon argumentava: "Se eu julgar o estado de todas as Províncias pela minha, posso afirmar que convém por ora suspender a concessão de Sesmarias. E continuava:

> Em São Paulo, Sr Presidente, tem-se concedido tantas Sesmarias e com tanta facilidade que tem produzido grandes males, tais são: Acharem-se muitas terras sem cultura alguma, sendo preciso aos lavradores pobres fugir do povoado para o sertão e lavrarem terras maninhas.[77]

Havia ainda a doação de terrenos já concedidos outrora, "sem primeiro julgar devolutos, e sobretudo com tanta incerteza e confusão nenhuma Sesmaria se pode medir e demarcar sem muitos litígios com os diferentes confinantes".[78] Ao que parece, o assunto encaminhou-se pela reafirmação do fim da concessão, proposta apresentada pelo Sr. Vergueiro, acrescentada da referente à comissão de agricultura para elaborar um projeto de lei sobre as terras públicas, "contendo providência para o pretérito e regras fixas para o futuro".[79]

Em 22 de agosto chegara uma consulta da Mesa do Desembargo do Paço acerca do pedido de dispensa "no lapso de tempo para medição e confirmação de sesmarias".[80] Os reclames chegavam à Constituinte, revelando expectativas diversas sobre a questão. Em 5 de setembro, 37 moradores

---

76 Diário da Assembleia Geral e Constituinte e Legislativa do Império da Brasil. 1823. Tomo II. Brasília, Senado Federal, 2003, p. 402.

77 *Idem*, p. 402

78 *Ibidem*, p. 402 e 403.

79 *Ibidem*, p. 403.

80 Os suplicantes eram: Antonia Tavares Correa, D. Joaquina, D. Ana, D. Joana Marques de Lima e Manoel Marques de Souza, Felipe Antonio de Amaral e Manoel Afonso Velado.

do distrito do Tanque da comarca de Sabará, queixaram-se da violência da herdeira do Marechal João Carlos Xavier, detentor de três sesmarias (nunca medidas e demarcadas). Segundo os moradores, a viúva pretendia expulsá-los das terras em que residiam há mais de 20 anos.[81]

Em 25 de setembro, a Assembleia decidiu autorizar o governo a permitir "dispensas de lapso de tempo para o processo de confirmação daquelas sesmarias". Segundo Vergueiro, a autorização de fato era indispensável, porque "aquelas concessões se faziam por autoridade que já hoje não reconhecemos", mas acreditava também que as dispensas de lapso de tempo para confirmação de sesmarias tinham seus inconvenientes.[82] Para Vergueiro,

> o Desembargo do Paço procede nestes negócios sem conhecimento de causa, e eu tenho visto disto muitos exemplos. Homens a que se tinham concedido Sesmarias e que nunca cuidaram delas, chegando por isso outros a agricultarem seus terrenos e as benfeiturá-los, tem, depois de 10 e 15 anos, requerido a confirmação para desapossarem os que lhe beneficiaram as terras.[83]

Segundo o deputado, as cartas deveriam ser passadas, a partir de determinados preceitos que o sesmeiro estava obrigado em satisfazer, sob pena de caducidade, "como era entre outros, as de cultivar dentro de dois anos; e não obstante, tendo faltado a cláusula, era deferido se requerida, porque os despachos se davam sem haver informação alguma".[84] Vergueiro denunciava assim o que muitos desejavam ocultar: as sesmarias eram concedidas e confirmadas sem a averiguação das nor-

---

81 Diário da Assembleia Geral e Constituinte e Legislativa do Império da Brasil. 1823. Tomo II. Brasília, Senado Federal, 2003, p. 721.

82 Diário da Assembleia Geral e Constituinte e Legislativa do Império da Brasil. 1823. Tomo III. Brasília, Senado Federal, 2003, p. 113.

83 Diário da Assembleia Geral e Constituinte e Legislativa do Império da Brasil. 1823. Tomo III. Brasília, Senado Federal, 2003, p. 113 e 114.

84 *Idem*, p. 114.

mas estabelecidas para a concessão. Ele tinha conhecimento de causa, pois fora juiz das sesmarias da província de São Paulo.[85]

Em 3 de outubro, a Assembleia teve que tomar uma posição sobre a reivindicação anteriormente feita pelos moradores de Sabará, Minas Gerais. Do ponto de vista do deputado França, o Direito não permitia que se desapossassem das terras que ocupam "se não por sentença pronunciada em ação de reivindicação ventilada em audiência das partes". E dizia mais: "Depois que Luiz do Rego, no Governo de Pernambuco, desapossou muitos lavradores de sua posses não tituladas subiram ao trono representações e El Rei D. João VI firmou e suscitou a Legislação que havia a este respeito".[86] O deputado fazia referência explícita aos demandos de Luiz do Rego na repressão à revolução de 1817 e a provisão de D. João (resultante do solicitação feita por lavradores da vila de São João do Príncipe) que determinara a medição e demarcação nas sesmarias, "sem prejuízo contudo, do interesse dos posseiros com cultura efetiva nesses terrenos".[87] De qualquer forma, o parecer então encaminhado por aquele deputado foi rejeitado, pois outros entenderam que o assunto não era de competência da Assembleia.

Em 22 de outubro de 1823, uma provisão reafirmou a proibição de novas concessões de sesmarias até que a Assembleia Geral Constituinte regulasse a matéria, reafirmando, portanto, a Resolução de 17 de julho de 1822. No entanto, é difícil saber se os deputados ali presentes estavam dispostos a concretizar os desejos expressos nas palavras de Antonio Chaves. Permanecia a incerteza quanto à distinção entre portugueses e brasileiros, como já sinalizou Andréa Slemian e outros autores. Também se mantinham certas práticas fundamentais da cultura política do liberalismo, ou seja, "uma sociedade em que reinavam os homens ilustrados, cujo papel era o de orientar a opinião pública; uma liberdade que não ultrapassasse os direitos alheios e

---

85 O futuro senador Vergueiro é conhecido pelo pioneirismo na implementação do sistema de parcerias em São Paulo.

86 Diário, *op. cit.*, p. 162.

87 Decisão de 14 de março de 1822. *Coleção de Leis do Império do Brazil.*

uma igualdade que se restringia ao plano da lei.[88] Era difícil discutir o sistema de sesmarias, sem examinar os conflitos fundiários por ele gestados.

É possível pensar ainda que a "incapacidade de criar espaços de relativa autonomia para as províncias e de equacionar interesses tão diversos"[89] representasse não somente a centralização do poder político do Rio de Janeiro, como também revelava os limites de atuação dos deputados nas questões que envolviam os fundamentos da nação que se queria então construir: a propriedade. O reduzido fôlego do liberalismo brasileiro em sua relação com a cultura política da independência de que nos fala Lúcia Bastos Neves se desnudava contraditoriamente num ocultamento. Os conflitos gestados pelas concessões de sesmarias puseram a nu a maneira pela qual a legislação havia sido operada por vários agentes sociais. Também mostraram como a Coroa procurou ora reprimir, ora "fechar os olhos" às ocupações irregulares. As concessões de sesmarias colocavam a justiça em intricadas situações, reconhecendo o direito dos sesmeiros, mas também reafirmando a primazia da posse. Os conflitos gestados mostravam ainda que a obrigatoriedade do cultivo era o constrangimento maior para aqueles que – ao arrepio da lei – buscavam um título legítimo. Era preciso então consagrar a propriedade, sem ter que fazer um acerto com o passado, "contendo providência para o pretérito e regras fixas para o futuro",[90] como afirmara Vergueiro. A sesmaria fundara a propriedade territorial no Brasil e estabelecia um constrangimento estranho aos interesses do liberalismo, sempre pronto a fazer cumprir a lei "na casa do vizinho". Era preciso deslegitimar a noção de que a propriedade da terra deveria estar assentada na obrigatoriedade do cultivo.

A dissolução da Assembleia Constituinte fez cair por terra qualquer avanço nas discussões sobre os fundamentos da propriedade territorial no país. De todo modo, as esperanças de Chaves dificilmente se tornariam propostas concretas para reformular o sistema de concessão. Nunca é de-

---

88 Lúcia Maria Bastos Pereira das Neves. "Liberalismo Político no Brasil: Ideias, Representações e Práticas (1820-1823)". In: Lucia Guimarães & Maria Emilia Prado. *O Liberalismo no Brasil Imperial*. Origens, conceitos e práticas. Rio de Janeiro: Revan/UERJ, 2001, p. 100.

89 Slemian, *op. cit.*, p. 105-106.

90 Vide nota 169.

mais lembrar que "durante as discussões da Constituinte ficou manifesta a intenção da maioria dos deputados de limitar o sentido do liberalismo e de distingui-lo das reivindicações democratizantes".[91] Com a Assembleia Constituinte dissolvida, D. Pedro I designou um Conselho de Estado constituido por dez integrantes para redigir a Constituição, lançando mão de vários artigos do anteprojeto de Antônio Carlos. Nascia a primeira Constituição do país e única do Império do Brasil.

A Constituição de 25 de março de 1824 consagrou a inviolabilidade dos civis e políticos dos cidadãos brasileiros, "que tem por base a liberdade, a segurança individual e a propriedade".[92] Caía por terra o sistema de sesmarias e o princípio que norteara a criação daquela lei: a obrigatoriedade do cultivo.

A sociedade do oitocentos viria à luz assentada em dois pilares: a propriedade sobre a mão de obra escrava e a propriedade da terra, esta última sem nenhum constrangimento, defendida em toda a sua plenitude.

---

91 Emília Viotti da Costa. *Da monarquia à república*: momentos decisivos. 2ª ed. São Paulo: Livraria Editora Ciências Humanas, 1979, p. 116.

92 Constituição Política do Império do Brasil. 25 de março de 1824.

CONSIDERAÇÕES FINAIS

A propriedade "em toda sua plenitude"

Em 2005, o então ministro da política fundiária e do desenvolvimento agrário, Raul Jungmann Pinto, publicou, através de sua coordenadoria de comunicação, um livro intitulado: *O livro branco da grilagem de terras no país*. Tratava-se, no entanto, de um caderno-síntese de 41 páginas, onde estavam listadas as maiores propriedades, suspeitas de falsificação de títulos. Segundo seus autores, o total de terras sob suspeita era de aproximadamente 100 milhões de hectares. Para a região Norte, os dados eram ainda mais assustadores: de sua área total, 157 milhões de hectares, o governo levantava a hipótese de que cerca de 55 milhões haviam sido griladas.

O caso do Pará tornou-se recorrentemente lembrado, inclusive com notícias na grande imprensa. Intitulado o caso do fantasma Carlos Medeiros, a grilagem esteve associada à invenção de uma cadeia sucessória que teria sido construída ainda no século XVIII. Segundo reportagem vinculada com destaque no jornal *O Globo*, em 20 de fevereiro de 2005, o procurador do estado Carlos Lamarão e sua equipe tentaram, ao longo de 30 anos, desmontar a cadeia sucessória inventada pelos pretensos proprietários. Em nome daquele fantasma, havia sido ilegalmente apropriado 1% do território nacional, o que corresponde também ao dobro do Estado do Rio de Janeiro e o tamanho de Portugal.

A grilagem se iniciara nos anos 70 do século XX, quando o fantasma Carlos Medeiros teria apresentado duas cartas de sesmarias em nome de Manoel Joaquim Pereira e Manoel Fernandes de Souza e se colocava como herdeiro dos antigos sesmeiros. Os títulos foram registrados em cartório. Carlos Medeiros – jamais encontrado pela justiça e pela política – teria então se apropriado de terras públicas, a partir de uma cadeia sucessória assentada na invenção de documentos de sesmarias, como prova inaugural e legal de ocupação de seus ascendentes.

O uso de documentos antigos para a construção de uma cadeia sucessória tornou-se para mim um tema instigante, ainda que raramente explorado pelos historiadores brasileiros. Ao longo dos últimos anos, tenho procurado analisar litígios de terras e transmissão de patrimônio, inicialmente no Rio de Janeiro e hoje em várias regiões do país. O levantamento e análise de numerosa documentação revelaram-me um aspecto instigante que permitiu mudar a direção de minhas pesquisas. Em muitos dos conflitos fundiários ocorridos nos oitocentos (e ainda hoje), a carta de sesmaria foi e tem sido utilizada para construir um ponto zero na história da ocupação territorial na área da disputa. Ao lançar mão de um documento tão antigo, uma das partes (ou as duas) chama à história como testemunha e consagra – ao menos aos olhos da lei – a legalidade de sua ocupação. O que parece simples encobre o embate de preceitos jurídicos e disputas sobre o direito à terra que podem ser enfocados a partir de, ao menos, três pontos.

Em primeiro lugar, sabe-se que a maioria das concessões de sesmarias não foi acompanhada dos procedimentos para sua regularização. Neste sentido, ao longo dos oitocentos era fato que as sesmarias estavam majoritariamente em comisso, pois os sesmeiros não haviam cumprido a determinação legal de medir e demarcar sua terra. Logo, em processos de embargo e despejo (abertos para expulsar um pretenso invasor) o litigante-sesmeiro usava o documento como marco zero de sua ocupação, ciente de que ele não cumprira a determinação régia. Em vários processos de medição de terras, abertos para definir os limites territoriais de uma determinada área, os documentos de sesmaria eram recorrentemente apresentados como se expressassem – sem discussão – a verdade absoluta da área ocupada.

Em segundo lugar, o aceite da carta como ponto zero e a definição final a favor do sesmeiro, revelam-nos que não era importante o cumprimento dos procedimentos legais para regularizar a ocupação, posto que a carta por si só traduzia simbolicamente a expressão do poder do sesmeiro. Entende-se assim como e porque os fazendeiros continuaram a utilizar o documento de sesmarias após o fim de sua concessão em 1822, e mesmo após a Lei de Terras de 1850 e seu regulamento, em 1854. Em muitos casos, os fazendeiros utilizaram-se das cartas de sesmarias, ignorando inclusive a obrigatoriedade do Registro Paroquial de 1854/56, este último documento criado pelo citado regulamento.

A utilização reiterada da carta como prova documental da "verdadeira" história – expressão de uma ocupação imemorial – é por si só emblemática.

Por último, quando os litigantes constroem o marco zero de sua cadeia sucessória tendo como base cartas de sesmarias, o jogo de poder entre ambos é também o embate entre interpretações diversas sobre a ocupação originária de seus ascendentes. Nos dois lados dos conflitos, é necessária a reconstrução (no tempo) da ocupação territorial empreendida por aqueles identificados como os primeiros ocupantes, sesmeiros originais da terra em litígio. Nestes casos, é possível identificar a maneira pela qual são produzidas "verdades" para fundamentar histórias de ocupação de um lugar, palco territorial de atores sociais diversos. O jogo se instaura pela presença de não apenas uma carta, mas sim pelo emprego de duas cartas, expressando "verdades" opostas e revelando disputas para além dos limites territoriais dos litigantes.

Para que se fundamente a defesa dos litigantes, é necessária a reconstrução de uma cadeia sucessória que fundamente a transmissão de patrimônio. Para tanto, é preciso reconstruir todo o processo de ocupação territorial até o momento do litígio. O recuo no tempo, uma vez que as cartas de sesmarias são entendidas como o ponto zero da ocupação, é entrelaçado com a minuciosa descrição espacial da área ocupada, exatamente para provar que o outro é o verdadeiro invasor. E por último, a utilização da carta de sesmaria como ponto inaugural da ocupação territorial reatualiza – em cada litígio – a legitimidade dessa concessão régia.

Assim, a construção de uma data inaugural fundamentada na carta de sesmaria encobre todo um emaranhado de disputas relativas à definição espacial da área concedida e foi a partir daí que me aventurei a reconstruir o processo de concessão de sesmarias para deslindar a gestação dos conflitos fundiários no país. Ao perseguir esta pista, deparei-me com a complexidade do tema e as inúmeras leituras feitas sobre o sistema em fins do século XVIII. Ao acompanhar as reflexões de Francisco Mauricio de Sousa Coutinho, governador do Pará, compartilhei a angústia manifesta em sua frase profética: "a discussão sobre a litigiosidade dos títulos ou das concedidas pelo donatário que foi dela, ou pelo governo, não se deslindará em séculos". Corri o risco do anacronismo, mas procurei compreender a historicidade do fenômeno das disputas pela terra no Brasil, das buscas pelo título legítimo num país que se acostumou a pensar que a invasão é sempre uma ação do vizinho. Este livro, portanto, desconstrói os fundamentos da propriedade e os argumentos dos litigantes que até hoje apoiam-se na carta de sesmarias para fundamentar a legalidade de sua ocupação. Ao desnaturalizar a propriedade, ele recupera – penso – um dos princípios que legitimavam a concessão de terras por sesmarias: a obrigatoriedade do cultivo.

Passados tantos anos desde a publicação da primeira edição do meu primeiro livro (*Nas fronteiras do poder, 1998)*, talvez seja também instigante pensar sobre as razões que consagraram o documento de sesmarias como prova inaugural de ocupação e a pouca legitimidade dos registros paroquiais de terra, oriundos da Lei de 1850. É certo que, como afirmei outrora, os próprios agentes do Estado registraram uma visão pessimista sobre a eficácia da lei e de seu regulamento e reclamavam que muitos fazendeiros continuaram ignorando o que se estabelecia na Lei de 1850. Também afirmei que muitos pequenos posseiros se apropriaram ou tentaram se apropriar da lei para garantir o seu direito a uma pequena parcela de terra. Mas isso é parte de uma longa história. De todo modo, é possível que algum leitor se interesse um dia em investigar porque os documentos de sesmarias tornaram-se documentos de propriedade que atravessaram séculos, legitimados como prova inaugural de ocupação em vários tribunais e em regiões distintas. Em outras palavras, porque se firmou no Brasil a ideia de um ponto zero na ocupação simbolizada pela "verdade" expressa na apresentação de um documento tão antigo.

A propriedade é um conjunto de capacidades, possibilidades e faculdades que goza incondicionalmente o indivíduo. Ela é, para muitos, a garantia da felicidade e há, portanto um nexo estreito entre individualização da propriedade e satisfação do indivíduo.[1] Mas, enquanto construção histórica, a terra se liga às relações de parentesco, vizinhança, profissão e credo. Ela é isso e muito mais. Sua função econômica é uma entre muitas outras. Ela é o local de sua moradia, é a visualização de sua paisagem e sua segurança física. "Separar a terra do homem e organizar a sociedade de forma tal a satisfazer as exigências de um mercado imobiliário foi parte vital do conceito

---

1 Andre Vachet. *L'Ideologie Liberale*: L'Individu et sa Propriete Canadá. Les Presses de l'Université d'Ottawa, 1988.

utópico de uma economia de mercado".[2] Para fazer jus a este movimento mais geral, a Constituição outorgada de 1824 não proclamou limites ao direito de propriedade territorial, tampouco condiciono-o à obrigatoriedade do cultivo. Ela consagrou a propriedade sem limites e, ao fazer isso, criou também uma sociedade marcada por conflitos pela posse da terra, por interpretações conflitantes sobre a história da ocupação do lugar.

* * *

Quando comecei a escrever este livro, em 2003, eu já tinha alguma ideia do fenômeno da grilagem no país e iniciava meus estudos sobre este tema, recuando minhas pesquisas para o setecentos. O tema da propriedade tornou-se para mim uma nova janela para revisitar o século XVIII. Os apontamentos finais deste livro demonstram a trajetória que realizei para desnudar alguns elementos que produzem a grilagem, a partir do uso de documentos tão antigos, como as cartas de sesmarias. Para minha surpresa, o livro reacendeu um debate meio esquecido, tanto na histografia brasileira quanto portuguesa e é no mínimo gratificante saber que ele tem estimulado novas pesquisas.

Mas a publicação deste livro em 2009 teve um resultado menos visível: deslegitimar juridicamente as grilagens que se sustentam em documentos históricos, quase sempre vistos como verdadeiros, já que são antigos. A receptividade que o livro teve entre os advogados foi impressionante. É difícil saber a razão, talvez porque a história ou esta nova história sustente a interpretação jurídica que questiona a legalidade da ocupação de grileiros que se utilizam de documentos históricos, quase sempre falsos. Talvez a história contada por estas páginas seja um alento, um pequeno apoio para as ações jurídicas que questionem as grilagens de terras no país. De qualquer forma, é sempre bom saber que o livro rompe fronteiras entre campos de conhecimentos aparentemente tão diversos.

Algum tempo após a publicação deste livro, tive um primeiro contato com o projeto coordenado por Carmem Alveal, da Universidade Federal do Rio Grande do Norte. Trata-se de um projeto ambicioso e não menos importante. Com uma equipe formada a partir de vários pesquisadores do

---

2 Karl Polaniy. *A grande transformação*. Rio de Janeiro: Campus, 1980.

país, o banco de dados, conhecido pela sigla SILB (Sesmarias do Império Luso-Brasileiro) pretende cadastrar nada menos do que 16 mil cartas de sesmarias, de todas as regiões que estiveram sob a dominação do Império Português. Numa linguagem acessível a todos os leitores interessados no tema, o projeto prevê um sistema de busca por sesmeiro, capitania, por ano de concessão e ano de confirmação.

As possibilidades abertas por este projeto são incomensuráveis. Nos próximos anos, os pesquisadores terão acesso a um conjunto de documentos que lhe permitirão, por exemplo, analisar as dimensões territoriais solicitadas pelos sesmeiros, as distintas dinâmicas da concessão. Os dados quantitativos permitirão desnudar a real dimensão que o sistema de sesmarias teve na América Portuguesa, o número de pleiteantes, de cultivadores com suas sesmarias confirmadas, além das tabelas sobre tamanho das parcelas de terras, diferenças entre regiões etc. Para além dos dados quantitativos, será possível também saber quais as estratégias utilizadas pelos potentados para garantir o "título legítimo", ou seja, quais os argumentos comumente empregados para pleitear uma determinada área e em que regiões é possível deslindar conflitos pela posse da terra. Há ainda um conjunto de informações que poderá estimular uma investigação mais detalhada sobre os sesmeiros propriamente ditos. Há também um jogo a ser desnudado, as diferenças entre o pedido e a confirmação, as redes de poder que envolvem os sesmeiros, as multiplicidades de registros, as estratégicas familiares. Em suma, penso hoje que muitas das conclusões apresentadas neste livro serão reatualizadas, repensadas ou mesmo negadas no surgimento de novas investigações sobre o processo de ocupação territorial na América Portuguesa que eventualmente se beneficiarão do incomensurável esforço da equipe liderada por Carmem Alveal.

A publicação deste livro, em 2009, teve um desdobramento não menos interessante. Ele foi um instrumento de aproximação com os pesquisadores ibéricos envolvidos na temática da apropriação territorial e nas discussões que envolvem o conceito de propriedade. Os resultados desta aproximação foram enormes. Em primeiro lugar, pela aprovação do projeto FCT/CAPES *Terras Lusas: propriedade e conflito no setecentos*, coordenado por mim e pelo pesquisador José Vicente Serrão, do Instituto Universitário de Lisboa. A proposta esteve ancorada em dois eixos de reflexão: 1) as leis sobre o direito à terra e os conflitos, tendo como base os embates sobre posse e proprie-dade; 2) a descrição, formação da paisagem e reconhecimento, enquanto parte integrante da organização do território e do exercício cartográfico. A partir do foi possível viabilizar a viagem e estadia em Lisboa de cinco dou-tores (três em missão de pesquisa e dois em estágio pós doutoral). Alguns mais preocupados com a discussão propriamente cartográfica do conflito, como Iris Kantor, da Universidade de São Paulo; outros mais atentos à ocu-pação de terras em áreas indígenas, como Vânia Maria Losada Moreira, da Universidade Federal Rural do Rio de Janeiro, e Marcelo Henrique Dias, da Universidade Estadual de Santa Cruz, Ilhéus, Bahia. Outros ainda, in-teressados em investigar a concessão de sesmarias no Caminho Novo para Minas, como Marina Machado, da Fundação Getúlio Vargas.

No processo de divulgação desta obra, ingressamos também como coorde-nadora da parte referente ao Brasil, do projeto FCT, coordenado por José Vicen-te Serrão, *Lands over seas: Property Rights in the Early Modern Portuguese Empire*. A equipe formada por pesquisadores de várias instituições de distintas partes do mundo luso pretende analisar como as instituições ligadas ao direito de pro-priedade (sesmarias, enfiteuse, arrendamento, prazo, vínculos) foram trans-plantadas para os territórios coloniais. E ainda, como tais instituições foram operadas pelos agentes de poder e os terratenentes. E também de que modo os direitos de propriedade contribuíram para manter, ou para subverter, os equi-líbrios sociais nos diversos contextos ultramarinos analisados.

A publicação deste livro também permitiu a aproximação com o *Centre de Recerca d'Història Rural, da Universitat de Girona*. Para os pesquisadores in-tegrantes deste núcleo de pesquisa, as dimensões de uma história social da propriedade são particularmente complexas quando se busca analisar os do-mínios da lei sobre o direito à posse e a propriedade da terra. Este aspecto tem sido o eixo central da discussão deste grupo, coordenado por Rosa Congost.

Conhecida por muitos como a mais importante discípula do inesque-cível historiador Pierre Vilar, Rosa Congost, coordena o grupo de pesquisa e tem produzido uma série de estudos sobre distintos aspectos do universo rural, aproximando a trajetória de pesquisa de Vilar às ilações de Thompson sobre o direito. Não seria também exagero afirmar que a consagração deste grupo e sua visibilidade em vários países, inclusive no Brasil, têm a ver com a repercussão dos estudos feitos por Congost. Além disso, a trajetória do

Centro e sua visibilidade se confundem com o sucesso do seu último livro, intitulado: *Tierras, leyes, Historia. Estudios sobre 'la gran obra de la propiedad'* A obra tornou-se um das obras mais recorrentemente citadas sobre o conceito de propriedade, a partir de numa perspectiva histórica. Ao desnaturalizar o direito marcadamente liberal de propriedade de nossos dias, a autora demonstra com perspicácia o caráter plural, histórico e transformador daquele direito em sua relação com os grupos sociais em conflito. A autora catalã defende uma reflexão objetiva acerca das condições sociais que produziram determinada lei e a preocupação em deslindar a maior e menor eficácia de sua aplicação. Ao reconstruir a experiência histórica da Espanha no período anterior à revolução liberal deste país, ela nos oferece ainda a oportunidade de repensar o modelo clássico francês sobre a consolidação da propriedade privada, desconstruindo suas principais marcas interpretativas.

Por último, não deixa de ser interessante também apontar para o surgimento de um grupo de discussão em história rural de língua portuguesa, seguindo as trilhas abertas pelo primeiro encontro internacional de historiadores do rural, o *Rural History,* em 2010, na *University of Sussex,* com o apoio da *British Agricultural History Society,* esta última fundada em 1952. O grupo de discussão que assumiu o desafio de criar uma rede de historiadores de língua portuguesa de história rural conta com a presença de José Vicente Serrão (Instituto Universitário de Lisboa), de Rui Santos (Universidade Nova de Lisboa), Dulce Freire (Universidade de Lisboa), de Benedita Câmara (Universidade da Madeira) e de Margarida Sobral Neto (Universidade de Coimbra), entre outros. Os resultados deste encontro ainda estão por vir, mas certamente serão bastante instigantes, não somente para nós pesquisadores, como também para uma nova geração interessada na história rural ou como em geral conhecida no Brasil, história agrária.

Para terminar, é gratificante saber que a reedição deste livro está inserida no revigoramento dos estudos sobre o rural, não somente no Brasil, como em vários países europeus. Como disse uma vez, "os historiadores não estudam o passado para vender profecias". Logo, não é possível saber se este *revival* fincará raízes ou ele é apenas um alento para os historiadores voltados para o tema. Mas não há nenhum problema: o tempo nos dirá.

Niterói, junho de 2011

BIBLIOGRAFIA

ABREU, Mauricio de Almeida. "A apropriação do território no Brasil Colonial". In: CAS-TRO, Iná Elias de *et al* (orgs.). *Explorações Geográficas*. Percursos no fim do século. Rio de Janeiro: Bertrand Brasil, 1997.

ALENCASTRO, Luiz Felipe de. *O Trato dos Viventes*. Formação do Brasil no Atlântico Sul. São Paulo: Companhia das Letras, 2000.

ALMEIDA, Carlos Marques de. *Reflexão epistemológica sobre a Lei de 18 de agosto de 1769* (Lei da Boa Razão). Dissertação de Mestrado em Ciências Jurídica-Históricas. Faculdade de Direito da Universidade de Coimbra, 1991.

AMANTINO, Márcia. *O Mundo das Feras*. Os moradores do Sertão do Oeste de Minas Gerais. Tese de Doutorado. Rio de Janeiro, Universidade Federal do Rio de Janeiro, 2001.

ANDRADA, Ernesto de Campos de (revisão e coordenação). *Memórias de Francisco Manuel Trigoso de Aragão Morato, começadas a escrever por ele mesmo em princípios de Janeiro de 1824*. Coimbra: Imprensa da Universidade, 1933.

ANGELO MENEZES, Maria Nazaré. *Histoire sociale des systèmes agraires de la vallée du Tocantins-Etat du Pará-Brésil*: colonosation européenne dans la deuxième moitié du XVIII siècle et la première moitié du XIX siècle. Tese de Doutorado em História Agrária. Ecole des Hautes Etudes en Sciences Sociales, EHESS, Paris, 1998.

_____. "Cartas de Datas de Sesmarias: uma leitura dos componentes mão de obra e sistema agroextrativista do Baixo Tocantins"; Fontes existentes no Arquivo público do Pará. Belém, *Papers do NAEA*, vol. 139, p. 1-57, 2000.

BACELLAR, C. A. P. *Os senhores da terra:* Família e sistema sucessório entre os senhores de engenho do Oeste paulista, 1765-1855. Campinas: Centro de Memória/Unicamp, 1997.

BERBEL, Márcia Regina. *A nação como artefato*. Um deputado do Brasil nas cortes portuguesas. 1821-1822. São Paulo: Hucitec/Fapesp, 1999.

BETHENCOURT, Francisco & CHAUDHURI, Kirti (dir.). *História da expansão portuguesa*. Vol. III. O Brasil na balança do Império (1697-1808). Lisboa: Círculo de Leitores, 1998.

BOBBIO, Norberto. *Locke e o Direito Natural*. 2ª ed. Brasília: Editora da Universidade de Brasília, 1997.

BORDIEU, Pierre. *O poder simbólico*. Lisboa: Difel, 1989.

BOXER, Charles. *O império marítimo português, 1415-1825*. São Paulo: Companhia das Letras, 2002.

CANOSTILHO, J. Joaquim Gomes. "As Constituições". In: MATTOSSO, José. *História de Portugal*. 5º vol. *O Liberalismo* (coord. de Luís Reis Torgal & João Lourenço Roque). Lisboa: Estampa, 1998.

CARDOSO José Luis (coord.). *A economia política e os dilemas do império luso-brasileiro (1790-1822)*. Lisboa: Comissão Nacional para as Comemorações dos Descobrimentos Portugueses, 2001.

_____. *O pensamento económico em Portugal*. Lisboa: Estampa, 1989.

_____. *Pensar a economia em Portugal*. Digressões históricas. Lisboa: Difel, 1997.

CARRARA, Ângelo Alves. *Contribuição para a história agrária de Minas Gerais:* séculos XVIII-XIX. Universidade Federal de Ouro Preto. Departamento de História. Núcleo de História Econômica e Demográfica. Série Estudos I, 1999.

CARVALHO, José Murilo de. *A construção da ordem*. A elite política imperial. Brasília: Universidade de Brasília, 1981.

CONFIN, Michael. *Domaines et seigneurs en Russie:* vers la fin du XVIIIᵉ siècle. Paris: Institut d'Études slaves de l'Université de Paris. Etude de strutures agraires et de mentalités économique, 1963.

COSTA, Emília Viotti da. "José Bonifácio: mito e história". In: *Da monarquia à república: momentos decisivos*. 3ª ed. São Paulo: Brasiliense, 1985.

COSTA, Fernando Marques *et al* (org.). *Do Antigo Regime ao Liberalismo*. Lisboa: Vega, s/d.

COSTA, José Porto. *Estudo sobre o sistema sesmarial*. Recife: Imprensa Universitária, 1965.

CRUZ, Guilherme Brada da. "O direito subsidiário na história do direito português". In: *Revista Portuguesa de História*. Tomo XIV. Coimbra: Faculdade de Letras da Universidade de Coimbra, 1974.

DA SILVA, Nuno Espinosa. *História do direito português*. Fontes de Direito. 3ª ed. Lisboa: Fundação Calouste Gulbenkian, 2000.

DIAS, Gastão Sousa. *D. Francisco Inocêncio de Sousa Coutinho*. Administração pombalina em Angola. Lisboa: Editorial Cosos, 1936, Cadernos Coloniais n. 27.

DIAS, Maria Odila Leite da Silva. *A interiorização da metrópole e outros estudos*. São Paulo: Alameda Casa Editorial, 2005.

DOLHNIKOFF, Miriam. "Introdução". In: *José Bonifácio de Andrada e Silva*. Projetos para o Brasil. São Paulo: Companhia das Letras, 1998.

DOMINGUES, Ângela. *Quando os índios eram os vassalos*. Colonização e relações de poder no Norte do Brasil na segunda metade do século XVIII. Lisboa: Comissão Nacional para as Comemorações dos Descobrimentos Portugueses, 2000.

DWORKIN, Ronald. *O império do direito*. São Paulo: Martins Fontes, 1999.

FALCON, Francisco. *A época pombalina*. São Paulo: Ática, 1982.

FAVEIRO, Vitor Antonio. *Pascoal de Mello Freire e a formação do direito público nacional*. Coimbra: Ansuião, 1968.

FERLINI, Vera Lúcia Amaral. *A terra proibida:* transformação da propriedade rural no Brasil (séculos XVI-XIX). Porto: AHILA, 1999.

_____. *Terra, trabalho e poder: o mundo dos engenhos no Nordeste colonial*. São Paulo: Brasiliense, 1988.

_____. "As estruturas agrárias e relações de poder em sociedades escravistas: perspectivas de pesquisa e de critérios de organização empresarial no período colonial". *Revista Brasileira de História*, São Paulo, ANPUH, vol. 22, p. 35-47, 1994.

FRAGOSO, João. "A nobreza da República: notas sobre a formação da elite senhorial do Rio de Janeiro (séculos XVI e XVII)". *Topoi, Revista de História do Programa de Pós Graduação Em História da UFRJ*, Rio de Janeiro, vol. 1, n. 1, p. 45-123, 2000.

_____. *Homens de grossa aventura:* acumulação e hierarquia na praça mercantil do Rio de Janeiro (1790-1830). Rio de Janeiro: Civilização Brasileira, 1998.

_____. "Mercados e negociantes imperiais: um ensaio sobre a economia do império português (séculos XVII e XVIII)". *História Questões e Debates,* Curitiba, vol. 19, n. 36, p. 99-127, 2002.

FRAGOSO, João; BICALHO, Maria Fernanca e GOUVEA, Maria de Fátima. O *Antigo Regime nos trópicos:* a dinâmica imperial portuguesa (séculos XVI-XVIII). Rio de Janeiro: Civilização Brasileira, 2001.

FRAGOSO, João e FLORENTINO, Manolo. *O arcaísmo como projeto:* mercado atlântico, sociedade agrária em uma economia colonial tardia, c. 1790 – c. 1840. Rio de Janeiro: Civilização Brasileira, 2001.

FRIDMAN, Fania. *Donos do rio em nome do rei.* Uma história fundiária da cidade do Rio de Janeiro. Rio de Janeiro: Zahar/Garamond, 1999.

FURTADO, Júnia. *Homens de negócio.* A interiorização da metrópole e do comércio nas Minas setencetinstas. São Paulo: Hucitec, 1999.

HANSON, Carl. *Economia e Sociedade no Portugal Barroco.* 1668-1703. Lisboa: Publicações Dom Quixote, 1986.

JANCSÓ, István (org.). *Independência: história e historiografia.* São Paulo: Hucitec/Fapesp, 2005.

JUNQUEIRA, Messias. *O Instituto Brasileiro das Terras Devolutas.* São Paulo: Lael, 1976.

LARA, Silvia & MENDONÇA, Joceli (org.). *Direitos e justiças no Brasil.* Campinas: Editora da Unicamp, 2006.

LIMA, Cirne. *Pequena história territorial do Brasil. Sesmarias e terras devolutas.* 4ª ed. Brasília: ESAF, 1988.

LOURENÇO, Fernando Antonio. *Agricultura ilustrada.* Campinas: Editora da Unicamp, 2001.

LUSTOSA, Isabel. *Insultos impressos.* A guerra dos jornalistas na Independência. 1821-1823. São Paulo: Companhia das Letras, 2000.

MADUREIRA, Nuno Luiz (coord.). *História do trabalho e das ocupações.* Vol. 3. MARTINS, Conceição Andrade e MONTEIRO, Nuno Gonçalo (org.). *A agricultura: dicionário das ocupações.* Oeiras: Celta Editora, 2002.

MAGALHÃES, Joaquim Romero. "Os territórios africanos". In: BETHENCOURT, Francisco & CHAUDHURI, Kirti (dir.). *História da expansão portuguesa.* Vol. III: *O Brasil na balança do império* (1697-1808). Lisboa: Círculo de Leitores.

MARQUESE, Rafael de Bivar. *Administração & escravidão.* Ideias sobre a gestão da agricultura escravista brasileira. São Paulo: Hucitec, 1999.

MARTINS, Pedro Miguel Páscoa Santos. *Ideologia e temporalidade.* As ideias políticas de Francisco Manuel Trigoso (1777-1838). Dissertação de mestrado em História Cultural e Política. Universidade Nova de Lisboa, 1995.

MATTOS, Izabel Missagia. *De civilização e revolta.* Os botocudos e a catequese na Província de Minas. Bauru: Edusc, 2004.

MATTOSO, José (dir.). *História de Portugal.* Vol. 4. *O Antigo Regime,* coordenação de António Manuel Hespanha. Lisboa, 1998.

MAXWELL, Kenneth. *Marquês de Pombal. Paradoxo do Iluminismo.* 2ª ed. Rio de Janeiro: Paz e Terra, 1997.

MERÊA, Paulo. "Direito romano, direito comum e boa razão". In: *Boletim da Faculdade de Direito.* Vol. XVI (1939-1940). Coimbra: Editora de Coimbra, 1940.

MESSIAS, Junqueira. *O instituto brasileiro das terras devolutas.* São Paulo: Lael, 1976.

MONTEIRO, Nuno. *Elites e Poder.* Entre o Antigo Regime e o Liberalismo. Lisboa: Instituto de Ciências Sociais da Universidade de Lisboa, 2003.

_____. "O ethos nobiliárquico no final do Antigo Regime: poder simbólico, império e imaginário social". In: *Almanack Braziliense,* n. 2. Novembro de 2005, p. 4-12.

MOTTA, Márcia. "A coerção na ausência da lei: posseiros e invasores no Oitocentos". In: ASSIS, Ângelo Adriano e outros (org.). *Desvelando o poder.* História de dominação: estado, religião e sociedade. Rio de Janeiro: Vício de Leitura, 2007, p. 147-162.

_____. "Terras da Igreja: arrendamentos e conflitos no Império do Brasil". In: CARVALHO, José Murilo. *Nação e cidadania no Império:* novos horizontes. Rio de Janeiro: Civilização Brasileira, 2007, p. 421-443.

_____. *Nas fronteiras do poder.* Conflito e direito à terra no Brasil do século XIX. Rio de Janeiro: Arquivo Público do Estado do Rio de Janeiro/Vício de Leitura, 1998.

_____. *Dicionário da terra.* Rio de Janeiro: Civilização Brasileira, 2005.

_____. *Terras Lusas. A questão agrária em Portugal.* Rio de Janeiro: EDUFF, 2007.

NETO, Margarida Sobral. *Terra e conflito.* Região de Coimbra. (1700-1834). Viseu: Palimage Editores, 1997.

NEVES, Lúcia Maria Bastos Pereira da & MACHADO, Humberto Fernandes. *O Império do Brasil.* Rio de Janeiro: Nova Fronteira, 1999.

_____. *Corcundas e constitucionais.* A cultura política da Independência (1820-1822). Rio de Janeiro: Revan/Faperj, 2003.

_____. "Liberalismo político no Brasil: ideias, representaçoes e práticas (1820-1823)". In: GUIMARÃES, Lucia & PRADO, Maria Emilia. *O Liberalismo no Brasil Imperial.* Origens, conceitos e práticas. Rio de Janeiro: Revan/UERJ, 2001.

OSÓRIO, Helen. "Estancieiros que plantam, lavradores que criam e comerciantes que charqueiam: Rio Grande de São Pedro, 1760-1825". In: *Capítulos de História Sul-Rio--Grandense.* Porto Alegre: Editora da UFRGS, 2003.

_____. "Formas de vida e resistência dos lavradores-pastores do Rio Grande no Período Colonial". In: MOTTA, Márcia & ZARTH, Paulo. *História Social do Campesinato.* Formas de resistência camponesa. Visibilidade e diversidade de conflitos ao longo da História. São Paulo: Editora Unesp, 2008.

PEREIRA, Miriam Halpern *et al* (coord.). *O Liberalismo na Península Ibérica na primeira metade do século XIX.* Comunicações ao Colóquio pelo Centro de Estudos de História Contemporânea Portuguesa. Lisboa: Sá da Costa Editora, 1981, 2 vol.

PEREIRA, Miriam Halpern (dir.). "A crise do Antigo regime e as cortes consituintes de 1821-1822". Vol. 5. In: VIEIRA, Benedicta Maria Duque. *A Justiça civil na transição para o Estado liberal.* Lisboa: Edições João Sá da Costa, 1992.

PESSOA, Ângelo Emilio da Silva. *As ruínas da tradição: a casa da torre de Garcia D'Ávila.* Família e propriedade no Nordeste Colonial. Tese de Doutorado em História Social. São Paulo, Universidade de São Paulo, 2003.

PINTO, Francisco Eduardo. *Ignácio Correa Pamplona em marcha para civilizar um sertão rebelde:* ascensão e queda de um dissimulador. Trabalho final da disciplina Revoltas na América Portuguesa, ministrada por Luciano Raposo Figueiredo. Julho de 2006, cópia.

PIPES, Richard. *Propriedade e liberdade.* Rio de Janeiro: Record, 2001.

POLANYI, Karl. *A grande transformação.* Rio de Janeiro: Campus, 1980

RAFAEL, Chambouleyron. "Plantações, sesmarias e vilas. Uma reflexão sobre a ocupação da Amazônia seiscentista". *Nuevo Mundo Mundos Nuevos,* n. 6 – 2006, mis en ligne le 14 mai 2006, référence du 1 décembre 2006, disponible sur: http://nuevomundo.revues. org/document2260.html.

RAISON, Jean-Pierre. "Terra". In: *Enciclopédia Enaudi.* Lisboa: Imprensa Nacional/Casa da Moeda, 1986, p 117-137.

RAMINELLI, Ronald. "Ilustração e patronagem. Estratégias de ascensão social no Império Português". In: *Anais de História de Além-Mar,* vol. VI, 2005, p. 297-325.

RAU, Virgínia. *Sesmarias medievais portuguesas.* Lisboa: Editorial Presença, 1982.

ROCHA, Antonio Penalves. "Ideias antiescravistas da Ilustração na sociedade escravista brasileira". *Revista Brasileira de História,* vol. 20, n. 39, São Paulo, 2000. Disponível em: <http://www.scielo.br/scielo.php?pid=S0102-01882000000100003&script=sci_arttext>. Retirado em 30 de janeiro de 2007.

ROUSSEAU, Jean-Jacques. *A origem da desigualdade entre os homens.* Coleção Grandes Obras do Pensamento Universal. São Paulo: Escala, 2006.

RUSSEL-WOOD, A. J. R. "A emigração: fluxos e destinos". In: BETHENCOURT, Francisco & CHAUDHURI, Kirti. *História da expansão portugesa.* Vol. III. Espanha: Círculo de Leitores, 1998, p. 158-168.

SANTOS, Nívia Pombo Cirne dos. *Dom Rodrigo de sousa coutinho.* Pensamento e ação político-administrativa no Império do Português (1778-1812). Dissertação de Mestrado em História. Niterói, Universidade Federal Fluminense, 2002.

SALDANHA, António Vasconcellos de. *As capitanias*. O regime senhorial na expansão ultramarina portuguesa. Funchal: Centro de Estudos de História do Atlântico, 1992.

_____. *As capitanias do Brasil*. Antecedentes, desenvolvimento e extinção de um fenômeno atlântico. Lisboa: Comissão Nacional para as Comemorações dos Descobrimentos Portugueses. Lisboa, 2001.

SAMPAIO, Patrícia. *Espelhos partidos*. Etnia, legislação e desigualdade na colônia. Sertões do Grão-Pará. c. 1755-1823. Tese de Doutorado. Universidade Federal Fluminense, 2001.

SANCHES, Marcos Guimarães *Regimes de propriedade e estruturas fundiárias no Brasil*. O caso do Rio de Janeiro entre os séculos XVIII e XIX. Rio de Janeiro. Tese de Doutorado. Rio de Janeiro, Universidade Federal do Rio de Janeiro, 1997.

SERRÃO, Joaquim Veríssimo. *História de Portugal*. Vol. VI. O despotismo iluminado (1750-1807). 3ª ed. Lisboa: Editorial Verbo, s/d.

SERRÃO, Joel. *Dicionário de história de Portugal*. Porto: Livraria Figueirinhas, s/d.

SERRÃO, José Vicente e outros. *Roteiro de fontes de história portuguesa contemporânea*. Lisboa, Instituto Nacional de Investigação Científica, 1984, vols 1 e 2.

SERRÃO, José Vicente. "Introdução". In: VANDELLI, Domingos. *Aritmética política, economia e finanças*. Colecção de Obras Clássicas do Pensamento Econômico Português, n. 8. Introdução e Direcção de Edição José Vicente Serrão. Lisboa: Banco de Portugal, 1994.

SLEMIAN, Andréa & PIMENTA, João Paulo. *O "nascimento político" do Brasil*. Rio de Janeiro: DP&A, 2003.

SILBERT, Albert. *Le probléme agraire portugais au temps des premières cortes liberales (1821-1823)*. 2ª ed. Paris: Fondation Calouste Gulbenkian, 1985.

SILVA, Andrée Mansuy Diniz. "Introdução". COUTINHO, D. Rodrigo de Souza. *Textos políticos, econômicos e financeiros*. 1783-1811. Tomo I, p. XII. Colecção de Obras do Pensamento Econômico Português. Lisboa: Banco de Portugal, 1993.

SILVA, Andrée Mansuy Diniz. *Portrait d'un homme d'Etat:* D. Rodrigo de Sousa Coutinho, Conde de Linhares. 1755-1822. I Les années de formation. 1755-1796. Lisboa/Paris: Fundação Calouste Gulbenkian, 2002.

_____. *Portrait d'un homme d'Etat: D. Rodrigo de Sousa Coutinho, Comte de Linhares. Vol. II. L'homme d'état 1769-1812.* Lisboa/Paris: Fundação Calouste Gulbenkian, 2006.

SILVA, Ligia Osório. *Terras devolutas e latifúndio* (efeitos da lei de 1850). Campinas: Editora da Unicamp, 1996.

SILVA, Lígia Osório e SECRETO, M. V. "Terras públicas, ocupação privada: elementos para a história comparada da apropriação territorial na Argentina e no Brasil". *Economia e Sociedade.* Campinas, n. 12, 1999, p. 109-141.

SILVA, Maria Beatriz Nizza da. *Movimento constitucional e separatismo no Brasil. 1821-1823.* Lisboa: Livros Horizontes, 1988.

_____. *Ser nobre na Colônia.* São Paulo: Editora Unesp, 2005.

SILVA, Nuno Espinosa da. *História do direito português.* Fontes de Direito. 3ª ed. Lisboa: Fundação Calouste Gulbenkian, 2000.

SIMÕES, Pedro Jose Calafate Villa. *O conceito de natureza no discurso iluminista do século XVIII em Portugal.* Tese de Doutorado em Filosofia. Faculdade de Letras de Lisboa, 1991.

SLEMIAN, Andréa & PIMENTA, João Paulo. *O "nascimento" político do Brasil.* Rio de Janeiro: DP&A Editora, 2003.

SOMMER, Barbara. *Negociated settlements:* native amazonians and portuguese policy in Pará. Brazil, 1758-1798. PhD Thesis. Novo México: University of New Mexico, 2000.

SOUSA, Ana Madalena Rosa Barros Trigo de. *D. Francisco de Sousa Coutinho em Angola.* Reinterpretação de um governo. 1764-1772. Dissertação de Mestrado. Lisboa, Universidade Nova de Lisboa, Faculdade de Ciências Sociais e Humanas, Departamento de História, 1996.

SOUZA, Iara Lis Carvalho. *Pátria coroada.* O Brasil como corpo político autônomo. 1780-1831. São Paulo: Editora Unesp, 1999.

SOUZA, Laura de Mello e. *O sol e a sombra.* Política e administração na América Portuguesa do século XVIII. São Paulo: Companhia das Letras, 2006.

SUBTIL, José. "No crepúsculo do corporativismo. Do reinado de D. José às invasões francesas (1750-1807)". In: MATTOSO, José. *História de Portugal.* 4º vol: Antigo Regime. (coord. de António Manuel Hespanha). Lisboa: Estampa, 1998.

TENGARINHA, José. *Movimentos populares agrários em Portugal*. Vol. I (1751-1807). Lisboa: Publicações Europa-América, 1994.

_____. *Movimentos populares agrários em Portugal*. Vol II (1808-1825). Lisboa: Publicações Europa-América, 1994.

THOMPSON, E. P. *Costumes em comum*. São Paulo: Companhia das Letras, 1998.

VACHET, Andrá. *L'ideologie liberale:* l'individu et sa proprieté. Ottawa: Les Presses de l'Université d'Ottawa, 1988.

VARNHAGEN, Francisco. *História Geral do Brasil*, vol. 3, tomo V. São Paulo/Belo Horizonte: Edusp/Itatiaia, 1981.

VARELA, Laura Beck. *Das sesmarias à propriedade moderna: um estudo de história do direito brasileiro*. Rio de Janeiro: Renovar, 2005.

VIEIRA, Benedicta Maria Duque. *A justiça civil na transição para o Estado liberal. Estudos e documentos*. In: PEREIRA, Miriam Halperme (dir.). *A crise do Antigo Regime e as cortes constituintes de 1821-1822*. Vol. V. Lisboa: Edições João Sá da Costa, 1992.

VILLALTA, Luiz Carlos. *1789-1808. O* Império luso-brasileiro e os Brasis. São Paulo: Companhia das Letras, 2000 (coleção Virando o Século).

VOVELLE, Michel (dir.). *O homem do iluminismo*. Lisboa: Presença, 1992.

WEHLING, Arno & WEHLING, Maria José. "A justiça iberoamericana colonial: aspectos comparados das audiências e tribunais da relação". *Ciências Humanas*. Rio de Janeiro, vol. 19, n. 2, 1997, p. 85-107.

_____. "O direito comum". *Revista da Faculdade de Letras – História*. Porto, vol. 16, 1999, p. 255-270.

_____. "Cultura jurídica e julgados no tribunal da relação do Rio de Janeiro. A invocação da boa razão e da doutrina. Uma amostragem". In: SILVA, Maria Beatriz Nizza da. *Cultura portuguesa da terra de Santa Cruz*. Lisboa: Estampa, 1995, p. 235-247.

WEHLING, Arno & Wehling, Maria José. *Direito e Justiça no Brasil Colonial. O* Tribunal da Relação do Rio de Janeiro (1751-1808). Rio de Janeiro: Renovar, 2004.

WEHLING, Arno. "O funcionário do tribunal da relação do Rio de Janeiro". *Revista da SBPH*, vol. 19, p. 67-88, 2001

_____. "A justiça colonial: fundamentos e formas". *Revista da Sociedade Brasleira de Pesquisa Histórica*, vol. 17, p. 3-17, 2000.

_____. "Pensamento político e elaboração constitucional no Brasil". *Estudos de História das ideias políticas*. Rio de Janeiro: Instituto Histórico e Geográfico Brasileiro, 1995.

Dicionários e enciclopédias

Dicionário de ciências sociais. Rio de Janeiro: Editora da Fundação Getulio Vargas, 1986.

Enciclopédia luso-brasileira de cultura. Lisboa: Editorial Verbo, 1967.

Enciclopédia Enaudi. Lisboa: Imprensa Nacional/Casa da Moeda, 1986.

Dicionário de História de Portugal. Porto: Livraria Figueirinhas, s/d.

SILVA, Innocencio Francisco da. *Diccionario bibliographico portuguez*. Lisboa: Imprensa Universitária, MDCLLLX.

SERRÃO, Joel. *Pequeno dicionário de história de Portugal*. Porto: Figueirinhas, 1993.

FONTES

Arquivo Histórico do Ministério das Obras Públicas

Ministério do Reino MR36. "Cultura do Linho", Antonio José de Figueiredo Sarmento, s/d.

Academia Real de Sciencias de Lisboa

Manuscrito 1438. *Memória sobre a agricultura para a academia real das sciencias*, anônimo, 1807, p. 16-17.

LEMOS, Bernardo de Carvalho. *Quaes sejão os danos e a utilidade do uso que se segue em muitos territórios do Reyno de todas as terras abertas serem pastos comuns de todo o gado, em alguns mezes do anno, e que infuencia tem este costume sobre a Agricultura, dos varios gêneros de productos, ou para bem, ou para mal, 1796.* Série Azul. MS 07.

Memória de litteratura portugueza publicadas pela Academia Real das Sciencias de Lisboa. Lisboa: Officina da Mesma Academia, tomo II, p. 14.

Arquivo Nacional da Torre Do Tombo

Memórias econômico política em que primo se faz ver que o fomento da agricultura em geral deve occupar as primeiras vistas do Ministério. Autor anônimo, s/d. Ministério do Reino. Memórias sobre diversos assuntos, maço 356.

VELHO, Luiz Antonio de Medeiros. *Plano dos vantajosos interesses que resulta à Nação Portuguesa pelo estabelecimento da esquecida agricultura do canamo. Antes de 1797.*

FONSECA, João Nepumuceno Pereira da (Juiz de Fora). *Addicionamento à informação dos celeiros públicos desta comarca d' Ourique sobre outras providência para a promoção d' agricultura e população da Província d' Além-Tejo, 1782.*

Projecto sobre o estado actual das terras dos Salgados na leziria de villa franca, segundo o methodo já indicado na sua memória, que offereceo o almoxarife de Azinhaga, o qual novamente o reforma, sem embargo dever a pouca aceitação que teve, 1803.

Prospecto histórico da agricultura da província do Minho e especialmente do termo de Guimaraens, 1805. ANTT. Ministério do Reino. Memórias sobre diversos assuntos, maço 356.

Memórias econômico política em que primo se faz ver que o fomento da agricultura em geral deve occupar as primeiras vistas do Ministério... Autor anônimo, s/d.ANTT. Ministério do Reino. Memórias sobre diversos assuntos, maço 356.

Chancelaria de D. Maria. João Pedro Braga e outros. Livro 66, p 94 a 95.

Chancelaria de D. Maria I. Livro 50, p 226V a 227V.

Secretaria das Mercês/Registo Geral de Mercês. História Administrativa

Ministério do Reino. Consulta do Conselho Ultramarino. Maço 322.

ARQUIVO HISTÓRICO ULTRAMARINO

Livro de Registro de Cartas de Sesmarias confirmadas do Conselho Ultramarino. 1795-1798. Códice 164, 1798-1801. Códice 165, 1801- 1804. Códice 166, 1805-1807. Códice 167, 1807- 1823. CÓDICE 168.

Documentos Avulsos RJ Caixa 171, Doc. 104., 28 de dezembro de 1798.

Ofício de 10 de junho de 1793. Projeto Resgate. Pará. Arquivo Histórico Ultramarino [Doravante AHU]_ACL_CU_013, Cx. 103, D. 8157.

1º de junho de 1791. Ofício do [governador e capitão general do Estado do Pará e Rio Negro], D. Francisco [Maurício] de Sousa Coutinho, para o [secretário de estado da Marinha e Ultramar], Martinho de Melo e Castro, sobre a expedição de reconhecimento ao rio Araguari, a cargo do ajudante da praça [de São José] do Macapá, Manuel Joaquim de Abreu. Projeto Resgate. Pará AHU_ACL_CU_013, Cx. 101, D. 7977.

10 de dezembro de 1792 Ofício (minuta) do [secretário de estado da Marinha e Ultramar, Martinho de Melo e Castro], para o governador e capitão general do Estado do Pará e Rio Negro, D. Francisco [Maurício] de Sousa Coutinho, sobre o conteúdo de uma carta remetida ao governador da capitania do Rio Negro, [Manuel da Gama

Lobo de Almada] a respeito da partida das expedições para o trabalho de Demarcações dos Limites Territoriais dos domínios portugueses e espanhóis, nomeadamente junto ao rio Japurá. Projeto Resgate. Pará. AHU_ACL_CU_013, Cx. 102, D. 8103.=

Ofício de 3 de abril de 1796. Projeto Resgate. Pará. AHU.ACL- CU-013, Cx107. D. 8431.

Ofício de 20 de setembro de 1800. Projeto Resgate. Pará AHU_ACL_CU_013, Cx. 118, D. 9081.

Carta de 24 de março de 1796. Projeto Resgate. Pará. AHU_ACL_CU_013, Cx. 107, D. 8424

Ofício de 18 de dezembro de 1796. Projeto Resgate. Pará. AHU_ACL_CU_013, Cx. 108, D. 8515.

Consulta em 31 de agosto de 1797. Projeto Resgate. Pará AHU_ACL_CU_013, Cx. 110, D. 8627.

Ofício de 6 de dezembro de 1796. Projeto Resgate. Pará. AHU_ACL_CU_013, Cx. 110, D. 8655

Ofício de 28 de novembro de 1801. Projeto Resgate Pará. AHU_ACL_CU_013, Cx. 121, D. 9273.

Ofício de 28 de setembro de 1803. Projeto Resgate. Pará. AHU_ACL_CU_013, Cx. 127, D. 9744.

Carta de 30 de agosto de 1803. Projeto Resgate. Pará. AHU_ACL_CU_013, Cx. 126, D. 9726.

Ofício de 31 de agosto de 1803. Projeto Resgate. Pará. AHU_ACL_CU_013, Cx. 126, D. 9731.

Carta de 27 de julho de 1797. Carta do [governador e capitão general do Estado do Pará e Rio Negro], D. Francisco [Maurício] de Sousa Coutinho, para a rainha [D. Maria I], propondo medidas para se solucionarem os problemas resultantes da concessão de sesmarias de terras localizadas naquela capitania. AHU_ACL_CU_013, Cx. 109, D. 8605.

Revista IHGB: Informação de D. Francisco de Sousa Coutinho, governador e capitão--general do Pará. Sobre as medidas que convinha adoptar-se para que a lei das sesmarias de 5 de outubro de 1795 produzisse o desejado efeito. 26 de julho de 1798. *Revista IHGB*. Tomo 29, parte 1, 1966, vol. 32, p. 335-351.

Requerimento de 31 de outubro de 1795[?] Requerimento de José Félix Dias da Mota para a rainha [D. Maria I], solicitando confirmação da carta de data e sesmaria de terras localizadas na ilha do Marajó, principiando junto ao lago do Alçapão. Projeto resgate. Pará. AHU_ACL_CU_013, Cx. 106, D. 8383.

Ofício de 1º de julho de 1791. Ofício do [governador e capitão general do Estado do Pará e Rio Negro], D. Francisco [Maurício] de Sousa Coutinho, para o [secretário de estado da Marinha e Ultramar], Martinho de Melo e Castro, sobre a expedição de reconhecimento ao rio Araguari, a cargo do ajudante da praça [de São José] do Macapá, Manuel Joaquim de Abreu. Projeto Resgate. Pará. AHU_ACL_CU_013, Cx. 101, D. 7977.

Aviso de 14 de setembro de 1796. (Minuta) do [secretário de estado da Marinha e Ultramar, visconde de Anadia], D. Rodrigo de Sousa Coutinho, para o [governador e capitão general do Estado do Pará e Rio Negro, D. Francisco Mauricio de Sousa Coutinho], sobre a realização de uma descrição geográfica e topográfica do Estado do Pará, com seus limites, povoações, actividades económicas, militares e financeiras para ser enviada para a Secretaria de Estado da Marinha e Ultramar. Projeto Resgate. Pará. AHU_ACL_CU_013, Cx. 108, D. 8490.

Requerimento de 13 de novembro [ant 1795-] Requerimento de António Fernandes Álvares de Carvalho para a rainha [D. Maria I], solicitando confirmação da instituição de um morgado que lhe foi deixado em testamento por seu tio, o capitão António Fernandes de Carvalho. Projeto Resgate. Pará.

Requerimento de 10 de setembro de 1796. Requerimento do capitão Estevão de Almeida e Silva, [morador na vila de Alcântara da capitania do Maranhão] para a rainha [D. Maria I], solicitando confirmação carta de data e sesmaria situada nas proximidades do rio Carará. Projeto Resgate. Pará. AHU_ACL_CU_013, Cx. 108, D. 8489.

Requerimento de 19 de agosto [ant 1800]. Requerimento de Joana Francisca de Jesus Nogueira, moradora na cidade [de São Luís] do Maranhão, para o príncipe regente [D. João], solicitando a confirmação de uma carta de data e sesmaria, de terras a si concedidas e situadas na margem superior direita do rio Tury–açu no Estado do Pará. Projeto resgate. Pará, AHU_ACL_CU_013, Cx. 118, D. 9060.

Requerimento de 17 de setembro [ant 1801] Requerimento de Manuel Gonçalves Moura, para o príncipe regente [D. João], solicitando confirmação de carta de sesmaria de terras situadas nas proximidades do igarapé Iandiáguara, fazendo frente ao canal seco do rio Pindubal, na capitania do Pará. Projeto resgate. Pará. AHU_ACL_CU_013, Cx. 120, D. 9231.

AHU. Projeto Resgate/Minas Gerais. Requerimento de Ana Feliciana dos Santos. CD 049 151 0441

AHU. Projeto Resgate/Minas Gerais. Requerimento de Antonio Gonçalves de Figueiredo CD 044 0524.

AHU. Livro de Registro de Provisões. Códices 109 e 110.

AHU. Livro de Registro de Provisões. Domingos José de Oliveira, 1796. Códice 109.

AHU. Livro de Registro de Provisões. Antonio Monis de Souza Barreto Aragão. Códice 109, p. 148-149.

AHU. Livro de Registro de Provisões. Antonio Monis de Souza Barreto Aragão. Códice 109, p. 152-152V.

AHU. Projeto Resgate. Minas Gerais. Ignácio Correia Pamplona. Caixa 160 doc. 3. CD047. 145, 0405.

AHU. Projeto Resgate. Minas Gerais. Ignácio Correia Pamplona Caixa 160, doc 4. CD 047, 145, 0409.

AHU. Projeto Resgate. Minas Gerais. Ignácio Correia Pamplona Caixa 164, doc. 37 CD 048, 149, 0342

AHU. Projeto Resgate. Minas Gerais. Ignácio Correia Pamplona Caixa 177, doc. 47. CD 052, 163,009.

AHU. Rio de Janeiro, cx. 179, doc. 47. Consulta do Conselho Ultramarino ao príncipe regente D. João sobre o requerimento de Garcia Rodrigues Pais Leme.

AHU. Rio de Janeiro, cx. 177, doc. 5. Ofício do chanceler da Relação do Rio de Janeiro, Luís Beltrão de Gouveia de Almeida.

AHU. Rio de Janeiro, Requerimento do capitão Bernardo José Dantas cx. 173, doc. 37, cx. 180, doc. 36.

AHU. Rio de Janeiro, 1799. Ofício do capitão Manoel Antônio Ribeiro Castro cx. 176, doc. 32.

AHU. Rio de Janeiro, 1799. Requerimento de Antonio Nunes de Aguiar, cx. 176, doc. 34.

AHU. Rio de Janeiro, 1799. Requerimento de Domingos de Freitas Rangel, cx. 180, doc. 7.

AHU. Rio de Janeiro, 1799. Ofício da câmara da Vila de São Salvador dos Campos dos Goitacazes.

AHU. Consultas Mistas, códice 27.

ARQUIVO NACIONAL

Tribunal de Justiça do Rio de Janeiro/Juízo da Corregedoria do Cível da Corte. Código: 5237 cx 448 G C Código de Fundo: 77 Seção de Guarda:CDE. Autor: Capitão Henrique José de Araújo, sua mulher Maria Bibiana de Araújo, e sogra Maria Feliciana Cordovil. Réu: João Pedro Braga. Data:08/02/1810 – 03/08/1816. Cidade do Rio de Janeiro/Sítio Vila Santo Antonio de Sá.

INSTITUTO HISTÓRICO E GEOGRÁFICO BRASILEIRO

Alvará de 3 de maio de 1795. Sesmarias do Rio de Janeiro: textos de concessão, confirmação e regulamentação das doações de sesmarias no Rio de Janeiro. (séc. XVIII). Copiados nas Seções Histórica e Administrativa do Arquivo Nacional e no Arquivo de Prefeitura do antigo Distrito Federal. Em 16 cadernos manuscritos. [Lata 765, pasta 3].

Carta régia aos Officiaes da Camara do Pará sobre os inconvenientes que propoem para se medirem por corda as datas de terras de sesmaria daquella Capitania os quaes se lhe não admitem. Lisboa, 28/10/1705.[Arq. 1.2.25 – Tomo VI, p. 87].

FONTES IMPRESSAS

ANDRADA, Ernesto de Campos de (rev. e coord.). *Memórias de Francisco Manuel Trigoso de Aragão Morato, começadas a escrever por ele mesmo em princípios de Janeiro de 1824.* Coimbra: Imprensa da Universidade, 1933.

AUGUSTE SAINT HILAIRE. *Segunda viagem do Rio de Janeiro a Minas Gerais e São Paulo.* São Paulo/Belo Horizonte, Edusp/Itatiaia, 1974.

Auxiliar jurídico. Apêndice às ordenações Filipinas. Vol. II. Lisboa: Fundação Calouste Gulbenkian, 1985.

CARVALHO, Porfírio Hemetério Homem de. *Primeiras linhas do direito agrário deste reino.* Ed. de José Antônio Cardoso Veloso, Coleção Scientia Ivridica. Livraria Cruz: Braga, 1965.

CARVALHO, Vicente Esteves de. *Observações históricas e críticas sobre a nossa legislação agrária chamada commumente das sesmarias.* Bacharel formado em Leis e correspondente da Academia Real das Sciencias de Lisboa. Lisboa, Impressão Régia, 1815 (p. 1-50).

CHAVES, Antônio José Gonçalves. *Memórias econômo-políticas sobre a administração do Brasil.* 4ª ed. São Leopoldo: Unisinos, 2004.

Constituição Política do Império do Brasil. 25 de março de 1824

CORRÊA TELLES, José Homem. "Commentario crítico à lei da boa razão". In: *Auxiliar Jurídico.* Apêndice às ordenações filipinas. Lisboa: Fundação Calouste Gulbenkian, 1985, vol. II.

COUTINHO, D. Rodrigo de Souza. *Textos políticos, econômicos e financeiros* (1783-1811). Tomo I. Colecção de Obras do Pensamento Econômico Português. Lisboa: Banco de Portugal, 1993.

CUNHA, Luis da. *Testamento político.* São Paulo: Alfa-Ômega, 1976.

Diário da Assembleia Geral e Constituinte e Legislativa do Império da Brasil. 1823. Tomo I. Brasília, Senado Federal, 2003.

Diário da Assembleia Geral e Constituinte e Legislativa do Império da Brasil. 1823. Tomo II. Brasília, Senado Federal, 2003.

Diário da Assembleia Geral e Constituinte e Legislativa do Império da Brasil. 1823. Tomo III. Brasília, Senado Federal, 2003.

IHGB. "Documento Ecclesiastico". Revista do Instituto Histórico e Geográfico Brasileiro. Tomo 47, parte II, vol. 68, ano 1884.

LOBÃO, Manoel d' Almeida e Sousa de. *Notas de uso pratico e críticas: adições, illustrações e remissões sobre todos os títulos e todos os &&&& do livro primeiro das instituições do direito civil lusitano do doutor Paschoel Jose De Mello Freire*. Parte I por Manoel de Almeida E Sousa de Lobão. Lisboa: Imprensa Régia, 1816. *Notas de Uso Pratico, e criticas: adições, illustrações e remissões. sobre todos os títulos e todos Os && do Liv*ro segundo das instituições do direito civil lusitano do doutor Paschoel Jose De Mello Freire. Parte II Por Manoel D' Almeida e Sousa de Lobão. Lisboa: Imprensa Régia, 1818.

MÁRQUEZ DE FUNCHAL. *O Conde de Linhares. Dom Rodrigo Domingos Antonio de Sousa Coutinho*. Lisboa: Typographia Bayard, junho de 1908

MORATO, Franciscio Manoel Trigoso d' Aragão. Memória sobre a lei das sesmarias. *História e memórias da academia real das sciencias de Lisboa*. Lisboa: Typografia da mesma Academia, 1823, p. 223-231.

Notas de uso pratico e criticas, addições, illustrações, e remissões. Sobre todos os Títulos e todos os parágrafos do Livro Segundo das instituições do direito civil lusitano do doutor Pascoal José de Mello Freire. Parte III. Lisboa: Imprensa Régia, 1818.

VANDELLI, Domingos. *Aritmética política, economia e finanças*. Colecção de Obras Clássicas do Pensamento Econômico Português, número 8. Introdução e Direcção de Edição José Vicente Serrão. Lisboa: Banco de Portugal, 1994.

FONTES DA INTERNET

http://www.instituto-camoes.pt/CVC/ciencia/e46.html. Retirado em 08 de agosto de 2006.

http://www.senado.gov.br/sf/senadores/senadores_biografia.
asp?codparl=1583&li=2&lcab=1830-1833&lf=2.

http://debates.parlamento.pt/mc/c1821/shpg_c1821.asp, Diário das cortes gerais e extraordinárias da nação Portuguesa, p. 538/542. Retirado em 04 de janeiro de 2007.

http://www.arqnet.pt/dicionario/borgescarneirom.html.

http://www.iuslusitaniae.fcsh.unl.pt/. Retirado em 05 de janeiro de 2007.

DEI 39/1808 (Decisão do império) 24/09/1808. https://legislacao.planalto.gov.br/legislacao.nsf/fraWeb?OpenFrameSet&Frame=frmWeb2&Src=%2Flegislacao.nsf%2FFrmConsultaWeb1%3FOpenForm%26AutoFramed.

http://www6.senado.gov.br/sicon/ExecutaPesquisaBasica.action. Retirado em 29 de dezembro de 2006

https://legislacao.planalto.gov.br/legislacao.nsf/fraWeb?OpenFrameSet&Frame=frmW eb2&Src=%2Flegislacao.nsf%2FFrmConsultaWeb1%3FOpenForm%26AutoFrame d. Retirado em 2 de janeiro de 2007.

http://www.educ.fc.ul.pt/docentes/opombo/seminario/acunha/index.htm. Retirado em 19 de setembro de 2006.

Esta obra foi impressa em Santa Catarina no inverno de 2012 pela Nova Letra Gráfica & Editora. No texto foi utilizada a fonte Meridien em corpo 11 e entrelinha de 15,5 pontos.